PLURALISMO E DEMOCRACIA

Desafios para o constitucionalismo contemporâneo

José James Gomes Pereira
Lia Rachel de Sousa Pereira Santos
Lea Beatriz de Sousa Pereira

PLURALISMO E DEMOCRACIA

Desafios para o constitucionalismo contemporâneo

G|Z
EDITORA
Rio de Janeiro
2019

1ª edição – 2019

Presidente do Conselho Editorial
Nelson Nery Costa

Diagramação
Olga Martins

CIP – Brasil. Catalogação-na-fonte.
Sindicato Nacional dos Editores de Livros, RJ.

P492p
Pereira, José James Gomes

Pluralismo e democracia : desafios para o constitucionalismo contemporâneo / José James Gomes Pereira, Lia Rachel de Sousa Pereira Santos, Lea Beatriz de Sousa Pereira. - 1. ed. - Rio de Janeiro : LMJ. Mundo Jurídico, 2019.
194 p.; 24 cm.

Inclui bibliografia e índice
ISBN 978-85-9524-062-9

1. Direito constitucional. I. Santos, Lia Rachel de Sousa Pereira. II. Pereira, Lea Beatriz de Sousa. III. Título.

19-56714
CDU: 342

contato@editoragz.com.br
www.editoragz.com.br

Av. Erasmo Braga, 299 – Sala 202 – 2º andar – Centro
CEP: 20020-000 – Rio de Janeiro – RJ
Tels.: (0XX21) 2240-1406 / 2240-1416 – Fax: (0XX21) 2240-1511

Impresso no Brasil
Printed in Brazil

AGRADECIMENTO

José James:

A Deus pelo dom da vida. A meu pai Manoel Alcides Pereira (in memoriam). À minha mãe Maria da Graça, razão primeira da minha existência. À Sônia Maria, esposa, companheira e amiga pelo incentivo e apoio. A meu neto James Terceiro pela inspiração e encanto que proporciona.

AGRADECIMENTOS

Lia Raquel

Agradeço a meu marido Fábio Santos, pelo apoio e companheirismo diário, a meu filho James Terceiro pela força, amor e alegria que me dá, a meus pais Sônia e James Pereira pelo companheirismo e incentivo diário. Às minhas irmãs Léa e Elayny Pereira agradeço pelo companheirismo e apoio.

AGRADECIMENTOS

Lea Beatriz

Agradeço a meu sobrinho James Terceiro pela força, amor e alegria trazida diariamente a meus pais Sônia e James Pereira pelo companheirismo e incentivo diário. Às minhas irmãs Lia e Elayny Pereira agradeço pelo companheirismo e apoio.

SUMÁRIO

APRESENTAÇÃO

Et in genere mundus

Vivemos em meio a ordenamentos jurídicos de conteúdos plurais, nos quais se multiplicam os problemas do Direito, exigindo-se que se ampliem, tanto as fontes quanto as formas como essas são interpretadas. Por essa razão, muitos são os interesses a serem levados em conta nos processos de resolução de conflitos, especialmente no que tange às questões relacionadas à matéria de direitos fundamentais. Nesta seara, em particular nas últimas décadas, nota-se um acirrado debate acerca do conceito de constitucionalismo.

Enquanto teoria formulada sob a égide do governo limitado, o constitucionalismo é fator indispensável à conversão dos direitos humanos em dimensão estruturante da organização social e política de qualquer comunidade, por normatizar tanto as relações horizontais entre Estados como também as relações Estado-povo, o que em uma sociedade globalizada, tem dado vazão à emergência de um Direito Internacional no qual a elevação da dignidade humana passa a ser um pressuposto indissociável de todas as formas de constitucionalismos, independentemente da orientação política ou ideológica que os inspire.

Trata-se, historicamente, de um complexo processo e de uma imbrincada tessitura histórico-cultural, que inclui diversos movimentos constitucionais com distintos recortes nacionais e identidades sociais, mas com pontos de convergência entre si. Ao longo de mais de dois séculos, desde sua revolução fundadora, foi possível perceber significativa evolução na efetividade do reconhecimento e proteção dos direitos da pessoa no Estado democrático. Uma evolução que, para os defensores do Estado Democrático de Direito, encontra-se hoje numa fase conclusiva, que consiste justamente em propagar-se e alcançar todas as nações, unificando os ideais humanos e consagrando-os juridicamente em um modelo cosmopolita de sociedade. Atenta-se assim para o fato de que a atual ordem jurídica constitucional possui como elemento caracterizador a sua abertura à normatização internacional (HABERMAS, 2004). Percebe-se com isso que, no mundo globalizado o Direito torna-se cada vez mais universal, nas palavras do Ministro Roberto Barroso a "globalização do Direito é uma característica essencial do mundo moderno, que promove, no seu atual estágio, a confluência entre Direito Constitucional, Direito Internacional e Direitos Humanos" (BARROSO, 2011, p.11).

Seguindo essa tendência contemporânea do constitucionalismo mundial, ocorre o prestígio de normas internacionais dedicadas à proteção da pessoa humana. No universo jurídico dos direitos e garantias fundamentais, as Constituições nacionais passam a apresentar maiores possibilidades de concretização de sua eficácia normativa, sendo concebidas numa abordagem que aproxima o Direito Internacional do Direito Constitucional. Como consequência desse processo mundial, as realidades nacionais modernas buscam firmar compromissos entre constitucionalismo e democracia.

Compromissos em que os direitos fundamentais constituem condição primeira para as decisões de vieses democráticos e, ao mesmo tempo, para o seu próprio e necessário limite, haja vista que nas democracias existe o risco de degeneração da ordem política em tirania, como bem aponta Tocqueville (2000), ao expressar o seu temor quanto à possibilidade da "tirania da maioria" que degrada o mérito pessoal e sufoca a liberdade individual, sendo essa última, em alguns casos, convertida em um conceito cada vez mais fluido, em um debate jurídico cercado por uma semântica respaldada numa argumentação "trans-individualista", excessivamente afeita à defesa de direitos difusos e coletivos em face ao que considera ser uma concepção "paleopositivista" ou liberal do Direito (STRECK, 2016).

Nesse horizonte de debates, apesar dos avanços a respeito dos direitos e garantias fundamentais, corre-se o risco de perder de vista a dimensão da *pessoa humana* em face de abstrações que atendem pelas denominações *humano* ou de *o outro*. Nesse sentido, a presente obra representa um considerável progresso: tem o mérito de inserir, nesse cenário de internacionalização da experiência constitucionalista, uma série de discussões sobre questões práticas que afetam – de maneiras distintas – a dimensão fática da existência cotidiana dos sujeitos. Fruto de reflexões compartilhadas no ofício jurídico, na experiência acadêmica e no convívio familiar com outros sujeitos com quem dividem interesses nesse campo, os textos presentes nessa obra repercutem reflexões deveras pertinentes às inquietações de três pessoas que têm trilhado juntas a fascinante estrada do conhecimento jurídico: Desembargador José James Gomes Pereira, na condição de magistrado, Doutor em Direito, professor e atualmente Vice-presidente do Tribunal de Justiça do Estado do Piauí, Lea Beatriz de Sousa Pereira, advogada militante, especializada na área cível, com concentração em Direito de Família e Lia Rachel de Sousa Pereira, advogada militante nas áreas cíveis, trabalhista, previdenciária e consumidor; especialista em Direito e Processo Penal, Responsabilidade Civil e Direito de Família e Sucessões. Pai e filhas desenvolvem, como poderá o leitor conferir nos textos a seguir, uma espécie de valsa do conhecimento, em que os movimentos de condução do leitor à produção de suas próprias respostas às questões importantes no atual contexto social são harmonicamente apresentados na sucessão de artigos.

Os autores esmeram-se em discutir desde temas amplos, como por exemplo, a posição hierárquica que os tratados internacionais ocupam na pirâmide jurídica brasileira até questões mais pontuais, mas não menos candentes em tempos em que o debate em torno dos direitos e dos tabus erigidos em face da questão do direito à diversidade e dos seus impasses, tem repercutido, por exemplo, no âmbito do direito de família, no regime patrimonial e nas relações configuradas legalmente como união estável. São temas apenas aparentemente distantes, mas articulados pela complexidade de uma tessitura social pós-moderna (BITTAR, 2014).

Não destoa o magistrado do que se tem dito e repetido acerca do crescente processo de internacionalização das normas internacionais quando no texto **Normas constitucionais e o mundo globalizado,** afirma, por exemplo, que diante da integração das nações no atual contexto global é indispensável "a aceitação pelos diversos entes da sociedade internacional de regras comuns pelas quais se possam reger e regrar seu convívio nas suas diferentes relações, trocas, acordos e conflitos" (p.1).

Também se destaca a importância dos textos que refletem sobre como o sistema financeiro global tem facilitado a prática criminosa nesse setor. Em tempos de reviravolta no cenário político nacional, em que se vislumbra o desnudamento de verdadeiras corporações criminosas incrustradas no Estado brasileiro, a discussão acerca do impacto da ação do crime organizado nos rumos da democracia assume uma relevância indiscutível. Nesse sentido, e justamente por que se fala tão pouco sobre o papel do setor financeiro na facilitação de crimes e lavagem de dinheiro em um sistema financeiro global, caracterizado pelo hábito de assumir riscos excessivos, artigos que tratam das organizações criminosas e seus reflexos na democracia, como também sobre as consequências das ilicitudes praticadas contra a ordem tributária são de grande contribuição para a formação cidadã.

Apenas a título de ilustração da pertinência com que o tema é discutido, e o vigor não apenas jurídico, mas também sociológico da abordagem, citamos um viés conclusivo parcial do artigo **As organizações criminosas e seus reflexos na democracia** no qual é abordado o tema impacto das organizações criminosas na democracia:

> Preliminarmente podemos concluir que não estamos propriamente diante de um estado de natureza, mas de uma ordem estruturada a partir de fatores culturais que dissociam a esfera pública da privada, traduzida no célebre dilema brasileiro da igualdade, universalidade e legalidade no plano político institucional, e da desigualdade, hierarquização e regras truculentas de convivência no plano social. (p.94).

Percebe-se a recusa do autor à explicação de cunho fatalista, que naturaliza as nossas mazelas políticas, preferindo adotar uma abordagem que expõe o abismo entre o muito já formalizado no plano do direito positivo e a íngreme realidade que marca a experiência cotidiana no plano em que se articulam, especialmente, o mundo dos negócios ilegais e a política.

Não menos importante é a discussão, também inclusa na obra, sobre a ordem tributária e o comércio internacional, já que trata de uma questão pertinente a uma sociedade mergulhada em vulnerabilidades globais resultantes do fato de que, de um lado as leis de mercado sozinhas não atendem às aspirações de segurança e transparência para os negócios e contratos entre empresas e Estados e, de outro, não sendo tais leis de mercado suficientes para garantir segurança e transparência, acabam por contribuir para que a prática de tais negócios enverede por um campo eticamente cinzento e perigoso. Um perigo que se acentua ainda mais em decorrência do crescente enfraquecimento da antiga noção de soberania dos Estados nacionais, como exigência da própria dinâmica do comércio internacional.

Assim, a discussão busca restaurar nesse contexto caótico a necessidade de se levar em consideração as competências tributárias do Estado moderno, mas dando destaque obviamente às vicissitudes de sua soberania dentro de uma ordem politica cada vez mais cosmopolita em que o modelo predominante é o de uma sociedade federalista-global (HABERMAS, 2001).

Concluindo essa nossa breve apresentação acreditamos, numa linha popperiana de raciocínio, que é a linguagem científica que estabelece sentido ao mundo do Direito, especialmente quando se mostra bem fundamentada na compreensão de seu objeto de estudo. Isso por acreditarmos que é por meio dela que interpretamos, interpelamos e transformamos o mundo real, tanto quanto nos tornamos capazes de aprimorar a própria relação entre o sujeito e o objeto ou, no nosso caso, entre o operador do Direito e o próprio Direito. É com obras como a que o leitor tem em mãos que a ciência jurídica encontra condições de superar muitos entraves em discussões dogmáticas, como por exemplo, as discussões sobre autonomia versus soberania, monismo versus pluralismo jurídico, assim como direito nacional e o direito internacional, entre outras.

O que a obra evidencia é um resgate do pensamento constitucional desvinculando-o de tendências centralizadoras. Percebe-se ao contrário, e com base na leitura de cada artigo, um esforço renovado de se reconstruir, a partir da abordagem de cada tema, a ideia do pensamento constitucional contemporâneo enquanto expressão correlata da crescente diferenciação ou pluralidade da sociedade moderna. Há, nesse esforço, um rompimento com o ideário kelseniano de absoluta identidade entre o Direito e Estado, em favor de um projeto que se propõe a admitir a necessidade de reconstrução – sob as condições de fragmentação e complexidade da sociedade moderna – um conceito de Direito, de constitucionalismo, bem como teoria dos direitos fundamentais, que sejam orientados exclusivamente para os novos, complexos e grandiosos desafios que se colocam numa sociedade global.

Por estas razões, ressaltamos nosso orgulho em apresentar à comunidade de leitores este singular trabalho construído com afeto familiar e com compromisso social pelo conhecimento. Uma obra importante em virtude não somente de sua dimensão teórico-prática no mundo especificamente jurídico, como também por sua grande contribuição para o debate sobre questões contemporâneas do mundo globalizado.

João Batista Vale Júnior
Professor Adjunto da UESPI

Antonia Valtéria Melo Alvarenga
Professora Adjunta da UESPI e UEMA.

CURRICULOS DOS AUTORES

JOSÉ JAMES GOMES PEREIRA

Possui graduação em Formação de Oficiais Policiais Militares pela Academia de Polícia Militar do Estado de Pernambuco (1975); Bacharelou-se em Direito pela Universidade Federal do Piauí em 1978; Ingressou na Magistratura de Carreira do Estado do Piauí em 1981; Pós – Doutor em Direito Constitucional – Università di Messina – Itália; Doutor em Ciências Jurídicas e Sociais. Universidad Del Museo Social Argentino, UMSA, Buenos Aires, Argentina; Mestre em Direito – Universidade Católica de Brasília – UCB, Brasil; Atualmente é Vice-Presidente do Tribunal de Justiça do Estado do Piauí, para o biênio 2016/2018; Presidente das Câmaras Reunidas Cíveis do e. TJ/PI; Presidente da 2ª Câmara Especializada Cível; Coordenador Estadual da Coordenadoria da Mulher em Situação de Violência Doméstica e Familiar; Diretor Geral da Escola Judiciária – EJUD. Biênio 2014/2016; Membro efetivo do Comitê Gestor da Estratégia do Poder Judiciário do Estado do Piauí; Juiz membro suplente do Tribunal Regional Eleitoral – TRE/PI/2013 – 2016, na categoria Desembargador; Professor Visitante da Universidade Estadual do Piauí – UESPI, entre os anos de 2001 a 2002; Professor de Direito do Centro de Ensino Superior do Vale do Parnaíba – CESVALE, Teresina – Piauí; e, Professor da Escola Superior da Magistratura do Estado do Piauí, Teresina – Piauí.

LIA RACHEL DE SOUSA PEREIRA SANTOS

Advogada, OAB/PI 7.317; Formada em Ciência da Computação pela UESPI, em 2004, Especialista em Sistema de informação para web, em 2006; Formada em Direito pela AESPI, desde 2009; Especialista em Direito e Processo Penal pela UCDB, em 2008, Especialista em Responsabilidade Civil pela Universidade de Lisboa, em 2013; Pós-graduada em Direito de Família e Sucessões pela UNIDERP, em 2016; Professora de Direito de Família e Sucessões da Faculdade CET (2014-2016) e professora de Processos de Família na Escola Judiciária-Ejud(2014-2016). Advogada militante nas áreas Cíveis, trabalhista, previdenciária e consumidor.

LEA BEATRIZ DE SOUSA PEREIRA

Advogada desde 2009, formada em Administração de empresas pela Associação Superior de Ensino-AESPI, 2007, Bacharela em Direito pela UNINOVAFAPI, 2008, Pós-Graduada em Processo Cívil pela UNISUL, 2010.

NORMAS CONSTITUCIONAIS E O MUNDO GLOBALIZADO

José James Gomes Pereira

Concebe-se que a atual conjuntura mundial é produto das transformações que se acentuaram nas últimas décadas, especialmente no que se refere às relações políticas, econômicas, jurídicas e sociais entre nações diversas, fruto da expansão do capital. Incorporando a nova realidade das relações internacionais, as normas constitucionais concernentes à fixação do Brasil no mundo dessas relações, dispersam-se no texto da Carta Política de 1988. Entre eles destacam-se os princípios contidos no art. 4º, que apresenta importantes subsídios na sistematização dos contornos do Direito Internacional insertos na legislação pátria.

As diferentes nações, desde sua origem e autoafirmação, embora com identidades distintas, buscam a interação com outros povos como meio de ampliar seu próprio desenvolvimento e expandir o horizonte de seus interesses. Nesse descortino as sociedades experimentaram, ao longo do tempo, a interação internacional desde o patamar interestatal até a moderna globalização, afastando-se, paulatinamente, de laços estatais para a efetiva consecução de suas relações externas.

Ante a constatação da impossibilidade do isolamento unilateral de qualquer nação no atual contexto global de interdependência mútua, impulsiona-se a aceitação, pelos diversos entes da sociedade internacional, de regras comuns pelas quais se possam reger e regrar seu convívio nas suas diferentes relações, trocas, acordos e conflitos. Para tanto, emerge a necessidade da análise da influência do direito alienígena no campo das transformações ocorridas no panorama jurídico mundial ou de determinado Estado, o que vem ocorrendo nos últimos anos, perquirindo uma abordagem das modificações sociais, políticas e ideológicas, vez que, a norma jurídica surge posteriormente ao fato e vem como resposta a uma necessidade social de normatizar, de disciplinar as suas relações, mesmo que se faça referência à origem, à finalidade, ao objeto e à natureza do direito comparado, para que, finalmente, seja abordada a importância da norma jurídica nas relações externas.

Decorre, portanto, que as mudanças nas relações políticas se manifestam tanto na esfera das relações internacionais, impulsionadas pela visão de países estrangeiros como mercados consumidores em potencial, como também no âmbito interno de cada país, à medida que os governos acataram e assumiram a ideologia neoliberal, condizente com o fenômeno da globalização, que tem como um dos seus princípios básicos a reforma do Estado direcionada para a concepção de Estado mínimo e mercado máximo.

Daí surge a necessidade de reorganização do Estado, sobretudo com a transferência de determinadas atividades produtivas e prestação de serviços, que antes eram de responsabilidade estatal, passando para a iniciativa privada com o corte ou redução dos direitos sociais através da flexibilização dos mesmos. Essas mudanças jurídicas se dão na esfera das relações internacionais, conforme se verifica pelo próprio questionamento do conceito clássico de soberania e pela nova visão de sistema jurídico, este caracterizado por um conjunto de normas organizadas em forma de rede e pelas múltiplas cadeias normativas, como também intra-Estado, através da criação de leis para a efetivação da política neoliberal.

Nesse contexto, as relações sociais foram submetidas a inúmeras transformações, entre as quais se destaca o aspecto cultural, disseminado mundialmente pelos meios de comunicação, considerando sua abrangência e facilidade de acesso. Dessa feita, a globalização, o desenvolvimento científico e tecnológico, representado pelo surgimento e difusão em escala mundial pela *Internet,* são os elementos desencadeadores e mantenedores de toda essa reestruturação nas relações entre os povos.

1. O Direito Comparado e a norma constitucional interna

1.1. Origem Histórica

O processo de integração dos povos, entre regiões diversas, remota desde a antiguidade e o estudo comparativo do direito vem sendo objeto de discussão ao longo do tempo. Isto se deve ao fato de que antes de criar as leis, em vista à interação social implementada entre as Nações, e com o conhecimento de institutos jurídicos alienígenas, as sociedades criam suas próprias normas, ainda que incorporando princípios jurídicos oriundos de outras nações.

Assim, foram os romanos encarregados de redigir a Lei das XII Tábuas, ao se informarem sobre leis estrangeiras, especialmente as leis gregas, que influenciaram na elaboração da primeira legislação romana; os ensinamentos de Platão, em sua obra *As Leis*, que se utiliza de comparações; e Aristóteles, que questionou as várias Constituições existentes à época. No século XVIII, com Montesquieu[1], em *O Espírito das Leis*, reencontra-se o recurso sistemático de tirar conhecimento de outras legislações.

No século XIX surgiram os primeiros códigos e novas doutrinas, entre elas a de Savigny que, rejeitando a ideia de soberania absoluta do direito nacional admitiu a existência de uma comunidade internacional, uma espécie de comunidade de direito. Para ele não se deve indagar qual a lei a ser aplicada, mas sim a sede natural da relação jurídica. Adotou o domicílio

1 Sua teoria da separação dos poderes atualmente é consagrada em muitas das modernas constituições internacionais.

como elemento de conexão, ou seja, a lei estrangeira deve ser aplicada em conformidade com o domicílio da pessoa.

Cabe aqui destacar, também, o pensamento de Pasquale Stanislau Mancini, internacionalista italiano, pioneiro na luta pela codificação do Direito Internacional Público, citado por Amorim (2002, 10), para quem:

> não há distinção entre Direito Internacional Público e Privado, haja vista ambos terem origem nos tratados, porquanto se a fonte é a mesma, o direito deve ser o mesmo. Estabeleceu os seguintes princípios: a) o da nacionalidade; b) o da liberdade; c) o da soberania e independência política.

Importa destacar que o direito comparado moderno, em sua origem, não decorre da ação de juristas, mas sim da unidade de pensamento de uma nova escola desenvolvida a partir das teorias evolucionistas.

Discorrendo sobre as relações internacionais, destaca-se o pensamento de J. Jay, citado por Mello (2002) apontando que a grande preocupação deve ser com a "segurança do povo" em relação às "hostilidades oriundas dos estrangeiros", reafirmando a existência de diferentes causas justas para uma guerra. Por outro lado aponta que a América unida respeitará melhor "o direito das nações" em relação às potências estrangeiras. E assegura que:

> [...] sob o governo nacional, os tratados, os artigos dos tratados como o direito das gentes serão sempre interpretados no mesmo sentido e executados da mesma maneira. Observa ainda a necessidade dos diferentes estados se unirem tendo em vista os inúmeros litígios que têm com Estados estrangeiros.

Hodiernamente, a expansão do processo de globalização associado a uma aceleração do tempo, unificou o planeta e criou-se, pela primeira vez na história da humanidade uma integração em escala global em que as diferentes culturas se identificam com a utilização dos meios de comunicação instantâneos e de largo alcance. Mas é claro que essa unificação é apenas parcial e, em muitas regiões, existe uma reação contrária a ela, ou seja, há uma forte defesa das tradições locais que são valorizadas.

Mesmo assim, é evidente que as economias nacionais estão se desnacionalizando. Os deslocamentos das pessoas também se tornaram muito rápidos. O espaço mundial ficou mais integrado. Os mais cépticos negam a existência da globalização, afirmando que essa integração entre sociedades e economias nacionais só ocorre numa pequena parte do mundo, em particular nos países desenvolvidos, acrescentando que existem diferentes sociedades com uma enorme e crescente desigualdade internacional e o discurso sobre a globalização se restringe a uma construção ideológica que serve para justificar o projeto neoliberal, isto é, a criação de um livre mercado global com a expansão do modelo capitalista anglo-americano nas principais regiões econômicas do mundo. Por outro lado, a ideia de que a globalização seria apenas uma ideologia, na verdade se trata de fato real, isto é, trata-se de um conjunto de processos inter-relacionados – não apenas econômicos, mas, também, cultural, político e jurídico – que une cada vez mais os povos do mundo.

1.2. A atuação do Estado nas relações externas

As relações internacionais definem-se como o conjunto de contratos que se estabelecem além das fronteiras nacionais entre grupos socialmente organizados. Sendo assim, considera-se objeto de interesse das relações internacionais todos os fenômenos que transcendem as fronteiras de um Estado, fazendo com que os sujeitos, privados ou públicos, individuais ou coletivos, relacionem-se entre si. E nesse sentido, admite-se que nos últimos anos ocorreu um aumento da interligação socioeconômica e jurídica entre diferentes regiões do globo, embora haja desigualdades quanto às formas de integração. Surgiram novos problemas internacionais (poluição, tráfico de drogas, sistema financeiro) que questionam o papel tradicional dos Estados. Houve uma expansão de organismos internacionais cada vez mais importantes, a exemplo da União Europeia e Organização Mundial do Comércio – OMC. Admite-se que a globalização, em suas diversas formas, clama pela prevalência de certa homogeneidade dos sistemas jurídicos entre Estados diversos.

As relações internacionais emergem, pois, pelos intercâmbios entre dois ou mais grupos sociais organizados, decorrendo das permutas entre agrupamentos humanos autônomos e diferenciados em face da circulação plena de bens, ideias, valores e indivíduos, seja em um plano jurídico definido ou de modo esparso e pragmático. Para Pedro Dallari (2002), as relações internacionais de um país são determinadas a partir de procedimentos complexos, que envolvem inúmeros parâmetros fixados por agente distintos.

Dessa feita, compreendem-se como agentes decisórios do modo de inserção do país no contexto internacional os diversos órgãos públicos, privados, entidades não governamentais e demais agentes os quais possuem interesses envolvidos em tais relações, agindo de acordo com seus próprios critérios, valores e interesses. Nesse sentido, Karl Deutsch (1978, p. 106) afirma que:

> [...] qualquer decisão importante relativa à política externa seria no caso concreto, então, o resultado de interação destes vários atores internos em disputa, e qualquer política externa a longo prazo teria de ser adotada através de um processo igualmente pluralista e competitivo.

Até o início do século XX, o sistema de interação entre os entes internacionais deu-se eminentemente de modo *interestatal* – nem mesmo *internacional* como conhecido atualmente. Este modo de organização se deveu majoritariamente à concretização da noção de soberania advinda da instauração da ordem de Westfália, em 1648, que segundo Celso Lafer (1982, p 70),

> De acordo com a lógica de Westfália, os governos eram soberanos e iguais [...]. O equilíbrio mecânico do poder, portanto, baseado na ação individual dos Estados entendidos como atores únicos da ação política, seria o princípio organizador das relações internacionais.

Dessa forma, figuravam os Estados como atores únicos de ação política no plano internacional, sendo supostamente soberanos e iguais. A partir dessa concepção originou-se o Direito Internacional Clássico.

Corroborando com esse entendimento, Francisco Rezek (2002, p 1) acredita que, ainda nos dias atuais, não há unidade no campo das relações e do Direito Internacional afirmando que:

> A sociedade internacional, ao contrário do que sucede com as comunidades nacionais organizadas sob a forma de Estados, é ainda hoje descentralizada, e o será provavelmente por muito tempo adiante de nossa época. [...] A vontade singular de um Estado soberano somente sucumbe para dar lugar ao primado de outras vontades reunidas quando aquele mesmo Estado tenha, antes, abonado a adoção de semelhante regra.

Contudo, tal realidade, vem sendo mitigada continuamente. Primeiro a evidencia da impossibilidade atual de qualquer Estado para atender às suas próprias necessidades, em uma base individualista, o que os força à premente cooperação intergovernamental. Segundo porque as relações internacionais não circulam exclusivamente pelos canais estatais convencionais, mas que, da mesma forma, satisfazem os reais interesses nacionais; entendido o conceito de "nação" como agrupamento humano o qual compartilha características comuns. Sendo estes interesses e atividades provenientes de partidos, classes, empresas, ideologias, grupos políticos, categorias profissionais etc., todos colaboram na composição do sistema *transnacional* de relações externas de um país.

Portanto, a pluralidade intrínseca nas relações internacionais corrobora, inclusive, com opiniões jurídicas como a do internacionalista Ian Brownlie (2002, p 58), que mesmo sustentando a primazia dos Estados ao tratar da personalidade e do reconhecimento de sujeitos de direito, assevera que:

> Estados e organizações (existindo condições apropriadas) representam o tipo normal de sujeito legal no plano internacional. No entanto, [...] as realidades das relações internacionais não são passíveis de redução a uma simples fórmula; a situação é de certa forma mais complexa. Tais 'tipos normais' possuem congêneres que podem criar problemas, além de várias entidades, [...] as quais possuem certa personalidade. Ademais, abstrações acerca dos tipos de sujeitos aceitáveis pelo direito ficam aquém da

> verdade, uma vez que o reconhecimento e a aquiescência podem sustentar uma entidade a qual mesmo sendo anômala, possui uma rede de relações legais no plano internacional.

Em face do reconhecimento da complexidade assumida pela diversidade de agentes no plano internacional, com uma verdadeira multiplicação de agentes e inúmeros procedimentos, evidencia-se uma enorme dificuldade quanto à efetividade das normas que regulam, ou ao menos pretendam regulamentar tais relações internacionais do país. De acordo com Pedro Dallari (op. cit), tal complexidade revela a impraticabilidade efetiva que se constata de se subordinar a um único sistema de normas toda a imensa gama de fatos jurídicos que se manifestam no plano internacional.

1.3. Funções e finalidades do direito comparado e sua importância no mundo globalizado

O direito comparado, considerado em sua realização prática, no ato de observar, de comparar e, muitas vezes, de importar (com ou sem adaptações) o modelo jurídico estrangeiro, se revela como instrumento de jurisdicizar novas situações econômicas, políticas e sociais desencadeadas pela globalização. Portanto, a efetividade das normas de direito comparado se evidencia no momento em que se identificam suas funções e determina sua utilidade. Está, pois, ligada diretamente à praticidade das relações jurídicas levadas a efeito pelos entes representativos de nações diferentes.

De forma um tanto racional Marc Ancel *apud* Coutinho (2003, p. 32-33) indica que as finalidades do direito comparado têm suas vantagens e benefícios, destaca ainda, que:

> a) O estudo comparativo do direito justifica-se na universalidade do direito, não sendo considerado este como ordenamento jurídico positivo, mas sim como instrumento de concórdia social e criação do espírito humano.
>
> b) Na esfera da realidade concreta, é indispensável o conhecimento do direito estrangeiro tanto ao advogado, ao juiz árbitro, quanto ao homem de negócios e ao diplomata. Isto porque em muitos sistemas jurídicos admite-se, mesmo que em caráter excepcional, a aplicação da lei estrangeira para a composição de conflitos. Neste caso, diante dos conflitos de leis no espaço, o operador do direito só pode dirimi-los se conhecer previamente o direito estrangeiro.
>
> c) O direito comparado exerce importante papel no aspecto didático, possibilitando ao estudante conhecer outras regras e sistemas diferentes dos seus. Possibilita ao jurista uma melhor compreensão do seu ordenamento jurídico, cujas características tornam-se bem mais evidentes através da comparação com ordenamentos jurídicos estrangeiros.

d) O método comparativo é necessário para o aprofundamento da história e da filosofia do direito. Consubstancia-se, ainda, num importante meio de comprovação da teoria geral do direito, que somente atinge o seu valor quando transcende a estreita técnica de um sistema particular.
e) Desde a antiguidade, a importância do direito comparado na positivação da legislação sempre foi reconhecida. A necessidade do conhecimento da legislação estrangeira com o intuito de fornecer subsídios para tal prática, e, sobretudo no momento, com as uniões regionais, e quando há um esforço geral pela organização de uma ordem jurídica pacífica e coordenada, a prática de um direito comparado criterioso torna-se bastante relevante.

Dessa feita, a comparação entre institutos jurídicos se faz relevante para a composição da norma jurídica interna, levando o legislador constituinte originário a inserir diversos preceitos no texto constitucional doméstico – visando à regulamentação das relações internacionais, em vista da nova ordem mundial levada a cabo no âmbito do Direito Constitucional Internacional – por considerar que a estrutura mundial organizada preponderantemente em torno dos Estados soberanos e de seus governos, age de forma individualizada, através de organizações internacionais por eles instituídas, ou de organizações comunitárias, com atuação em diferentes partes do mundo.

1.3.1. Norma constitucional e globalização

Ante a notoriedade de que o processo de globalização abrange grande diversidade de nações, ainda que de forma desigual, ou seja, atinge com mais intensidade alguns países em detrimento de outros, é fácil constatar que essa multipolaridade tem como objetivo a ampliação dos mercados. Dessa forma, o fim do mundo bipolarizado e da guerra fria não significou o fim dos conflitos e tensões internacionais. Apenas mudou suas feições. É que, atualmente, os confrontos se revestem mais de um conteúdo comercial, tecnológico e financeiro do que propriamente político-ideológico. Com isso os Estados passaram a incorporar no seu ordenamento, regras protetivas, visando, sobretudo, a garantia dos direitos fundamentais.

Nesse intento, partindo do princípio de que a Constituição, considerada como vertente de valores fundamentais e de objetivos nacionais a serem atingidos, deve ser vista como formadora da ordem jurídica e realidade política. Nessa vertente, o eminente doutrinador Pedro Dallari (*op. cit.*, p 11), assevera que:

> um texto constitucional se configura como tal na medida em que baliza a vida da sociedade a que se encontra conectado o Estado, não visando a disciplinar apenas [...] o Estado enquanto ente dotado de personalidade jurídica própria.

Denota-se dessa afirmação que as Constituições não devem se limitar apenas em reger o poder político e público, mas toda a coletividade. Com o objetivo de adequar o sistema jurídico à nova realidade configurada pela globalização, os movimentos constitucionais mais recentes apontam uma tendência à constitucionalização de princípios orientadores das relações internacionais de um país, retratadas pelas ações decorrentes da política externa nacional. A incorporação de tais princípios no texto constitucional reveste-se de extremado relevo, uma vez que possibilita um controle político da ação externa do Estado através dos Poderes constituídos, viabilizando o controle das relações pelo Poder Executivo, Legislativo, bem como o controle jurídico pelo Poder Judiciário. A propósito, o art. 4º da Constituição Federal brasileira aponta os princípios advindos do Direito Internacional, buscando neste os conceitos, aplicações e previsões concernentes à nova ordem mundial.

Portanto, a constitucionalização dos princípios balizadores das políticas exteriores do Brasil, é entendida como disposições que possui se não eficácia plena, mas um poder influenciador na seara internacional. Ou seja, tais princípios passam a ser normas constitucionais que apontam na ordem jurídica internacional os limites e regula as atividades externas do Estado. Ressalte-se que tais princípios não são de trato exclusivamente jurídico dos assuntos do âmbito constitucional. Também incorporam, na Carta Magna, questões de forte cunho político, tais quais as eminentemente politizadas questões internacionais de um Estado, visando aceitar o fenômeno da "Constituição" como um conjunto de estruturas jurídicas conectadas em seus sentidos e axiologia próprios.

Considera-se, pois, a Carta Constitucional como instrumento conversor de 'valores tidos fundamentais' em 'fins a serem atingidos'. Oportuno acrescentar que tal entendimento visa à compreensão da capacidade da Constituição de regimentar toda a sociedade da qual seja ela fruto, não se restringindo aos Poderes Públicos. Com esse entendimento, o eminente doutrinador Pedro Dallari (*ibidem*, p 12) assevera que:

> O equacionamento dos parâmetros de organização da sociedade insertos na Constituição – aí incluídos aqueles referentes às relações exteriores do país – guarda estreita ligação e tem certamente desdobramentos junto à ordem internacional.

Sendo assim, o movimento constitucionalista se desenvolve influenciado pelo processo espontâneo de globalização mundial, aceitando as dimensões fáticas e jurídicas da interdependência internacional. Esse entrelaçamento internacional acaba por promover a abertura natural dos Títulos Constitucionais sob as influências externas, amenizando o caráter soberano incontroverso de tal documento. Nessa linha de pensamento, o português José Joaquim Gomes Canotilho (2001, p 363) assevera que

> A abertura internacional significa [...] a afirmação do direito internacional como direito do próprio país e o reconhecimento de alguns dos seus princípios ou regras como 'medida de justiça', vinculativa da própria ordem jurídica interna. [...] a abertura internacional aponta para a indispensabilidade de os poderes públicos constitucionalmente competentes tomarem 'participação activa' na solução dos problemas internacionais (nas organizações internacionais, na defesa da paz e segurança internacionais, na defesa dos direitos humanos).

Mesmo assim, conforme ensinamento de Canotilho (*ibidem*, p 364) há que se ressalvar o fato de que:

> A abertura internacional e a abertura da Constituição, não são uma abertura para 'qualquer' ordem internacional. Pelo contrário, é uma ordem internacional informada e conformada por determinados princípios [...] da Constituição da República. A ordem internacional e as relações internacionais devem assentar em princípios intrinsecamente justos: o princípio da independência nacional, o respeito do direito dos homens, dos direitos dos povos, da igualdade entre os Estados, de solução pacífica dos conflitos internacionais, da não ingerência nos assuntos internos de outros Estados e da cooperação com todos os outros povos para a emancipação e progresso da humanidade. A ordem internacional e a ordem constitucional interna interativamente abertas são 'ordens fundadas nos direitos humanos e nos direitos dos povos' [...], são 'ordens de paz' e de solução pacífica dos conflitos.

No que diz respeito aos princípios insertos na Carta Política brasileira, é indiscutível a definição destes como sendo as bases de qualquer sistema, ou ordenamento jurídico. Por este ponto de vista, delineia-se a real importância que se conferiu aos princípios das relações internacionais do Brasil quando de sua não só atribuição constitucional, mas de sua presença explícita na Carta Magna. Estes princípios materializam as valorações políticas basilares do legislador constituinte, funcionando como critérios de interpretação, integração e coerência do sistema como um todo. Dessa feita, a constitucionalização dos princípios regentes das relações internacionais do país, nas palavras de Celso Mello (op. cit.), constitui-se como uma tentativa de adaptar a Constituição à ordem jurídica internacional que se sobrepõe a ela.

1.3.2. Os princípios constitucionais inerentes às relações exteriores promovidas pelo Estado brasileiro e sua aplicabilidade

As normas constitucionais inerentes à fixação do Brasil no mundo das relações internacionais dispersam-se por todo o texto da Constituição Federal. Destacam-se a nacionalidade, os direitos e garantias fundamentais, a ordem econômica e financeira e a ordem social. Cada um com suas orientações relativas aos relacionamentos internacionais projetadas, alguns deles, de caráter programático. Contudo, no que concerne, aos princípios orientadores das relações exteriores, analisando os arts. 1º, 2º, 3º e 4º da Constituição, José Afonso da Silva (2003, p 94 – 95) classifica-os como:

> [...] princípios relativos: à forma, estrutura, e tipo de Estado; à forma de governo e à organização dos poderes; à organização da sociedade; ao regime político; à prestação positiva do Estado e à comunidade internacional.

No que se refere a inserção do Brasil nas relações internacionais, destacam-se os princípios enumerados no art. 4º, da Constituição federal, os quais se revelam de suma importância para a sistematização dos paradigmas do Direito Internacional Público incluído na legislação pátria.

O rol de princípios inerentes às diretrizes internacionais, ao qual o Brasil haveria de acatar visando uma melhor convivência com os Estados, com os organismos internacionais e os indivíduos no mundo, é considerado, para alguns doutrinadores como acanhado e tímido. Nesse ponto Bastos (1988) admite que se trata de princípios já obsoletos que nenhuma referência necessitaria na própria Constituição, podendo constar no máximo de um programa político de governo. Todavia, salienta-se que o arrolamento dado no art. 4º baliza a ordem jurídica nacional, coadunando, *verbi gratia*, com os projetos de preparação nacional para a integração da América Latina.

Nessa mesma linha, Ricardo Seitenfus (2004, p. 3) esclarece que:

> [...] a atuação externa dos Estados e dos outros atores internacionais não pode ser compreendida sem a devida análise das condições internas que a motivam. Ou seja, existe um estreito vínculo entre a percepção ideológica de um governo e sua atuação internacional. Mesmo podendo ser considerada como a mais constante das políticas públicas, as atividades externas governamentais sofrem inflexão de prioridades quando há mudança de governo ou de regime político [...]. Portanto, há estreitos liames entre realidade interna e política externa.

Com esse pragmatismo a Constituição brasileira de 1988, retrata um momento histórico que, nas palavras de Almeida (1989) não poderia ser diferente. Representa, portanto, uma promessa de ordem democrática e de aperfeiçoamento de nossa cultura política, com especial ênfase nos mecanismos de participação social e retribuição econômica.

Na Carta Política referida não existia cláusula de reconhecimento ou aceitação do direito internacional pelo nosso direito interno, à exceção da regra inserta no seu art. 5.º, § 2.º, sobre os tratados internacionais de proteção dos direitos humanos, com *status* de norma constitucional e aplicação imediata, podendo, inclusive, sobreporem-se às normas constitucionais, caso contenham disposições *mais favoráveis* aos interesses dos seres humanos protegidos. Somente com a edição da Emenda Constitucional 45 – a exemplo da Lei Fundamental alemã (*Grundgesetz*), que admite expressamente em seu texto "que as normas gerais do Direito Internacional Público constituem parte integrante do direito federal e sobrepõem-se às leis nacionais" – foram acrescidos no artigo 5º de nossa Carta Magna os parágrafos 3º e 4º, admitindo, no primeiro caso, que em nosso sistema jurídico,

> Os tratados e convenções internacionais sobre direitos humanos que forem aprovados, em cada casa do Congresso Nacional, em dois turnos, por três quintos dos votos dos respectivos membros, serão equivalentes às emendas constitucionais. (BRASIL, 2017 p .5)

No segundo caso, condiciona a submissão do Brasil à jurisdição do Tribunal Penal a cuja criação tenha manifestado adesão. No que concerne às relações internacionais, a Constituição brasileira aponta uma relação de princípios pelos quais o Brasil deve reger-se nessas relações (art. 4.º, incisos I a X), assim como disposições referentes à aplicação dos tratados pelos tribunais (arts. 102, III, *b*, 105, III, *a* e 109, incisos III e V).

Os preceitos constitucionais supra indicados, ainda que em atraso, foram incorporados ao sistema jurídico pátrio para atender aos reclames de necessidades atuais, sobretudo em consequência da intensificação das relações internacionais, do surgimento de blocos econômicos, da formação de mercados comuns (entre nós, o MERCOSUL) e do aparecimento até mesmo de órgãos supranacionais.

O art. 4º da Constituição Federal resgata a noção de independência que corresponde à soberania nacional e a não submissão a qualquer potência estrangeira (inciso I). A saliência à prevalência dos direitos humanos remete à ordem jurídica nacional voltada à proteção de indivíduos (inciso II). Questiona-se se há ambiguidade entre os princípios elencados, quando se evoca o escopo de harmonia para solucionar pacificamente os conflitos relativos à independência nacional (inciso VII). O repúdio ao terrorismo, muitas vezes, também não caminha com a paz (inciso VIII). Igualdade entre os Estados (inciso V), que nem sempre se verifica em razão do desenvolvimento de cada uma das nações. Note-se que no contexto internacional o Brasil se enquadra na ordem mundial, com uma Constituição analítica, rígida e marcada por princípios os quais podem se contradizer ou se esvair em insuficiência, ameaçando o correto direcionamento da política externa do país.

Conclusão

Para que se possa levar a cabo qualquer consideração conclusiva acerca dos princípios constitucionais voltados para o controle e modelagem das relações internacionais do país, é indispensável que se tome em maior proporção a realidade fática a qual ensejou sua composição. O alcance exercido pela organização dos elementos políticos centrais de cada Constituição se desdobra no arcabouço da própria Carta, inclusive quanto aos temas e proporção que são abordados.

No que se refere aos princípios constitucionais objeto deste estudo, quais sejam os norteadores das relações internacionais do Brasil, devem ser considerados como normas programáticas, como uma espécie de guia do comportamento estatal para que, em respeito e com fulcro nestes, o governo possa projetar suas ideias e preparar seu território, organizando e aparelhando a nação para intercambiar cultura, economia etc.

Apesar da importância de tais princípios quanto à disciplina da conduta internacional brasileira, estes se equivocam à medida que se propõem a englobar em seus ditames todas as relações internacionais do país, visto que essas relações transbordam em muito o patamar estatal e quiçá o internacional, convergindo já para o transnacionalismo – ideia de que o interesse das empresas multinacionais estaria acima dos governos nacionais, teriam interesses próprios, supranacionais.

Os princípios se encerram por englobar uma realidade muito ampla, superando o alcance da competência constitucional, tendo em vista que o Direito Internacional Público já finca suas diretrizes na evolução da sociedade mundial.

Não há harmonia entre os princípios existentes na Constituição, o que suscita questionamentos acerca da ambiguidade do direcionamento que o país deve seguir, caso seja obrigado a abraçar com veemência todos os princípios descritos no art. 4º do Diploma Maior. Tanto há princípios que os organismos internacionais defendem e que a nossa Constituição Federal silencia – apesar de obedecer-lhes através de tratados com os quais corroborou – como também existem outros insertos entre os mais variados artigos e temas constitucionais, os quais também merecem respaldo e respeito apesar de não enumerados dentre os princípios oficiais.

No entanto, críticas à taxatividade ou orientação programática não diminuem a inquestionável importância dos princípios basilares de nossas relações internacionais, os quais, mencionados e reconhecidos pela nossa Constituição ou não, têm o dever de aprimorar as relações do nosso país com o mundo, prezando, a todo tempo, pelo respeito aos direitos humanos, pela independência nacional e manutenção da paz mundial.

A importância do direito comparado reside na experiência prática, traduzida na esfera legislativa, na criação da norma jurídica, como na hermenêutica, campo de atuação dos operadores do direito, através da interpretação das normas jurídicas. Traduz-se como relevante contribuição que oferece para o alargamento da visão dos estudiosos no sentido de verificar as várias maneiras de se organizar institutos jurídicos, de regular relações jurídicas semelhantes, ampliando não apenas o objeto, mas o próprio conteúdo da pesquisa jurídica.

Não há como se pensar as mudanças ocorridas no panorama mundial nas últimas décadas sem associar estas mudanças à globalização. Tal fenômeno correspondeu ao núcleo de todas estas transformações e teve por base a mundialização dos mercados consumidores e a reorganização do Estado voltada para a concepção do Estado mínimo. Esta nova concepção de Estado, por sua vez, se caracteriza pela desestatização (transferência de serviços que estão sob a responsabilidade do Estado, o que implica uma parcela do mercado transferida para a iniciativa privada), a redução e até mesmo corte de direitos sociais.

Referencias

AMORIM, Edgar Carlos de. Direito Internacional Privado. 7 ed. Rio de Janeiro Forense, 2002.

ANCEL, Marc. *Utilidade e Métodos do Direito Comparado:* Elementos de introdução ao estudo comparado do Direito. Porto Alegre: Fabris, 1980.

BASTOS, Celso Ribeiro; MARTINS, Ives Gandra da Silva. *Comentários à Constituição do Brasil.* São Paulo: Saraiva, 1988.

BROWNLIE, Ian. *Principles of Public International Law.* 5 ed. Oxford: Oxford University Press, 2002.

CANOTILHO, José Joaquim Gomes. *Direito Constitucional.* 4 ed. Coimbra: Livraria Almedina, 2001.

COUTINHO, Ana Luísa Celino. *Direito Comparado e Globalização.* Prim@ facie, João Pessoa, ano 2, n. 3, p. 30-41, jul./dez. 2003. Disponível em: . Acesso em: 10.10.2018

BRASIL (Constituição 1988) . *Constituição da República Federativa do Brasil.* Brasília- DF: Senado Federal, 2005.

DALLARI, Pedro. *Constituição e relações exteriores.* São Paulo: Saraiva, 2002.

DEUTSCH, Karl Wolfgang. *Análise das Relações Internacionais.* Brasília: Universidade de Brasília, 1978.

FARIA, José Eduardo. *O direito e a economia globalizada.* São Paulo: Malheiros, 1999

LAFER, Celso. *Paradoxos e possibilidades.* Rio de Janeiro: Nova Fronteira, 1982.

MELLO, Celso D. de Albuquerque. *Direito Constitucional Internacional*. 2. ed. rev. Rio de Janeiro: Renovar, 2000.

REZEK, José Francisco. *Direito Internacional Público: curso elementar*. 9. ed. rev., São Paulo: Saraiva, 2002.

SEITENFUS, Ricardo Antônio Silva. *Relações Internacionais*. Barueri, São Paulo: Manole, 2004.

SILVA, José Afonso da. *Curso de Direito Constitucional positivo*. 22. ed. rev. São Paulo: Malheiros, 2003.

OS TRATADOS INTERNACIONAIS NA VIGÊNCIA DO ESTADO NOVO

José James Gomes Pereira

Após o término da Primeira Guerra Mundial (1914-1918), começaram a se fortalecer na Europa as tendências políticas contrárias aos ideais burgueses nascidos no século XVIII representados pelo liberalismo e a democracia. A ideologia burguesa passou a ser criticada tanto pela direita (fascismo e nazismo) como pela esquerda (marxismo). A primeira crítica não era revolucionária e buscava através de um regime ultranacionalista, belicoso e ditatorial uma saída para a crise do capitalismo de 1929, sem, contudo, o destruir. A segunda, revolucionária, preconizava a superação do capitalismo com a tomada do poder pela classe operária e a transformação da sociedade, almejando o fim da propriedade privada dos meios de produção e da exploração do trabalho assalariado.

Apesar da inegável afinidade entre o regime instituído pelo golpe de 1937 e o regime dos Estados fascistas europeus, certas características peculiares destes não apareceram na formação do Estado Novo brasileiro. O golpe de 1937, não representou a vitória de um partido organizado (a participação dos integralistas era adjetiva), nem teve apoio ativo das massas. Careceu, por outro lado, de força e coerência ideológica. A instauração do Estado Novo foi um golpe de elites político-militares contra elites político-econômicas.

Nesse sentido, o governo brasileiro editou um decreto em 2 de dezembro de 1937 por meio do qual se dissolveu todos os partidos políticos, à consideração de que essas agremiações eram artificiosas combinações de caráter jurídico e formal e tinham objetivos meramente eleitorais.

Desse modo, a repugnância dirigia-se claramente aos partidos políticos tradicionais herdados da República Velha – expressões dos interesses locais e incapazes, portanto, de promover a unidade nacional. Por isso, nesse decreto, se afirmou que os partidos não correspondiam aos reais sentimentos do povo brasileiro pois não possuem conteúdo programático nacional (BRASIL, 1937)

No entanto, essa reclamação não se dirigia a Ação Integralista Brasileira e à Aliança Nacional Libertadora[1], pois ambas haviam superado os partidos até então existentes por trazerem "conteúdo programático nacional". Entretanto, contra a AIB e a ANL, as reclamações seriam outras: elas espelhavam ideologias e doutrinas contrárias aos postulados do novo regime. Assim, todos os partidos eram inadequados. A instauração do Estado Novo foi então, a solução ideal, pois fora fundado em nome da nação para atender

1 Partidos políticos brasileiros, criados antes da instauração do Estado Novo.

às suas aspirações e necessidades, devendo estar em contato direto com o povo. De sorte que, o pano de fundo da ideologia do Estado Novo foi o mito da nação e do povo. Na realidade, esse foi o momento em que, através da ditadura, se procurou suprimir os localismos e viabilizar um projeto realmente nacional.

Com a identificação entre nação e povo, e ambos com o ditador, sem a distância interposta dos partidos, o Estado Novo transparecia a ilusão de que finalmente o povo governaria a si próprio e a nação se reencontraria. O ditador era então a encarnação viva do povo e da nação.

Com esse propósito, a Carta Outorgada em 1937 caracterizou-se pelo predomínio do poder Executivo, considerado o órgão supremo do Estado (*ibidem*), usurpando até mesmo as prerrogativas do Poder Legislativo. Por meio dessa Carta Constitucional, o presidente da República foi definido como a autoridade suprema do Estado, que coordena a atividade dos órgãos representativos de grau superior, dirige a política interna e a externa, promove ou orienta a política legislativa nacional e superintende a administração do País (*ibidem*).

Conforme o texto constitucional o Presidente da República passou a ter completo controle sobre os Estados, podendo a qualquer tempo nomear interventores. Como não bastasse, Instituiu-se o estado de emergência, que permitia ao presidente suspender as imunidades parlamentares, prender, exilar e invadir domicílios; para completar, instaurou-se novamente a pena de morte e legalizou-se a censura para os meios de comunicação – jornais, rádio e cinema. O mandato presidencial foi dilatado para seis anos.

> O poder Legislativo seria composto pelo presidente da República, pelo Conselho Nacional (que substituiu o Senado) e pelo Parlamento Nacional (Câmara dos Deputados). O Parlamento Nacional, com três a dez representantes por Estado, seria eleito por voto indireto (vereadores das Câmaras Municipais e dez eleitores por voto direto).
> O Conselho Nacional seria composto por um representante de cada Estado, eleito pelas Assembleias Estaduais, e por dez membros nomeados pelo presidente, com mandatos de seis anos.

Sob inspiração do Estado corporativo do regime fascista italiano, a nova Constituição criou o Conselho da Economia Nacional, composto pelos representantes da produção – indicados por associações profissionais e sindicatos reconhecidos por lei – com representação partidária de empregados e sob a presidência de um ministro de Estado. O Conselho da Economia Nacional tinha a função de assessoria técnica, visando obter a colaboração das classes, a racionalização da economia e a promoção do desenvolvimento técnico. Tudo isso significava também que o Estado iria intervir e dirigir a economia nacional.

A Carta Outorgada em 1937 deveria ter sido submetida a um plebiscito, como previa o seu texto, mas o ditador se fez por esquecer esse compromisso. Outrossim, criou-se o Departamento Administrativo do Serviço Público (DASP) em 1938, com a finalidade de dar ao Estado um aparato burocrático racionalizado da administração pública. Em suma, tratava-se de modernizar a burocracia. Segundo Eli Diniz (1981), esse órgão tinha a função de pôr fim ao caráter político do recrutamento do funcionalismo, partindo do imperativo técnico da neutralidade do serviço e do servidor público, além de generalizar o sistema de mérito, isto é, o recrutamento dos servidores passou a ser feito mediante a avaliação da capacidade, através de concursos e provas de habilitação.

Como visto, todos os ramos da atividade estatal seja no campo político, administrativo, social, econômico ou jurídico, se submetiam ao controle do governo. Daí porque dizer-se que o Estado Novo assumiu o caráter de Estado totalitário[2].

Essa situação já se retratava com a edição da Constituição de 1934, decorrente da chegada de Getúlio Vargas ao poder, esta foi marcada pela falsa harmonia entre o liberalismo e o intervencionismo, trazendo dispositivos consagrados pelo Direito Internacional Público após a Primeira Guerra Mundial. Na época, o Brasil qualificou os atos de guerra definidos como crime, obrigando os dirigentes da política internacional a examinar todas as consequências de um eventual decreto de combate. Impediu-se a guerra de conquista e a declaração de guerra antes da aplicação da arbitragem. Assim sendo, pode se falar em ausência de inovação substancial em relação aos diplomas constitucionais anteriores.

A dissolução do Congresso Nacional com a construção do Estado Novo balizou a Constituição de 1937, a qual situou o país no mundo precedente à Segunda Grande Guerra, influenciado pelos regimes totalitários. É de fácil compreensão, destarte, o abandono do 'recurso prévio do arbitramento' para a solução dos conflitos internacionais e da 'proibição da guerra de conquista'. Entra em vigor algo absolutamente contrário ao que dispunha a Carta de 1934, sendo possível especular-se sobre a ampliação forçada do território nacional, de forma implícita, já que as guerras de conquista eram repelidas pelo Direito Internacional Público.

1. A formação do Estado Novo – aspectos históricos

Desde a Constituinte de 1933 e a promulgação da Constituição de 1934, o tenentismo[3] estava em declínio. Esse movimento, um dos mais radicais e

2 Segundo o dicionário. Aurélio. *Escolar da Língua Portuguesa*. Totalitário, Adj. Diz-se do governo, país ou regime em que um grupo centraliza todos os poderes políticos e administrativos, não permitindo a existência de outros grupos ou partidos políticos.

3 Movimento político-militar que tentou superar as oligarquias cafeeiras estabelecidas no Estado de São Paulo.

reformistas da República Velha, foi também a mais séria tentativa de superar o domínio das oligarquias estaduais. Todavia, ideologicamente, o tenentismo era desprovido de coerência; da mesma forma, não tinha nenhum programa político suficientemente claro, que mobilizasse setores significativos da sociedade para a reorganização do país. Em 1934, o tenentismo já tinha deixado de existir como movimento organizado. Em seu lugar, novas organizações políticas começaram a surgir influenciadas pelos acontecimentos na Europa que, em seguida, culminaram com a eclosão da Segunda Guerra Mundial.

Esses acontecimentos enraizados na Europa decorreram de duas tendências políticas (ultrarreacionária e revolucionária) que estavam em luta acirrada durante o período entre guerras e se refletiram no Brasil com a formação da Ação Integralista Brasileira (tendência fascista) e da Aliança Nacional Libertadora (tendência esquerdista). Ambos os partidos eram bem diferentes daqueles até então existentes, pois tinham um programa político bem delineado e haviam superado os antagonismos regionais, substituindo-os pelos antagonismos de classes. Portanto, já não eram agrupamentos políticos de defesa de um Estado ou outro, de uma região ou outra. Ao contrário, defendiam claramente os pontos de vista de uma classe, independentemente da área geográfica.

No bojo dos acontecimentos europeus surgiu o integralismo – movimento tributário do fascismo italiano que, doutrinariamente, preconizava a formação de um governo ditatorial ultranacionalista, com base na hegemonia de um único partido, a Ação Integralista Brasileira (AIB), obediente a um único chefe. Os fundamentos doutrinários da AIB encontravam-se no Manifesto à Nação Brasileira (1932), de autoria de Plínio Salgado, ex-integrante do Partido Republicano Popular. Nele, o autor fazia a defesa da "Pátria, Deus, Família", isto é, do "chauvinismo", da "civilização cristã" e do "patriarcalismo".

A Aliança Integralista Brasileira encontrava apoio na oligarquia tradicional, na alta hierarquia militar, no alto clero, em suma, nos setores mais conservadores da sociedade dominante à época. Tal como o seu modelo europeu, a AIB utilizava-se do ódio aos comunistas para elevar a tensão emocional de seus partidários. O "perigo vermelho[4]" era visto por toda parte, o que mantinha a permanente vigilância e o fervor partidário. Entre 1932 e 1935, quando os efeitos da crise de 1929 (grande depressão) se faziam sentir com intensidade e as agitações esquerdistas começavam a tomar corpo, os integralistas formaram, como na Itália, grupos paramilitares que agiam com violência para dissolver as manifestações esquerdistas.

A Aliança Nacional Libertadora, frente antifascista fortaleceu-se com a ascensão do totalitarismo de direita quase que por toda parte, o que motivou a formação de frentes antifascistas, com predomínio dos partidos comunistas

4 Denominação dada às ações dos adeptos do Partido Comunismo do Brasil.

em todos os países. Aliás, a Terceira Internacional (Komintern) – reunião dos partidos comunistas de todo o mundo – preconizava essa tática na luta antifascista, isto é, aglutinava todos àqueles que, por uma razão ou outra eram contrários ao fascismo. Surge, então, o Partido Comunista do Brasil, fundado no início dos anos 20, que adotou essa mesma linha.

A formação da frente anti-integralista resultou na Aliança Nacional Libertadora. Luís Carlos Prestes[5], que rompera com o tenentismo para converter-se ao marxismo, foi eleito presidente de honra da ANL, passando assim, rapidamente à cúpula dirigente do Partido Comunista do Brasil (PCB). A Aliança Nacional Libertadora cresceu vertiginosamente, despertando, em consequência, o receio das camadas dirigentes. O próprio presidente Getúlio Vargas, a fim de fortalecer o seu poder, serviu-se da ANL. Depois, através de intervenção policial, invadiu suas sedes e mandou prender seus líderes. Enfim, impediu a atuação da ANL na legalidade, forçando-a a passar para a clandestinidade. Por causa da repressão da polícia, o PCB, movido pela ala radical, acabou optando pelo método insurrecional, dando origem à intentona comunista.

Em 1932 explodiu a chamada "revolução constitucionalista" de 9 de julho em São Paulo. Aquela "revolução" não passou de uma revolta patrocinada pela oligarquia paulista a pretexto de exigir do governo federal a reconstitucionalização do país. De fato, os coronéis ansiavam por reassumir o poder através de eleições controladas por eles. Contudo, a Era Vargas foi o ponto final na política da República Velha. O movimento foi derrotado. Vargas se sentiu pressionado a conceder a realização das eleições para uma Assembleia Constituinte em 5 de maio de 1933. A Constituição entrou em vigor em 16 de julho de 1934, juntamente a isso o Congresso realizou eleições indiretas e Vargas seguiu no poder, agora como presidente constitucional.

O período é marcado por polarização ideológica, de um lado a ANL (Aliança Nacional Libertadora) que integra comunistas, liberais, socialistas e cristãos, de um lado; e de outro a AIB (Ação Integralista Brasileira), movimento inspirado pelo nazi-fascismo. A ANL é posta fora da lei em 11 de julho de 1935. Sua extinção provocou a reação de setores militares identificados com seu programa político.

Nesse contexto eclodiu, prematuramente em novembro de 1935, a chamada "Intentona Comunista" liderada por Luís Carlos Prestes[6], esta, contudo, se limitou ao levante de algumas guarnições militares que se uniram aos populares, organizando o Comitê Popular Revolucionário. Contava com o apoio do Kremlin[7], mas com escasso apoio popular no Brasil e violenta repressão

5 Importante líder comunista brasileiro na década de 1930.

6 Importante líder comunista brasileiro na década de 1930.

7 Palácio do governo da então URSS, hoje do governo Russo.

por parte do Estado varguista, foi sufocado sem grande dificuldade,a repressão foi imediata, com o apoio da Polícia Militar e de fortes contingentes armados enviados pelos fazendeiros. Dois dias depois a insurreição foi esmagada.

Durante a preparação do golpe, a pretexto de combater os levantes comunistas, Getúlio Vargas decretou estado de sítio[8], que se prolongou até o ano de 1937. Era o que Vargas necessitava para conduzir o país à ditadura. Era um pretexto, porque Getúlio Vargas sabia de antemão dos planos insurrecionais do Partido Comunista do Brasil através de elementos da polícia infiltrados no partido. E serviu-se do levante comunista – mal concebido, mal planejado e mal executado, sem a mínima chance de vitória – para atingir objetivos pessoais. Utilizando o argumento da "ameaça comunista", preparou, pacientemente, seu próprio caminho.

As eleições marcadas para 1938 estavam se aproximando. A oligarquia paulista lança candidatura própria e o próprio governo indicara seu candidato. Vargas, entretanto, concebe a ideia de permanecer no poder e fecha o regime inaugurando o Estado Novo a pretexto de deter os planos de um golpe por parte dos comunistas, que queriam lançar o país a uma Guerra. Por outro lado, nenhum dos partidários getulistas estava em seus planos, pois ele, Getúlio Vargas, repita-se, pretendia continuar no poder. E tinha fortes argumentos para isso; contava com o apoio do chefe do Estado-Maior do Exército e do general Dutra, seu ministro da Guerra.

Nessa época o Congresso Nacional, sentindo as manobras golpistas de Vargas o impediu de renovar o estado de sítio. Para forçar a situação, Vargas simulou a farsa do Plano Cohen[9], de autoria duvidosa: tratava-se de um plano

8 Situação que leva à suspensão de determinadas garantias constitucionais por determinado período de tempo.

9 Na realidade, o Plano Cohen fora forjado no interior do próprio governo para justificar perante a opinião pública nacional e internacional a sua permanência e o fechamento autoritário que promovia. Veja-se o histórico: Em 30 de setembro de 1937, quando se aguardavam as eleições presidenciais marcadas para janeiro de 1938, a serem disputadas por José Américo de Almeida e Armando de Sales Oliveira, ambos apoiadores da revolução de 1930, foi denunciado, pelo governo de Getúlio, a existência de um suposto plano comunista para tomada do poder. Esse plano ficou conhecido como Plano Cohen, e depois se descobriu ter sido forjado por um adepto do integralismo, o capitão Olímpio Mourão Filho, o mesmo que daria início à Revolução de 1964. Há várias versões e dúvidas sobre o Plano Cohen: Os integralistas negam ainda hoje participação deles no golpe de estado do Estado Novo, atribuindo ao general Góis Monteiro a transformação de um relatório feito pelo Capitão Mourão em um documento oficial: O dito Plano Cohen. Com a comoção popular causada pelo Plano Cohen, com a instabilidade política gerada pela Intentona Comunista, com o receio de novas revoluções comunistas e com as seguidas vezes em que foi decretado estado de sítio no Brasil, foi sem resistência que Getúlio Vargas deu um golpe de Estado e instaurou uma ditadura em 10 de novembro de 1937, através de um pronunciamento transmitido por rádio a todo o País.

supostamente comunista, que visava ao assassinato de personalidades importantes a fim de tomar o poder. Segundo a versão dos interessados na farsa, o documento fora descoberto e entregue a Góis Monteiro[10] pelo capitão Olímpio Mourão Filho, membro integralista. O denominado Plano Cohen foi dado por Góis Monteiro, responsável pela divulgação alarmista por toda a imprensa.

Diante da ameaça vermelha[11], o governo pediu o Estado de guerra[12] e o Congresso concedeu. Criaram-se assim as condições para o golpe. Getúlio buscou e conseguiu o apoio do governador de Minas, Benedito Valadares; no nordeste, a missão chamada Negrão de Lima[13], conseguiu a adesão de vários Estados.

Os movimentos antagônicos apelaram para as Forças Armadas, pedindo a manutenção da legalidade, inutilmente, pois Getúlio Vargas já havia determinado fosse redigida a nova Constituição. Constituição que veio a ser outorgada por decreto, instituindo o Estado Novo e como tal, se revela como uma verdadeira ditadura.

A pretexto de se colocar fim às agitações da época, Vargas decretou o fechamento do Congresso e anunciou a nova Constituição. Em dois de dezembro de 1937, os partidos foram dissolvidos. Era o início do Estado Novo.

No dia dez de novembro de 1937 Vargas deu o golpe ordenando o cerco do Congresso Nacional, determinando o seu fechamento e fazendo um pronunciamento onde anunciava a promulgação de uma nova Constituição que substituiria à de 1934. Tal Constituição já estava sendo elaborada há algum tempo inspirada na Constituição autoritária da Polônia, e como tal, naturalmente ficou conhecida como "A Polaca".

Essa Carta constitucional previa a extinção dos partidos políticos, colocando na ilegalidade inclusive a Ação Integralista Brasileira. Esta por sua vez tentou o golpe, tomando de assalto o Palácio Guanabara[14] no Rio de Janeiro em 11 de maio de 1938. Foi frustrada em seus propósitos.

10 Entusiasta correligionário de Getúlio Vargas.

11 Temor decorrente da ação dos partidários comunistas.

12 O Estado de guerra ou estado de emergência, de acordo com os artigos 166 a 170 da Constituição de 1934 poderia ser declarado, pelo Presidente da República, em todo território do País ou na porção do território particularmente ameaçado em caso de ameaça externa ou iminência de perturbações internas ou existência de concerto, plano ou conspiração, tendente a perturbar a paz pública ou por em perigo a estrutura das instituições, a segurança do Estado ou dos cidadãos, desde que se torne necessário o emprego das forças armadas para a defesa do Estado.

13 Movimento de apoio ao governo de Getúlio Vargas.

14 Sede do governo do Estado do Rio de Janeiro.

Além da extinção dos partidos políticos, uma série de medidas foi tomada para reprimir as oposições, tais como a nomeação de interventores para os Estados e a censura aos meios de comunicação realizada pelo DIP (Departamento de Imprensa e Propaganda). Este órgão também cuidava de difundir a ideologia do Estado Novo, censurando, arquitetando a propaganda do governo e exercendo o controle sobre a opinião pública.

Nos atos preparatórios do Golpe Getulista, segundo Edgard Carone, (1982, p 17),

> As relações entre Integralismo e o presidente da República sempre foram pela força da própria doutrina do Signa, isto é, as de respeito do primeiro pelo segundo e de acatamento do segundo pelo primeiro. Éramos a única força nacional organizada; éramos um milhão e meio de brasileiros que opunham uma barreira ao comunismo e combatiam o partidarismo regionalista; éramos a inspiração criadora de fortes sentimentos cívicos e tudo isso coincidia com a linha política do presidente da República.
> Nas horas de grandes manifestações coletivas dos cultos partidários, eram os integralistas que realizavam as apoteoses máximas da Pátria e que aclamavam as autoridades constituídas. Nas horas de perigo, eram os integralistas que, civis ou militares, estavam invariavelmente alertas.
> A influência do integralismo na sociedade brasileira e nas Forças Armadas atingira amplíssimas áreas e tocava às profundidades dos corações. Os comunistas e os governadores dos Estados bem o sentiam. Desencadeava-se uma propaganda tenaz contra os princípios ensinados pelo Integralismo; os mesmo princípios políticos que serviam em grande parte à nova estrutura constitucional do país.

Do que foi até aqui abordado, o Estado Novo foi se estruturando com o tempo e as circunstâncias, não seguindo a um plano pré-estabelecido, o que ocorreu segundo o novo equilíbrio e desequilíbrio dos grupos que apoiaram o golpe, que vão dos militares aos civis, das diversas oligarquias ou dos integralistas. De sorte que é errado pensar-se que os fatores do golpe estivessem previamente preparados para organizar o Estado ditatorial (*ibidem*, p 26).

A extinção dos partidos políticos, que era medida já realizada desde 10 de novembro de 1937, foi um decreto destinado a acabar com as pressões organizatórias dos partidários da ditadura a atingir, também, diretamente os integralistas que sonhavam em se tornar o Partido Único, o Partido Oficial do regime.

Conforme alhures expendido, com a outorga da Constituição de 1937, instaurou-se no Brasil um novo regime que apesar da inegável afinidade entre este, instituído pelo golpe, e o regime dos Estados fascistas europeus, certas características peculiares destes não apareceram na formação do Estado Novo. O golpe de 1937, segundo Eli Diniz (1981, P 127), não representou a vitória de um partido organizado (a participação dos integralistas era adjetiva), nem teve apoio ativo das massas". Careceu, por outro lado, de força e coerência ideológica. A instauração do Estado Novo foi – na opinião da mesma autora – "um golpe de elites político-militares contra elites político-econômicas.

Nesse sentido, o decreto de dois de dezembro de 1937, que dissolveu todos os partidos é bem elucidativo, na medida em que, pelas razões nele expostas, os partidos políticos eram "artificiosas combinações de caráter jurídico e formal" e tinham "objetivos meramente eleitorais". A crítica dirigia-se claramente aos partidos tradicionais herdados da República Velha – expressão dos interesses locais e incapazes, portanto, de formar a "nação". Por isso no decreto se afirmou que os partidos não correspondiam "aos reais sentimentos do povo brasileiro", pois "não possuem conteúdo programático nacional". Essa última reclamação não era aplicável, no entanto, à AIB e à ANL, pois ambas haviam superado os partidos até então existentes por trazerem "conteúdo programático nacional".

Entretanto, contra a esses partidos, as acusações seriam outras: eles espelhavam ideologias e doutrinas contrárias aos postulados do novo regime. Assim, uma vez que todos os partidos eram inadequados, a instauração do novo regime foi a solução ideal, pois fora fundado em nome da nação para atender às suas aspirações e necessidades, devendo estar em contato direto com o povo.

Portanto, o pano de fundo da ideologia do Estado Novo foi o mito da nação e do povo, duas entidades abstratas que por si só não significam absolutamente nada. Na realidade, esse foi o momento em que, através da ditadura, se procurou suprimir os localismos e viabilizar um projeto realmente nacional.

Identificando nação e povo, e ambos com o ditador, sem a distância interposta dos partidos, o Estado Novo tinha a ilusão de que finalmente o povo governaria a si próprio e a nação se reencontraria. O ditador era então a encarnação viva do povo e da nação.

Para justificar a edição do referido decreto, embora amparado no artigo 180 da Constituição ditatorial, considerou-se que além de outros objetivos, tinha por finalidade instituir um regime de paz social e de ação política construtiva, considerando-se, ainda, que o sistema eleitoral então vigente, era inadequado às condições da vida nacional, uma vez que baseado em artificiosas combinações de caráter jurídico formal, fomentava a proliferação de partidos, com o fito único e exclusivo de dar às candidaturas e cargos eletivos aparência de legalidade. Por esse mesmo decreto, considerou-se, ainda, que a multiplicidade de arregimentações partidárias, com objetivos meramente eleitoreiros, ao invés de atuar como fator de esclarecimento e disciplina da opinião, serviu para criar uma atmosfera de excitação e desassossego permanentes, nocivos à tranquilidade pública e sem correspondência com os reais sentimentos do povo brasileiro.

Os partidos políticos até então existentes não possuíam conteúdo programático nacional ou esposavam ideologias e doutrinas contrárias aos postulados do novo regime, pretendendo a transformação radical da ordem social, alterando a estrutura e ameaçando as tradições do povo brasileiro, em desacordo com as circunstâncias reais da sociedade política e civil. Por fim, considerou-se que o novo regime, fundado em nome da Nação para atender às suas aspirações e necessidades, deve estar em contato direto com o povo, sobreposto às lutas partidárias de qualquer ordem, independendo da consulta de agrupamentos, partidos ou organizações, ostensiva ou disfarçadamente destinados à conquista do poder público.

Nesse itere, o integralismo também foi considerado contrário aos interesses do Novo regime, uma vez que composto de diversas facções e, ideologicamente, de diversas tendências. Dessa forma, a composição plural como resultado do seu crescimento e das consequentes combinações entre diferentes grupos que formaram a Ação Integralista Brasileira, dele fizeram parte.

Diante dessas circunstâncias, a Constituição de 1937, segundo o seu preâmbulo, se justifica para atender às legítimas aspirações do povo brasileiro e à paz social, profundamente perturbada por conhecidos fatores de desordem resultantes da crescente agravação dos dissídios partidários. Uma notória propaganda demagógica procura desnaturar em luta de classes e de estremeção de conflitos ideológicos, tendentes, pelo seu desenvolvimento natural, a resolver-se em termos de violência, colocando a Nação sob a funesta iminência da guerra civil.

Ainda de acordo com o preâmbulo, a Carta ditatorial visava atender ao estado de apreensão criado no país pela infiltração comunista que se tornava dia a dia mais extensa e mais profunda, exigindo remédios de caráter radical e permanente e que sob as instituições anteriores, não dispunha o Estado de meios normais de preservação e de defesa da paz, da segurança e do bem estar do povo.

Com o apoio das Forças Armadas e cedendo às aspirações da opinião nacional, umas e outras justificadamente apreensivas diante dos perigos que ameaçavam a unidade e da rapidez com que se vinham processando a decomposição das instituições civis e políticas, resolveu-se através da Constituição, assegurar à Nação sua unidade, o respeito à sua honra e à sua independência; e ao povo brasileiro, sob um regime de paz política e social, as condições necessárias, ao seu bem estar e a sua prosperidade.

Com esse espectro Getúlio Vargas manteve-se firme à frente do Estado angariando o apoio popular, sobretudo da classe trabalhadora, vindo a se fortalecer ainda mais quando no curso do Estado Novo, em 1943, editou a CLT (Consolidação das Leis do Trabalho) que garantia a estabilidade do emprego depois de dez anos de serviço, descanso semanal, regulamentação do trabalho de menores, da mulher e do trabalho noturno; a criação da Previdência Social e a instituição da carteira profissional para maiores de 16 anos que exercessem um emprego; a jornada de trabalho foi fixada em 8 horas de trabalho, antiga reivindicação dos trabalhadores brasileiros.

Vargas objetivava com a política trabalhista, favorável aos operários, conquistar o apoio das massas populares ao governo. Tal política, paternalista e populista, buscava ainda, anular as influências da esquerda, desejando transformar o operariado num setor sob seu controle, para ser usado pelo jogo do poder. A mesma política foi praticada à época por Juan Domingo Perón na Argentina e Lázaro Cárdenas, no México.

Antes, porém, em 19 de março de 1931 foi criada a Lei de Sindicalização no Brasil, pela qual os estatutos dos sindicatos deveriam, a partir dessa medida, ser aprovados pelo ministério do Trabalho. Enfim, Vargas assumia o controle do movimento operário nos moldes da Carta del Lavoro de Benito Mussolini na Itália.

No campo da economia, a crise internacional de 1929 que, como vimos, atingiu em cheio a economia brasileira, diminuindo nossas exportações, aumentando nossos estoques de café e baixando o preço do produto. Por pressão dos coronéis paulistas, Vargas criou em 1931 o Conselho Nacional do Café que implementou a "política de sustentação" através da compra e queima dos excedentes que estavam estocados em depósitos do governo. Mesmo assim, houve a redução dos preços do produto no mercado internacional.

As dificuldades enfrentadas pelo setor agrícola conduziram o governo a investir no desenvolvimento industrial como saída para a nossa dependência externa.

A Segunda Guerra Mundial reduziu a oferta de artigos industrializados. Isso obrigou a substituição destas importações, fomentando o desenvolvimento das indústrias locais. Implementa-se ainda uma política de exploração das riquezas nacionais, com o Estado participando das atividades econômicas principalmente aquelas vitais que precisam de estímulo governamental para desenvolver-se, como a siderurgia e a do Petróleo.

As medidas econômicas tinham características nacionalistas, como a criação da Companhia Siderúrgica Nacional, que iniciou a construção da Usina de Volta Redonda com financiamentos norte-americanos. Isso se deu principalmente devido ao estreitamento das relações entre o Brasil e os Estados Unidos da América em 1942, para fazer face ao esforço de guerra. Neste mesmo ano veio ao Brasil uma Missão Técnica estadunidense que trabalhou em projetos como a Companhia Vale do Rio Doce, que explorava e exportava minérios, e a Hidrelétrica de Paulo Afonso. Vargas cria também o Conselho Nacional do Petróleo que objetivava diminuir a dependência brasileira do combustível, controlando o refino e a distribuição.

Contrariamente ao que todos os governantes fizeram antes dele e vêm fazendo depois dele, o governo Vargas conquistou a vinda de técnicos estrangeiros para incrementar a nossa economia. Todos os outros governantes brasileiros antes e depois de Vargas colocaram, em maior ou menor grau, a economia brasileira a serviço de interesses estrangeiros.

Em troca da ajuda norte-americana, o Brasil deu o seu apoio aos aliados na Segunda Guerra Mundial, rompendo relações diplomáticas com as nações do Eixo[15], motivado pelo afundamento de navios mercantes brasileiros por submarinos alemães – reza a lenda que teriam sido navios estadunidenses usando bandeiras nazistas para forçar o Brasil a ingressar na Guerra ao lado dos Estados Unidos – contrariamente ao que fez, por exemplo, Perón na Argentina, adotando a neutralidade e aproveitando para crescer. De todo o modo, sob Vargas, o Brasil se aproveitou muito bem da situação para desenvolver-se.

O Brasil declara guerra à Alemanha em 22 de agosto de 1942, enviando a FEB (Força Expedicionária Brasileira) para lutar na Itália. Sua participação não foi tão relevante para a vitória dos aliados, mas foi importantíssima para o final do autoritarismo no Brasil. Pracinhas que foram à Europa lutar contra regimes autoritários, voltam ao Brasil e aqui encontram um regime autoritário. Getúlio demonstrou-se favorável em 1943 à redemocratização do país mas só quando a guerra tivesse se encerrado.

Em outubro de 1943 políticos de Minas Gerais elaboram um manifesto repudiando o Estado Novo, o chamado "Manifesto dos Mineiros". Em 1944 começam a chegar relatórios sobre as tropas brasileiras na guerra que davam conta do desejo de redemocratização do país. Em 28 de fevereiro de 1945 a Constituição de 1937 recebeu um ato adicional que possibilitava fixar a realização de eleições presidenciais.

Nesse período também se criaram três partidos políticos, a UDN (União Democrática Nacional) conservadora, direitista e antivargas, o PSD (Partido Social Democrático) e o PTB (Partido Trabalhista Brasileiro), criados sob a inspiração de Vargas. Em 22 de abril de 1945, foi concedida a anistia a todos os presos políticos que se opunham ao regime e a 28 de maio foi fixada a data das eleições para 2 de dezembro daquele ano.

A oposição temia que Getúlio inviabilizasse a realização das eleições presidenciais, como já fizera pelo menos duas vezes, em 1934 e 1938. Progredia a conspiração que desejava depor Getúlio Vargas, o que efetivamente ocorreu a 29 de outubro de 1945, quando tropas do Exército cercaram o Catete[16] e o obrigaram a renunciar. A presidência foi ocupada interinamente pelo presidente do Supremo Tribunal Federal e Vargas foi para o autoexílio.

Com isso, a aspiração da volta do país a um regime identificado com esse ambiente surgiu espontânea e sua solução seguiu um processo de orientação

15 Pacto entre a Alemanha nazista e a Itália fascista, cuja aliança foi formada por esses países mais o Japão, em 1936. Esses países defendiam sistema políticos idênticos.

16 Então Palácio do Governo brasileiro

política cuidada e serenamente desenvolvida. O Chefe da Nação, a quem devemos consignar o primeiro tributo para a justiça histórica, apreendeu esse problema e acompanhou-lhe a progressiva marcha até que atingisse ao seu máximo de desenvolvimento na fase de debate e encaminhamento de solução, como atualmente o encontramos, com as liberdades plenamente asseguradas, a opinião agindo pelas suas vozes e forças, e as autoridades supremas do Estado comprometidas em configurarem os anseios e o pensamento da nação em fórmulas legais respeitáveis, que a todos venham satisfazer e amparar no plano prático do gozo da liberdade e do pleno exercício dos direitos políticos.

A opinião nacional encontra-se, portanto, e com razão, empolgada pela satisfação e confiança que todos marcham ao encontro de soluções para os problemas nacionais. Na perspectiva de campanha e competições livres, mister se faz reafirmar que as democracias vivem mais de sua substância do que de suas formas. A substância será sempre o homem, com aquilo de essencial que representa na vida coletiva os anseios de liberdade, a defesa dos seus justos interesses, o estímulo de sua vida em grêmio e as aspirações fecundas pela cultura e pelo ideal de perfeição. A fórmula é simplesmente a concretização destes imperativos nas expressões objetivas de lei, com seus ditames e garantias reguladoras.

2. Repercussão econômica internacional durante o regime do Estado Novo

Não obstante os movimentos constitucionais mais recentes demonstrarem uma tendência à constitucionalização de princípios orientadores das relações internacionais de um país, ao longo da História, as sociedades experimentaram a interação internacional desde o patamar interestatal até o moderno transnacionalismo, desarraigando-se gradualmente de laços estatais para a efetiva consecução de suas relações externas. Nas normas constitucionais concernentes à fixação do Brasil no cenário mundial, estabelecidas pela constituição outorgada do Estado Novo, as relações internacionais distendem-se, apesar do Texto Maior autorizar, privativamente, ao Presidente da República "manter relações com os Estados Estrangeiros" (BRASIL, 1937, art. 74), competindo, privativamente à União legislar sobre "comércio exterior, câmbio e transferência de valores para fora do país" (*ibidem*, art.16). Essas prerrogativas não foram utilizadas por Vargas na forma de tratado internacional mas tão somente em relação a acordos inerentes às trocas comerciais já existentes, acentuando-se, no entanto, em relação aos Estados Unidos da América. Isso se deve ao caráter político nacionalista de Vargas, conforme alhures abordado, embora a constituição outorgada estabeleça princípios basilares de nossas relações internacionais, os quais têm o dever de aprimorar as relações do nosso país com o mundo, prezando pelo respeito aos direitos humanos, independência nacional e manutenção da paz mundial.

O centro da questão, naquele momento, residia no equacionamento do problema financeiro interno, como também na questão do financiamento externo, imprescindível para o avanço da industrialização e modernização das forças armadas, considerados pilares do projeto de Estado forte de Vargas. Por outro lado, a desarticulação da economia mundial e acirramento dos conflitos Interimperialistas, a articulação de financiamento externo passava por alinhamentos políticos e ideológicos, além do fato de as classes dominantes e o governo se encontrarem, à época, divididos em relação às alianças externas do Brasil.

Outrossim, o acirramento dos conflitos internacionais de um lado, fechou cada vez mais as possibilidades de manutenção da política externa independente e, de outro, abriu a possibilidade de superação, ainda que de forma parcial, do problema do financiamento externo. O governo Roosevelt avaliava ser premente para os EUA consolidarem suas posições na América Latina. Como parte dessa política os EUA conviveram com o governo Vargas para discutir as formas de cooperação econômica entre os dois países. Daí começou a abrir o caminho para o enquadramento do Brasil na política externa norte americano.

Nessa época, como contrapartida de um empréstimo para saldar dívidas comerciais e promessas de crédito de longo prazo, Vargas acordou com os EUA a retomada do pagamento da dívida externa e a liberação da política cambial, além de promover a aproximação entre os militares dos dois países.

Esses acordos repercutiram de forma bastante negativa no Brasil que, apesar da severa censura imposta pelo regime vazaram para a imprensa. Vargas não implementou a risca o que tinha sido acordado. Fez um pagamento simbólico da dívida externa, o que irritou os norte-americanos. O câmbio foi parcialmente liberado como forma do regime varguista se contrapor às pressões norte americanas. No entanto, a guerra fragilizou a posição brasileira que, de certa forma afetou o plano de Vargas de superar a questão do financiamento do desenvolvimento brasileiro, sem perder a sua autonomia.

Em razão do caráter político nacionalista de Vargas, conforme alhures abordado, a constituição outorgada estabelecia os princípios basilares de nossas relações internacionais, os quais têm o dever de aprimorar as relações do nosso país com o mundo, prezando pelo respeito aos direitos humanos, independência nacional e manutenção da paz mundial.

À época do Estado Novo as relações internacionais se encontravam bastante afetadas como consequência da crise do capitalismo mundial, em razão da quebra da Bolsa de Valores em Nova Iorque, em 1929, que trouxe uma crise sem paralelo ao capitalismo. O mundo capitalista faliu. A única nação que vivia fora da jogatina da Bolsa de Valores, a União Soviética, foi quem restou infensa à crise.

O principal produto da pauta de exportações brasileiras na ocasião era o café, considerado produto de sobremesa. E, à evidência, em situações de crise, as sociedades humanas economizam com o supérfluo. O café era, pois, um produto supérfluo, portanto as exportações brasileiras sofreram vertiginoso decréscimo.

Com a expansão do capitalismo internacional, a economia brasileira teve uma trajetória contraria à pretensão de Getúlio Vargas. No entanto, o governo atendeu, todavia, algumas das reivindicações capitalistas, vindo a colmatar as demandas burguesas mais imediatas. A sua pretensão de minar um compromisso entre as classes sociais em prol do desenvolvimento capitalista proporcionou que parcelas significativas das classes dominantes, bem como da classe média, tolerassem o trabalhismo de Vargas por um determinado período de tempo. Contudo, o apoio da burguesia é retirado quando se considera que a aproximação entre governo e trabalhadores representa-lhes uma ameaça. Neste ponto, Almeida Jr (1981, p 252), em pertinente comentário, ainda que com dúvida, observa:

> [...] que o conflito não diz respeito a modelos diferenciados de desenvolvimento econômico, e, aí, o ponto crucial da questão se centrava mais no âmbito da participação política das massas e na disposição da burguesia de não ceder diante das reivindicações cada vez mais ativas da classe operária.

O posicionamento político de Vargas colocava o governo em permanente tensão, ao que se deve acrescentar que o nacionalismo se mostrava uma bandeira capaz de ganhar a simpatia de uma ampla gama de segmentos sociais, que ia desde políticos tradicionais do interior até a classe operária urbana, passando pela classe média que se identificava com a modernização e a indústria.

Por outro lado, esse discurso também costumava estar associado a visões esquerdistas, o que poderia gerar apreensão nestes mesmos segmentos. Mesmo assim, a atividade industrial brasileira conheceu, durante o Estado Novo, uma crescente diversificação e expansão da produção.

Com efeito, pode-se dizer que a ação da indústria brasileira, no processo de substituição de matérias-primas estrangeiras por outras similares, extraídas dos produtos nacionais, foi decorrência dos acontecimentos que deflagraram a Segunda Guerra Mundial, quando os estabelecimentos industriais brasileiros procuraram incentivar a produção agrícola para a retirada de fibras para seus produtos vez que as importações estavam comprometidas pelo conflito militar.

Na verdade a produção agrícola brasileira que outrora era destinada ao mercado externo, no regime do Estado Novo voltou-se ao atendimento da produção e consumo nacional, a exemplo do açúcar no Nordeste, o algodão no Maranhão, a borracha na Amazônia, dentre outros.

No decurso do processo de diversificação da produção local, percebeu-se a necessidade de rever os impostos aduaneiros que incidiam sobre as matérias-primas necessárias à atividade industrial, já que os impostos cobrados à época se encontravam defasados na medida em que os interesses econômicos então prevalecentes eram totalmente diversos. Aflorou, portanto, em função do comércio exterior, da realidade brasileira e dos rumos que traçam a evolução da economia, a necessidade de se distinguir, no emaranhado das intenções subalternas das tarifas, o verdadeiro interesse da Pátria.

Durante o período da Primeira República os industriais brasileiros estiveram marginalizados do poder político e naturalmente do poder de decisão. Mesmo que muitos fazendeiros fossem industriais, eram as oligarquias agrícolas e seus interesses que predominavam. Após 1930 a marginalização política da burguesia continua a existir, mas devido às necessidades concretas, pouco a pouco elementos da classe produtora passam a fazer parte de órgãos consultivos e se ligam a decisões econômicas governamentais, a exemplo do que ocorreu na formação do Conselho Federal de Comércio Exterior, em junho 1934, quando foram nomeados membros da Associação Comercial e da Confederação Industrial do Brasil.

No Estado Novo, o nível de participação das classes produtoras torna-se importantíssimo devido ao perigo da guerra ou, depois, com seu próprio advento, o governo necessitou da colaboração dos industriais e o contato entre ambos torna-se cordial e frequente.

Dentro dessa perspectiva realizaram-se diversos congressos visando a colaboração de industriais e comerciantes, mostrando o crescente poder decisório da classe e o aumento de seus interesses. Mesmo assim, embora essa classe tenha se tornado mais atuante no campo estatal, sua importância política é nula diante do ditador.

Calcado nessa perspectiva é que se pode entender a realização dos referidos congressos, dentre eles destaca-se o Congresso Brasileiro da Indústria realizado em 1944, ocasião em que se observou a realidade do nível de vida do povo brasileiro e as limitações da renda nacional, sobre a qual teria o sistema industrial que se apoiar em última instância, constatando-se que a evolução industrial de nenhum povo prescinde dos desligamentos de suas necessidades e de sua capacidade de utilizar os bens que resultam da produção. Essa realidade foi evidenciada, à medida que se expandiu a produção industrial e a insuficiente evolução econômica. Percebeu-se, pois, o imperativo de ordem nacional em apressar o processo dessa ampliação, já que não basta a consciência dessa necessidade.

Na lição de Carone (op. cit, p 318-9),

> Elevar o nível de vida implica em primeiro lugar, produzir, na era da superprodução e consequente competição, possuir essa máquina, ter um homem habilitado a manejá-la e estar na posse dos conhecimentos tecnológicos relativos à mesma. Produzir na era dos grandes investimentos significa dispor de capitais e de créditos dentro e fora do país. Produzir na era da superprodução importa em construir grandes mercados, pelo

> menos internos e mesmo externos. Tais problemas trazem no bojo outros problemas, também altamente complexos, de que são exemplos, entre outros, o da fabricação em grande escala, do aço no país, o da exploração dos combustíveis, o da realização de uma imprescindível rede de transportes, o do preparo intenso de técnicos. Tudo isso, evidentemente, tem de ser posto em equação. Não pode ser esta uma obra do acaso ou da improvisação, nem de simples ação isolada dos indivíduos. Urge planificar, [...] dentro dos quadros da realidade brasileira, como das tendências da economia mundial de após guerra e da profunda interdependência das nações.

A par dessa situação, o órgão das atividades industriais, ao definir o sentido da planificação do Brasil, firmou entendimento segundo o qual a planificação deve ser feita à margem do autoritarismo do Estado, que nela deve colaborar como órgão predominantemente incentivador. Neste caso a ação do Estado deve ser, pois, planificadora, supletiva e auxiliar. Cabe-lhe menos a autoridade de interferir pelo comando do que acentuar a sua influência no sentido de assegurar a permanência do desenvolvimento das atividades produtivas.

Destaca-se o posicionamento de CARONE (*ibidem*, p 319)

> O meio legítimo de construir a riqueza pública e de alcançar a prosperidade mundial é o da iniciativa privada, calcada nos princípios de igual oportunidade para todos e de igualdade perante a lei, com abstenção, pelos Governos, de concorrer com a indústria e o comércio.

Por meio do Congresso da Indústria Brasileira, recomendou-se a realização de estudos de geografia econômica, com o objetivo de traçar um verdadeiro zoneamento industrial que permitia mais intenso e adequado aproveitamento dos nossos recursos de matéria prima, de combustível, de transporte e de núcleos de população. Com isto, reconheceu-se que um país de estrutura econômica, como o nosso, são essenciais as indústrias de transformação referentes à alimentação, ao vestuário e à habitação, indústrias que cumprem ampliar e aperfeiçoar na escala das necessidades dos mercados brasileiros e sul-americanos.

Dada a prioridade dos problemas, com a planificação industrial brasileira, com os limites do intervencionismo do Estado para assegurar o apoio à iniciativa privada, verdadeira fonte de todas as riquezas; a geografia industrial e as indústrias de base ou as indústrias de transformação, considerados os fatores da planificação, com sua ordenação no espaço e no tempo; a mão de obra, a legislação social e a fiscal, a energia, os combustíveis, os transportes e a organização do crédito; o reajustamento da produção industrial às necessidades do período antes e pós guerra; os fatores de encarecimento e as medidas para baixar o preço de custo; até as questões transcendentes das normas de política industrial, em harmonia com os interesses das demais classes produtoras e com as necessidades do consumo, tudo foi ventilado na industrialização durante o Estado Novo.

Sobressai o problema da mobilidade psicológica e da legislação social no que refere aos objetivos de ampliação do nosso parque industrial. O Estado Novo, por meio do seu órgão diretivo destacou a necessidade de se dar ao trabalhador o estímulo de segurança e de confiança, pelas garantias de uma adequada legislação social, com flexibilidade suficiente para adaptar-se ao estado de transição imposto pela planificação econômica do País. Incumbe, assim, ao Estado, garantir um ambiente de confiança nas atividades produtivas assegurando ao empregado direito ao trabalho e facilitando providências de aumento do seu poder aquisitivo, mediante abstenção de política monetária inflacionária.

3. A atividade industrial no Brasil durante o Estado Novo

No Brasil, a indústria deu seus primeiros passos ainda no século XIX. A economia cafeeira, dominante nesse período, dinamizou as atividades urbanas, estimulou a imigração europeia e gerou um empresariado nacional com capacidade de investir em alguns setores industriais. Os imigrantes trouxeram hábitos de consumo de produtos industrializados e alguma experiência como operários. Aos poucos se formou um mercado interno que se ampliou, no final do século XIX, com a abolição da escravidão e com a intensificação do processo de imigração.

Indústrias de alimentos, calçados, tecidos, confecções, móveis e bebidas se espalharam rapidamente, sobretudo no Estado de São Paulo, centro da atividade cafeeira e principal porta de entrada dos imigrantes. Apesar de todos os avanços da industrialização, a economia ainda era comandada pela produção agrícola, especialmente de café.

No início do século XX, a indústria continuou a crescer e a aumentar sua participação na economia brasileira. Algumas indústrias eram estrangeiras, mas predominavam as nacionais, na maioria desenvolvida por imigrantes a partir de pequenas oficinas artesanais.

Contudo, a marcha inicial do crescimento industrial deu-se com a edição da Lei Eusébio de Queirós, assinada em 1850, que proibia o tráfico de escravos e trouxe duas consequências importantes para o desenvolvimento industrial: os capitais que eram aplicados na compra de escravos ficaram disponíveis e foram aplicados no setor industrial e a cafeicultura que estava em pleno desenvolvimento necessitava de mão-de-obra, o que estimulou a entrada de um número considerável de imigrantes, os quais trouxeram novas técnicas de produção de manufaturados constituindo-se na primeira mão-de-obra assalariada no Brasil. Desse modo constituíram um mercado consumidor indispensável ao desenvolvimento industrial, bem como força de trabalho especializada.

O setor que mais cresceu foi o têxtil, favorecido em parte pelo crescimento da cultura do algodão em razão da Guerra de Secessão dos Estados Unidos, entre 1861 e 1865.

Na década de 1880 ocorreu o primeiro surto industrial quando a quantidade de estabelecimentos passou de 200, em 1881, para 600, em 1889. Esse primeiro momento de crescimento industrial inaugurou o processo de substituição de importações.

Entre 1914 e 1918 ocorreu a Primeira Guerra Mundial e, a partir dai, vamos constatar que os períodos de crise foram favoráveis ao nosso crescimento industrial. Isso ocorreu também em 1929 com a Crise Econômica Mundial e, mais tarde, em 1939 com a 2ª Guerra Mundial até 1945. Nesses períodos a exportação do café era prejudicada e havia dificuldade em se importar os bens industrializados, estimulando dessa forma os investimentos e a produção interna, basicamente indústria de bens de consumo.

A crise mundial de 1929 abalou profundamente o mundo capitalista. Entre 1929 e 1932 houve uma redução de 50% na produção industrial dos Estados Unidos. Muitos trabalhadores perderam seus empregos, retraindo ainda mais o mercado de consumo. A produção agrícola também não encontrava compradores. Muitas empresas e bancos faliram e os investidores do mercado de capitais (compra e venda de ações) viram os seus títulos transformarem-se em papéis como outros quaisquer, sem nenhum valor.

Num primeiro momento, a depressão econômica teve efeito devastador também para o Brasil. O país tinha estruturado toda a sua economia com base no mercado externo e dependia das exportações de um único produto: o café, que no final da década de 1920, representava cerca de 70% das exportações brasileiras. A crise econômica agravou, em parte, a insatisfação política e Getúlio Vargas que tomou o poder através de um golpe de Estado contra o domínio da oligarquia agrária, que tinha comandado o país na primeira fase da República (1889-1930).

O Brasil não deixou de exportar o café, mas a quantidade exportada caiu mais de 80%, e caiu também seu preço no mercado internacional. Como o café era ainda a principal fonte brasileira de divisas, no início o governo Vargas manteve uma política de proteção à lavoura ao desvalorizar a moeda nacional para que o produto chegasse com valor mais competitivo no mercado externo.

O quadro da economia do país, de um modo geral, não estimulava o desenvolvimento industrial mas a crise abriu uma brecha que uma parte dos empresários soube aproveitar. O violento corte nas importações de bens de consumo criou uma conjuntura favorável ao investimento na produção da indústria nacional. As indústrias brasileiras passaram a ocupar, em boa parte, o mercado que antes era praticamente abastecido só pelos produtos importados. Foi a partir daí que a industrialização transformou-se num setor importante da economia e alcançou taxas de crescimentos superiores ao setor agrário. Por essa razão, afirma-se que o primeiro momento da industrialização brasileira baseou-se na substituição de importações pela produção interna.

Além disso, o Estado brasileiro passou a estimular os empresários industriais que, em 1931, já se haviam organizado em São Paulo, com a criação da FIESP (Federação das Indústrias do Estado de São Paulo). O governo, ao mesmo tempo em que facilitava a importação de máquinas e equipamentos industriais, dificultava a entrada de produtos que pudessem concorrer com os da indústria nacional. Com essas medidas, a economia diversificou-se tanto no setor industrial como no setor agrário. Ao lado das indústrias têxteis e alimentícias apareceram outros setores, como cimento, aço, materiais de transportes e de extração mineral.

A primeira metade da década de 1940, ainda no governo Vargas, na vigência do Estado Novo, foi decisiva para a criação de uma infraestrutura industrial, com a fundação da Companhia Siderúrgica Nacional, da Companhia Vale do Rio Doce, da Companhia Nacional de Álcalis, da Fábrica Nacional de Motores e outras. Todas essas empresas tinham participação majoritária do capital estatal.

Imperava no país o capitalismo monopolista comandado pelo Estado que detinha o controle da atividade produtiva com maior rentabilidade o que se revela como barreira aos investimentos estrangeiros. Desse modo, na vigência do Estado Novo, Getúlio Vargas não firmou nenhum tratado ou acordo internacional na área do comércio exterior, mormente porque sua política pautava-se em exacerbado nacionalismo.

Predominava, portanto, no país a indústria de bens de consumo que já abastecia boa parte do mercado interno. O setor alimentício cresceu bastante, principalmente com a exportação de carne que ultrapassou o setor têxtil. A economia do país continuava, no entanto, dependente do setor agroexportador, especialmente o café, que respondia por aproximadamente 70% das exportações brasileiras.

Entretanto, a atividade industrial foi marcada, consideravelmente pela Revolução de 1930, com Getúlio Vargas, que operou uma mudança decisiva no plano da política interna, afastando do poder do Estado as oligarquias tradicionais que representavam os interesses agrário-comerciais. Getúlio Vargas adotou uma política de industrialização do país com a substituição de mão-de-obra imigrante pela nacional. Essa mão-de-obra era formada no Rio de Janeiro e São Paulo, fruto do êxodo rural em decorrência do declínio da produção cafeeira, com a crise mundial de 1929, além dos movimentos migratórios de nordestinos. Vargas investiu forte na criação da infraestrutura industrial, sobretudo a indústria de base e energia. Destacando-se a criação do Conselho Nacional do Petróleo (1938), da Companhia Siderúrgica Nacional (1941), da Companhia Vale do Rio Doce (1943) e da Companhia Hidrelétrica do São Francisco (1945).

Dentre os fatores que contribuíram para o desenvolvimento industrial a partir de 1930 e a vigência do Estado Novo, destacam-se: o grande êxodo rural, que provocou o aumento da população urbana constituindo um mercado consumidor, e a redução das importações em função da crise mundial e da 2ª Grande Guerra, que favoreceu o desenvolvimento industrial, livre de concorrência estrangeira.

Esse desenvolvimento ocorreu principalmente em São Paulo, Rio de Janeiro, Minas Gerais e Rio Grande do Sul, definindo a grande concentração espacial da indústria, que permanece até hoje. Uma característica das indústrias que foram criadas desde a 1ª Guerra Mundial é que muitas delas fazem apenas a montagem de peças produzidas e importadas do exterior. São subsidiárias das matrizes estrangeiras.

No início da 2ª Guerra Mundial o crescimento diminuiu porque o Brasil não conseguia importar os equipamentos e máquinas que precisava. Isso ressalta a importância de possuir uma Indústria de Bens de Capital. Apesar disso as nossas exportações continuaram a se manter acarretando um acúmulo de divisas. A matéria-prima nacional substituiu a importada. Ao final da guerra já existiam indústrias com capital e tecnologia nacionais, como a indústria de autopeças.

O Conselho Federal de Comércio Exterior, fundado em 1934, renovado em 16 de dezembro de 1937 e em 17 de março de 1939, foi criado inicialmente para ajudar o desenvolvimento do comércio exterior e servir de órgão administrativo interno. A partir do Estado Novo a sua importância e a extensão de suas medidas aumentaram. Fazem parte do Conselho desse órgão, membros dos ministérios e das associações industriais e comerciais. O objeto fundamental desse organismo era que se tornasse uma instância deliberativa máxima para as decisões concernentes ao desenvolvimento e nacionalização dos ramos industriais e econômicos em geral. E assim pode-se enumerar algumas consequências de suas decisões, tais como: I) o instituto do Sal nasce com seu beneplácito; II) são protegidas as duas fábricas nacionais de vidro; III) instituição do plano contra a concorrência estrangeira.

Na verdade, o Estado Novo transformou esse órgão em um mecanismo de análise e decisão, onde se pretende encarar as necessidades internas e externas da Nação como um bloco e não isoladamente – segundo os interesses dos grupos ligados às atividades específicas.

Assim, o Presidente da República dos Estados Unidos do Brasil, considerando a conveniência de dar ao Conselho Federal de Comércio Exterior a organização que lhe permita melhor atender as suas finalidades até que se instalasse o Conselho da Economia Nacional de que trata o artigo 57 da Constituição (BRASIL, 1937), como organismo autônomo ligado diretamente ao Presidente da República.

Concebe-se, no entanto que, ainda que no final da vigência do Estado Novo, houve uma abertura à participação dos agentes econômicos na tomada de decisão, adquirindo feições de um Estado Democrático.

Com isso, no Estado democrático, os partidos políticos e movimentos sociais, assim como os setores produtivos reivindicam veementemente a transparência, a publicidade, a visibilidade do poder público, assim como a participação na gestão da coisa pública, demandando inovação de formas e conteúdos da ação política como antídoto eficiente contra os malefícios praticados pelos agentes públicos.

A propósito, admite Lafer, (2003, p 233), que:

> É por este motivo que, por obra do legado kantiano, no *como* são tomadas as decisões numa democracia, o princípio da visibilidade do poder é constitutivo, pois permite a informação sem a qual todos não podem formar uma opinião apropriada sobre a gestão da coisa comum, para, desta maneira, exercer seu poder de participação e controle.

No período correspondente aos dois últimos anos do Estado Novo verifica-se a concepção de Getúlio Vargas como adepto do Estado social, no plano dos direitos que foram regulamentados, especialmente pela Consolidação das Leis Trabalhistas de 1943, além dos atos reguladores da ordem econômica e social. Mesmo assim, permaneceu o Estado liberal, na medida em que se delimitou a atuação do poder político, da organização política e da garantia dos direitos individuais, deixando a ordem econômica por conta do mercado livre. Com isto pode-se falar que o Brasil se tornou um Estado hibrido na reta final da ditadura varguista. Isto porque, tanto o Estado social quanto o Estado Liberal podem ser politicamente democráticos ou antidemocráticos, o que não interessa a este estudo, embora o Estado social se caracterize por estabelecer mecanismos jurídicos de intervenção nas relações privadas econômicas, nas dimensões legislativa, administrativa e judicial, para a tutela dos mais fracos, tendo por objetivo final a realização da justiça social. Pontificou incontestado, desde as Constituições mexicana(1917) e alemã (1919) até o início da década de oitenta do século vinte, quando passou a sofrer o assalto crescente do neoliberalismo, patrocinado pelas nações centrais, e da globalização econômica, amplificada pela revolução da informática.

O Estado social, ainda na ditadura do Estado Novo, foi vítima de seu próprio sucesso, diz Gomes Canotilho (2010, p. 199), para o qual as constituições "socialmente amigas" sofrem as críticas amargas da "crise de governabilidade", do "flagelo do bem", do "fim da igualdade", da "bancarrota do Estado". Tal perplexidade está sendo aguçada, como vimos acentuando, pela globalização econômica, na medida em que aprofunda a tendência pela substituição do Estado de bem-estar para o Estado regulador, enquanto for necessária essa função de garantia das regras do jogo das forças econômicas hegemônicas e Getúlio Vargas foi compelido a se submeter a essas forças.

Conclusão

Ao longo deste trabalho foi abordado o contexto político e econômico brasileiro e seus reflexos no plano interno e externo durante a vigência do Estado Novo, no que diz respeito a sua influência sobre a movimentação de capitais que fluem dos países centrais para a periferia do sistema na forma de financiamentos, empréstimos e investimentos diretos. Também foi feito um apanhado ainda que superficial dos aspectos da composição da sociedade brasileira e os interesses que em geral podem ser associados às classes sociais que a compõe. A seguir passou-se a tratar do governo: a existência de uma estratégia de desenvolvimento, e os seus aspectos de continuidade e mudança.

Pode-se dizer que o governo Vargas atuou de acordo com o ideário desenvolvimentista, ou seja, visando promover o desenvolvimento. Com vistas a isto adotou estratégias (não formalizadas) que veem na industrialização a forma de superar o subdesenvolvimento. Para promovê-la caberia a intervenção do Estado na economia, seja diretamente através de investimentos públicos, seja indiretamente, estabelecendo incentivos para investimentos, cujo capital seria predominantemente nacional.

Outra ideia que perpassa estas estratégias é a de acelerar o processo de industrialização revertendo o mais rapidamente possível a situação de atraso em que o pais se encontrava. Estes são do ponto de vista da estratégia de desenvolvimento do governo, os aspectos que permanecem.

As principais mudanças, que passam a ocorrer já a partir do final de 1930 decorrem de uma flexibilidade para com o capital estrangeiro, especialmente os recursos oriundos dos Estados Unidos no que diz respeito à sua internalização e movimento. Assim, o governo foi abrindo mão do controle sobre estes capitais, ao mesmo tempo em que se dedica cada vez mais à criação, na economia nacional, de condições favoráveis à sua atração. Ou seja, progressivamente passa a atuar conforme os interesses do capital externo para com a economia nacional, e aproveita a conjuntura externa da maneira mais adequada possível em relação aos seus objetivos. Logicamente isto não ocorre de forma linear e sem percalços, como demonstram as dificuldades encontradas para obtenção dos financiamentos.

Por outro lado, a literatura consultada indica que a burguesia industrial tem uma postura ideológica adequada aos seus interesses econômicos. Em que pese haver a defesa da industrialização, ela encontra dificuldades para superação de particularismos e imediatismos que dividem as suas posições e a mantém fragmentada, impedindo que este projeto industrializante se torne hegemônico.

Nesse contexto podem ser vislumbradas algumas motivações para o seu apoio ao governo e sua retirada, conforme este se mostre mais próximo ou se afaste do atendimento de alguns interesses mais imediatos que lhe são caros, de modo que, há uma qualificação positiva da intervenção do Estado que se legitima pela própria participação da burguesia nas esferas decisórias do governo, o que não a impede de protestar quando percebe a intervenção como invasão do seu espaço econômico. Coerente com esta orientação geral de conduta nota-se que a aproximação de Vargas do operariado, devido às particularidades do seu modo político de agir, provoca o descontentamento da burguesia industrial, a qual não chega a romper com o governo.

Também é digno de nota o fato de a atuação da burguesia sugerir que a sua prioridade reside em obter vantagens imediatas a partir da utilização dos "favores" do governo, por meio de incentivos, mesmo que isto se desse em detrimento de outros seguimentos sociais, ou da sociedade como um todo em um período de tempo mais dilatado. Isto também se revela na ausência de uma perspectiva nacionalista da burguesia em seu horizonte ideológico, que é substituído pela retórica da necessidade de apoio do capital estrangeiro para o desenvolvimento da indústria nacional, mesmo que a ela se destinem as atividades secundarias, as quais são satisfatoriamente lucrativas em um ambiente de acentuado crescimento.

Por fim, na vigência do Estado Novo, a classe operária brasileira concebeu o mais relevante reconhecimento dos direitos sociais ao ver assegurado os seus direitos trabalhistas, o que torna a figura do ditador amplamente popular perante a maioria da população.

Referências

ALMEIDA .JR. Antônio M. Do declínio do Estado Novo ao suicídio de Getúlio Vargas. In Aloísio. Bons (ora). *Historia geral da civilização brasileira.* São Paulo: DIFEL. 1981.

BRASIL (Constituição, 1937). *Constituição dos Estados Unidos do Brasil.*

CARONE, Edgar. *A terceira República* – corpo e alma do Brasil. DIFEL, 2 ed. São Paulo: 1982.

CANOTILHO, J. J. Gomes e MOREIRA, Vital. *Constituição da República Portuguesa Anotada.* 4 ed. Vol. 1, Coimbra: Coimbra Editora, 2010.

DINIZ, Eli. *O Estado Novo: estrutura de poder e relações de classes. In:*

LAFER, Celso. *Reconstrução dos direitos humanos*: um diálogo com o pensamento de Hanna Arendt. São Paulo: Cia. das Letras, 2003. (5 reimpressão).

AÇÃO DIRETA DE IN/CONSTITUCIONALIDADE DOS TRATADOS E ACORDOS INTERNACIONAIS

José James Gomes Pereira

Inicialmente insta destacar que as ações declaratórias de in/constitucionalidade se revelam como verdadeiro instrumento de controle de constitucionalidade em vista à produção de leis, decretos e atos outros, legislativos ou administrativos emanados do Poder Público. Assim considerados, os tratados e acordos internacionais se revestem de conteúdo jurídico capaz de afetar os preceitos e princípios constitucionalmente assegurados, e como tal se submetem ao controle de constitucionalidade por meio de ação direta, em razão da supremacia da Constituição brasileira.

Dada a supremacia da Constituição federal, toda autoridade só nela encontra fundamento e só ela confere poderes e competências governamentais em qualquer de suas esferas, de modo que nenhum dos seus Poderes constituídos são soberanos, porque todos são limitados, expressa ou implicitamente, pelas normas positivadas da lei fundamental. Assim, as autoridades constituídas exercem suas atribuições nos termos e limites estabelecidos na Carta Política, sobretudo, por se tratar de Constituição rígida, como é a lei fundamental e suprema do Estado brasileiro.

Com isto, o princípio da supremacia requer que todas as instituições jurídicas se conformem com os princípios e preceitos da Constituição, cuja conformidade, "não se satisfaz apenas com a atuação positiva de acordo com a constituição. Exige mais, pois omitir a aplicação de normas constitucionais, quando a Constituição assim a determina, também constitui conduta inconstitucional" (SILVA, 2010, 15).

Destarte, todas as normas que integram o ordenamento jurídico brasileiro só serão válidas se se conformarem com as normas da Constituição Federal.

Para dar sustentação a essa garantia, a Constituição Federal, reconhece em seu artigo 102, I, a, e III, a, b, e c, e artigo 103 e seus parágrafos 1º a 3º, as inconstitucionalidades por ação e omissão (BRASIL, 2009).

Desse modo, a ação direta de inconstitucionalidade por **omissão** importa no reconhecimento judicial do estado de inércia do Poder Público, conferindo ao Supremo Tribunal Federal, unicamente, o poder de cientificar o legislador inadimplente, para que este adote as medidas necessárias à concretização do texto constitucional. Não assiste ao Supremo Tribunal Federal, contudo, em face dos próprios limites fixados pela Carta Política em termos de inconstitucionalidade por omissão, a prerrogativa de expedir provimentos normativos com o objetivo de suprir a inatividade do órgão legislativo inadimplente.

De outra parte, a ação de inconstitucionalidade por **ação** decorre da produção de atos legislativos ou administrativos que contrariem normas ou princípios da constituição. Segundo Aftalión, Olano e Vilanova (*apud* SILVA, 2010, p 47), o fundamento dessa inconstitucionalidade está no fato de que:

> [...] do princípio da supremacia da constituição resulta o da compatibilidade vertical das normas da ordenação jurídica de um país, no sentido de que as normas de grau inferior somente valerão se forem compatíveis com as normas de grau superior, que é a Constituição. As que não forem compatíveis com ela são inválidas, pois a incompatibilidade vertical resolve-se em favor das normas de grau mais elevado, que funcionam como fundamento de validade das inferiores.

Cabe destacar que a incompatibilidade vertical de normas inferiores com a constituição é o que, tecnicamente, se chama de inconstitucionalidade das leis ou dos atos do Poder Público, e se manifesta sob os aspectos: I) **formal**, quando tais normas são provenientes de autoridades incompetentes ou em desacordo com formalidades ou procedimentos estabelecidos pela Constituição; II) **material**, quando o conteúdo das leis ou atos contraria preceito ou princípio da Constituição. Essa incompatibilidade não deve perdurar, porquanto contrasta com o princípio da coerência e harmonia das normas do ordenamento jurídico, entendido, por isso mesmo, como a reunião de normas vinculadas entre si por uma fundamentação unitária (*idem*, 2012)·

Deve-se partir do conhecimento das razões pelas quais os tratados internacionais se transformam em Decretos e passam a participar do ordenamento jurídico com *status* de lei ordinária federal. Nesse sentido é interessante observar que "não existe hierarquia entre as normas ordinárias de direito interno e as decorrentes de atos ou tratados internacionais."[1] .

O exposto está relacionado ao fato de que os compromissos assumidos pelo Brasil, decorrentes de atos, tratados, pactos ou acordos internacionais, ao serem ratificados pelo Congresso Nacional e promulgados e publicados pelo Presidente da República, apesar de ingressarem no ordenamento jurídi-

1 Interpretação conforme sem redução do texto, conferindo à norma impugnada uma determinada interpretação que lhe reserve a constitucionalidade: quando não se pode suprimir a parte ou expressão da norma impugnada, confere-lhe uma interpretação de acordo com a Constituição. Ver ADIN n. 1.150-2/RS, quando o STF declarou que o art. 276, 2°, 3º, 4°, da Lei 10.098 do Rio Grande de Sul, admitindo que só são constitucionais se interpretados com a exclusão de sua aplicação às funções e empregos relativos a servidores celetistas que não se submeteram ao concurso disposto no art. 37, II, da CRFB e § 1°. do art. 19 da ADCT.

co constitucional (CF, art. 5º, § 2º), não mitigam o conceito de soberania do Estado democrático, necessitando sempre serem entendidos em conformidade com os limites impostos pela Constituição.

É importante destacar que uma análise sistematizada a respeito do controle de constitucionalidade das normas classifica o controle em: preventivo e repressivo. O primeiro tipo é denominado nos casos em que ainda não existe espécie normativa e o repressivo incide sobre a norma pronta e acabada. Já o controle repressivo é posterior a promulgação da lei ou ato normativo. Para melhor compreender a diferença entre as duas situações exposta, analisa-se qual seria o momento genésico das normas. Existem duas posições a esse respeito: a primeira assegura que as normas entram em vigor no ordenamento jurídico a partir da publicação oficial; a segunda corrente defende que com a promulgação a norma já teria sido concluída e estaria apta a gerar seus efeitos, mesmo antes de sua publicação.

Todavia, numa interpretação literal do artigo 84, I, CF, a norma somente terá a sua eficácia na ordem jurídica interna com a publicação do Decreto, pelo Presidente da República, por ser esse ato a última fase do processo de aceitação da norma jurídica oriunda dos tratados e acordos internacionais[2].

A esse respeito existe uma discussão doutrinária, comum no Direito Internacional, isto é, sobre qual o momento de vigência dos tratados internacionais no ordenamento jurídico brasileiro, se antes da publicação do Decreto ou se depois de sua publicação no órgão oficial. A corrente minoritária defende que, após a ratificação e a sua promulgação, os Decretos já passam a gerar efeitos, antes mesmo de sua publicação, podendo ser aplicados a partir dessa data; a justificativa dessa tese fundamenta-se no argumento que já teria havido a publicidade do tratado internacional, pela publicação do Decreto Legislativo, na terceira fase do processo de internalização (ARIOSI, 2014).

A corrente contrária, de recepção majoritária no mundo jurídico, defende que o Decreto só passa a gerar efeitos jurídicos com sua publicação, a exemplo do que acontece com qualquer outra norma do nosso ordenamento jurídico interno. A propósito, Alexandre de Moraes (2004, p 569) assevera que "com a promulgação do tratado através de decreto do Chefe do Executivo recebe esse ato normativo a ordem de execução, passando, assim, a ser aplicado de forma geral e obrigatória." Esse autor defende o posicionamento no qual, após a promulgação do Decreto, pelo Presidente da República, este adquire vigência no ordenamento jurídico interno brasileiro, não precisando aguardar a publicação pelo órgão federal.

Pela leitura do texto constitucional, extrai-se que,

2 As fases são: 1ª Negociação / 2ª Assinatura / 3ª Referendo / 4ª Ratificação, Promulgação e Publicação.

> [...] depois que o tratado internacional é internalizado por meio do Decreto, este adquire status de lei lato sensu, pois não há disposição expressa na CRFB que mencione a sua hierarquia no ordenamento jurídico brasileiro; ou seja, se estes tratados estariam abaixo das leis ou a elas se sobreporiam em caso de conflito; se as revogariam ou se seriam por elas revogados (ARIOSI, 2000, p 205).

O exposto permite compreender que os tratados internacionais, ainda que tenham passado por controles prévios de sua constitucionalidade durante as fases de negociação assinatura e de referendo podem apresentar vícios que para o sistema jurídico pátrio sejam graves, devendo ser afastados através de um controle eficaz e célere.

Com isto, arrazoado posicionamento do Supremo Tribunal Federal brasileiro, o controle de constitucionalidade não faz diferença entre os Decretos, cujo conteúdo seja tratado internacional ou de leis nos processos de controle. O Supremo Tribunal Federal tem, inclusive, aceitado ação direta de inconstitucionalidade em face de Decreto, quanto se tratar um Decreto autônomo, que não regulamente lei. Desta forma, os Decretos presidenciais (CF, art. 84, IV) podem ter seu conteúdo apreciado em sede de ADIn. ARIOSI 2005)

Assegura o STF que:

> [...] não havendo lei anterior que possa ser regulamentada, qualquer disposição sobre o assunto tende a ser adotada em lei formal. O decreto seria nulo, não por ilegalidade, mas por inconstitucionalidade, já que supriu a lei onde a Constituição exige[3].

Já nos casos em que os Decretos apresentem conteúdo de tratado internacional, é necessário reconhecer sua autonomia. O STF estabeleceu ainda, como Decretos que não são autônomos, aqueles que regulamentam leis. No caso de existir conflito de conteúdo entre a lei e o seu decreto regulamentador, não se fala de inconstitucionalidade, mas, de conflito de legalidade entre a lei e Decreto que lhe faz regulamentação. (ARIOSI 2005)

> A ação declaratória de constitucionalidade, por sua vez, pressupõe controvérsia a respeito da constitucionalidade da lei, o que é aferido diante da existência de um grande número de ações onde a inconstitucionalidade da lei é impugnada. Logo, essa modalidade de ação se caracteriza como meio de paralisação de debates em torno de questões jurídicas de

3 STF – Pleno – ADIn nº 1435-8/DF – medida Liminar – Rel. Min. Francisco Rezek, ***Diário da Justiça***, Seção I, 6 de agosto de 1999, p. 5; no mesmo sentido : STF – Pleno – ADIn nº 1999-6/SP – medida liminar – Rel. Min. Octávio Galloti, ***Diário da Justiça***, Seção I, 5 agosto de 1999.

interesse coletivo, exatamente porque seu exercício pressupõe a existência de decisões generalizadas em processos concretos reconhecendo a inconstitucionalidade de lei em situações opostas a interesses governamentais. Visa, pois, essa ação, solucionar esse estado de controvérsia generalizado via da coisa julgada vinculante, pela inconstitucionalidade da lei, com o que se encerram os processos concretos em favor dos autores, quer reforme essas decisões com a declaração da constitucionalidade.

1. Modos de aplicação dos princípios constitucionais aos Tratados e Acordos Internacionais

Discutindo a respeito das formas de aplicação dos princípios constitucionais aos tratados e acordos internacionais. Ariosi (2005) apresenta-se uma indagação importante para a compreensão do que está sendo discutindo: saber em que se constitui e qual são os limites da hermenêutica constitucional. O Informativo 158, do Supremo Tribunal Federal, orienta o tipo de interpretação utilizada pelos Tribunais pátrios para suprimir a norma inconstitucional do ordenamento jurídico brasileiro. Mas é o eminente professor Vicente de Paulo Barreto *apud* Ariosi, 2005, pp. 369-370, em seu artigo intitulado "Da Interpretação à Hermenêutica Constitucional" define a hermenêutica aplicada da seguinte forma:

> A palavra *hermenêutica* origina-se do latim tardio, *hermeneuticus*, que por sua vez deita sua raiz no grego, *hermeneuem*. A palavra como em latim, refere-se às atividades da inteligência humana que, de uma forma ou de outra, lembram as façanhas do deus grego Hermes. Deus de Segunda categoria, não se posicionando no nível mais alto da hierarquia do Olimpo, Hermes, entretanto, representou no mundo mitológico helênico qualidades e características, que também podem ser encontradas na hermenêutica contemporânea. [...]

Esse tipo de interpretação, segundo a autora citada, somente será possível quando a norma possibilitar diversos significados, e que entre eles seja estabelecido algum tipo de conflito com a norma constitucional. A mesma advoga, que é necessário, nessa condição, que o intérprete da norma possa construir uma racionalidade interpretativa que lhe permita realizar a escolha mais adequada aos princípios constitucionais pátrio. Isso significa que é preciso que exista harmonia entre o texto analisado e à Constituição, pois o judiciário não pode criar normas. No caso da existência de conflitos, a postura do Poder Judiciário deve ser pela declaração de inconstitucionalidade da norma contrária à Constituição, pois a finalidade da hermenêutica jurídica é possibilitar a manutenção no ordenamento jurídico brasileiro das espécies normativas editadas pelo Poder competente que não sejam entrem em conflito com a Constituição.

Como dito, a interpretação conforme, bem ilustrada pelo STF quando do julgamento da ação de constitucionalidade da Convenção nº 158 da OIT, conforme a decisão *initio littis*:

> AÇÃO DIRETA DE INCONSTITUCIONALIDADE – CONVENÇÃO Nº 158/OIT – PROTEÇÃO DO TRABALHADOR CONTRA A DESPEDIDA ARBITRÁRIA OU SEM JUSTA CAUSA – ARGÜIÇÃO DE ILEGITIMIDADE CONSTITUCIONAL DOS ATOS QUE INCORPORARAM ESSA CONVENÇÃO INTERNACIONAL AO DIREITO POSITIVO INTERNO DO BRASIL (DECRETO LEGISLATIVO Nº 68/92 E DECRETO Nº 1.855/96 – [...] – É na Constituição da República – e não na controvérsia doutrinária que antagoniza monistas e dualistas – que se deve buscar a solução normativa para a questão da incorporação dos atos internacionais ao sistema de direito positivo interno brasileiro. O exame da vigente Constituição Federal permite constatar que a execução dos tratados internacionais e a sua incorporação à ordem jurídica interna decorrem, no sistema adotado pelo Brasil, de um ato subjetivamente complexo, resultante da conjugação de duas vontades homogêneas: a do Congresso Nacional, que resolve, definitivamente, mediante decreto legislativo, sobre tratados, acordos ou atos internacionais (CF, art. 49, I) e a do Presidente da República, que, além de poder celebrar esses atos de direito internacional (CF, art. 84, VIII), também dispõe – enquanto Chefe de Estado que é – da competência para promulgá-los mediante decreto. [...]. Precedentes. SUBORDINAÇÃO NORMATIVA DOS TRATADOS INTERNACIONAIS À CONSTITUIÇÃO DA REPÚBLICA. – No sistema jurídico brasileiro, os tratados ou convenções internacionais estão hierarquicamente subordinados à autoridade normativa da Constituição da República. Em consequência, nenhum valor jurídico terão os tratados internacionais, que, incorporados ao sistema de direito positivo interno, transgredirem, formal ou materialmente, o texto da Carta Política. [...]

1.1. Jurisdição Constitucional – controle concreto e abstrato

Na jurisdição, em sentido clássico, a sentença declara a incidência de norma jurídica sobre fato. Excepcionalmente, há declaração só de fato. É o caso das ações declaratórias da falsidade ou autenticidade de documento. Nas ações diretas de constitucionalidade ou de inconstitucionalidade (jurisdição constitucional), a sentença pronuncia-se apenas sobre norma.

No sentido tradicional da expressão, jurisdição é apenas a contenciosa. A jurisdição voluntária é havida como atividade administrativa (administração pública de interesses privados). Quanto à jurisdição constitucional, pode-se afirmar que tem natureza legislativa. Se a introdução de lei no ordenamento jurídico tem natureza legislativa, igual natureza há de ter o ato que retira do ordenamento norma jurídica havida por inconstitucional. Temos, assim, ao lado da jurisdição em sentido clássico, a jurisdição-administração e a jurisdição-legislação.

A jurisdição constitucional, em sentido *lato*, compreende: a **jurisdição da liberdade** (ações constitucionais: *habeas corpus*, *habeas data*, mandado de segurança, mandado de injunção, ação popular, ação civil pública); o **controle constitucional difuso**, exercido pelos juízes e tribunais em geral, e, em grau de recurso extraordinário, pelo Supremo Tribunal Federal; o **controle abstrato**, compreendendo a ação direta de inconstitucionalidade, ação direta de constitucionalidade e a arguição de descumprimento de preceito fundamental. Em sentido restrito, a jurisdição constitucional compreende tão só o controle abstrato. Origina-se da Constituição da Áustria, de 1920, que seguiu as ideias e concepções de Hans Kelsen (VELOSO, 2003).

Na Europa, os Tribunais Constitucionais não integram o Poder Judiciário; os juízes e tribunais ordinários não podem declarar a inconstitucionalidade de lei. Podem, apenas, suscitar o incidente de inconstitucionalidade, perante o Tribunal Constitucional. É o chamado *controle concreto* de constitucionalidade (*Ib*, p 62).

1.2. Objeto do controle abstrato

No caso da ação direta de constitucionalidade, a ação só pode ser proposta contra ato e norma federal e pelo Presidente da República, Mesa das duas Casas do Congresso Nacional e pelo Procurador-Geral da República.

Mais amplo é o possível objeto da ação direta de inconstitucionalidade, cabível contra emenda constitucional que viole cláusula pétrea, já que a Constituição estabelece que não será objeto de deliberação a proposta de emenda constitucional tendente a abolir: a forma federativa de Estado; o voto direto, secreto, universal e periódico; a separação dos Poderes; os direitos e garantias individuais (art. 60, § 4º). Também não cabe, contra emenda constitucional *in fieri*. Se a emenda ainda está em tramitação. O mandado de segurança é que se apresenta como a via adequada.

A propósito, decidiu o Supremo Tribunal Federal:

> O direito constitucional positivo brasileiro, ao longo de sua evolução histórica, jamais autorizou – como a nova Constituição promulgada em 1988 também não o admite – o sistema de controle jurisdicional preventivo de constitucionalidade, em abstrato. Inexiste, desse modo, em nosso sistema jurídico, a possibilidade de fiscalização abstrata preventiva da legitimidade constitucional de meras proposições normativas pelo Supremo Tribunal Federal. Atos normativos "*in fieri*", ainda em fase da formação, com tramitação procedimental não concluída, não ensejam e nem dão margem ao controle concentrado ou em tese de constitucionalidade, que supõe -ressalvadas as situações configuradoras de omissão juridicamente relevante – a existência de espécies normativas definitivas,

perfeitas c acabadas. Ao contrário do ato normativo – que existe e que pode dispor de eficácia jurídica imediata, constituindo, por isso mesmo, uma realidade inovadora da ordem positiva -, a mera proposição legislativa nada mais encerra do que simples proposta de direito novo, a ser submetida â apreciação do órgão competente, para que, de sua eventual aprovação, possa derivar, então, a sua introdução formal no universo jurídico. A jurisprudência do Supremo Tribunal Federal tem refletido claramente essa posição em tema de controle normativo abstrato, exigindo, nos termos do que prescreve o próprio texto constitucional e ressalvada a hipótese de inconstitucionalidade por omissão – que a ação direta tenha, e só possa ter, como objeto juridicamente idôneo, apenas leis e atos normativos, federais ou estaduais, já promulgados, editados e publicados. (STJ, Plenário, ADIN 466-2/DF, Min. Celso de Mello, relator, j. 3.4.91).

Nesse mesmo acórdão, porém, acenou-se para a possibilidade de proibição judicial através de mandado de segurança, invocando-se como precedente o Mandado de Segurança n. 20.257, Min. Moreira Alves, relator para o acórdão, julgado em 8.10.80, assim ementado:

> Mandado de segurança contra ato da Mesa do Congresso que admitiu a deliberação de proposta de emenda constitucional que a impetração alega ser tendente à abolição da República. Cabimento de mandado de segurança em hipótese em que a vedação constitucional se dirige ao próprio processamento da lei ou da emenda, vedando a sua apresentação ou a sua deliberação. Nesses casos, a inconstitucionalidade diz respeito ao próprio andamento do processo legislativo, e isso porque a Constituição não quer – em face da gravidade dessas deliberações, se consumadas – que sequer se chegue à deliberação, proibindo-a taxativamente. A inconstitucionalidade, se ocorrente, já existe antes de o projeto ou de a proposta se transformar em lei ou em emenda constitucional, porque o próprio processamento já desrespeita, frontalmente, a Constituição.

Vê-se, portanto, que o Supremo Tribunal considera-se competente, em tese, para proibir deliberação do Congresso Nacional, com invocação do artigo 60, § 4º, da Constituição.

Não obstante caber ação direta de inconstitucionalidade contra lei, não cabe, porém, contra lei de efeitos concretos, orientação criticada por Gilmar Ferreira Mendes, no que se refere a leis em sentido meramente formal, especialmente quando exigida lei: orçamento, instituição de empresa pública, sociedade de economia mista, autarquia e fundação pública.

O STF tem tratado a chamada inconstitucionalidade superveniente, não como questão constitucional, mas como tema de direito intertemporal. Mendes (1999) critica essa orientação, com bons argumentos: constituição e lei encontram-se em níveis diferentes de hierarquia; lei geral (como a

Constituição) não revoga lei especial; cabe recurso extraordinário por contrariedade de lei anterior à Constituição atual. Revogado ato, fica prejudicada a ADI, orientação também criticada por Mendes (*Ib*, p 173). A revogação do ato normativo impugnado ocorrida posteriormente ao ajuizamento da ação direta, mas anteriormente ao seu julgamento, a torna prejudicada, independentemente da verificação dos efeitos concretos que o ato haja produzido, pois eles têm relevância no plano das relações jurídicas individuais, não, porém, no do controle abstrato das normas (ADI 737-8, Min. Moreira Alves, relator, j. 16.09.93, PDT x art. 7º da Lei 8.149/92 – valor do salário mínimo).

Cabe aqui destacar os casos que comportam a Ação direta de inconstitucionalidade:

a) Contra medida provisória.

Sua conversão em lei não prejudica a ação. Contudo, havendo reedição, exige-se aditamento. A ação resta prejudicada, se ela não é aprovada, ou se aprovada com alterações (mesmo meramente formais), orientação esta criticada por Mendes (*Op. cit.*).

b) Contra decreto legislativo.

Não é preventiva a ação proposta contra decreto legislativo que aprova tratado internacional (*Op. cit.*).

c) Contra decreto do Poder Executivo.

Todavia, o Supremo Tribunal Federal não a admite contra decreto regulamentar, porque não haveria ofensa direta à Constituição. Mendes critica essa orientação, porque se o regulamento vai além da lei, há violação do princípio da legalidade (*Ib*, p 180).

d) Contra norma de Constituição estadual e outros atos normativos, como os editados por pessoas jurídicas de direito público, regimento interno de tribunal[4], parecer com força normativa, tais como os da Consultoria-Geral da República, aprovados pelo Presidente da República[5].

e) finalmente, cabe ação direta de inconstitucionalidade contra omissão.

A Constituição dispõe que,

> [...] declarada a inconstitucionalidade por omissão de medida para tornar efetiva norma constitucional, será dada ciência ao Poder competente para a adoção das providências necessárias e, em se tratando de órgão administrativo, para fazê-lo em trinta dias" (BRASIL, 2009, art. 103, § 2º).

4 Exemplo: ADI 1.662-7, rel. Min. Maurício Correa, j. 30.8.2001. Governador do Estado de São Paulo *versus* Instrução Normativa n. 11, do TST.

5 Exemplo: ADI 4-7, Rel. Sidney Sanches, j. 7.3.91.

Este dispositivo constitucional traça claro limite à atuação jurisdicional, diretamente relacionado com o princípio da separação dos Poderes, na medida em que, declarada a omissão legislativa, a consequência será a mera comunicação ao Parlamento "para a adoção das providências necessárias". Assim, o Judiciário não substitui o Legislador, editando, em lugar dele, a norma reclamada pela Constituição. Tampouco poderá constranger o Legislativo, através de *astreintes* ou de outra medida coercitiva.

Diga-se de passagem, que, de acordo com a atual orientação do Supremo Tribunal Federal, não se chega a outro resultado, pela via do mandado de injunção. No Mandado de Injunção 107, relator Min. Moreira Alves, ficou assentado que a decisão, tanto no mandado de injunção, quanto na ação de inconstitucionalidade por omissão, tem natureza mandamental (mandado dirigido ao legislador). A diferença está em que o primeiro destina-se à proteção de direitos subjetivos e, portanto, interesse jurídico, ao passo que a segunda pode ser proposta, independentemente de interesse jurídico específico. No mandado de injunção é possível a suspensão de processos administrativos ou judiciais, com vistas a assegurar ao interessado a possibilidade de ser contemplado pela norma mais benéfica (MENDES, 1999).

Conforme já demonstrado, o parâmetro de controle das normas é a Constituição vigente; não, portanto, norma constitucional revogada. Incluem-se todavia, entre os parâmetros de controle, os princípios constitucionais, ainda que implícitos, notadamente o da razoabilidade ou o da proporcionalidade (*Op. cit.*). Ofensa indireta à Constituição, no entanto, não autoriza ação direta de inconstitucionalidade.

A Constituição da República, em termos de ação direta, qualifica-se como o único instrumento normativo revestido de parametricidade, para efeito de fiscalização abstrata de constitucionalidade perante o Supremo Tribunal Federal. Ofensa indireta à Constituição, também não autoriza ação direta de inconstitucionalidade. (ADI 1.347-5, rel. Min. Celso de Mello, j. 5.10.95).

Ademais não constituem parâmetro de controle, princípios supra positivos, tais como normas de Direito natural.

1.3. Legitimidade ativa para a ação direta de inconstitucionalidade

No que concerne à legitimidade ativa para interposição da ação direta de constitucionalidade, pode ser proposta pelo Presidente da República, pela Mesa da Câmara dos Deputados; pela Mesa do Senado Federal; pelo Procurador-Geral da República, conforme disciplina o art. 2º da Lei nº 9.868/99, que assim prescreve:

> Art. 2º. Podem propor a ação direta de inconstitucionalidade:
> I – o Presidente da República;
> II – a Mesa do Senado Federal;

III – a Mesa da Câmara dos Deputados;
IV – a Mesa de Assembléia Legislativa ou a Mesa da Câmara Legislativa do Distrito Federal;
V – o Governador de Estado ou o Governador do Distrito Federal;
VI – o Procurador-Geral da República;
VII – o Conselho Federal da Ordem dos Advogados do Brasil;
VIII – partido político com representação no Congresso Nacional;
IX – confederação sindical ou entidade de classe de âmbito nacional.

Dentre os legitimados, alguns o são qualquer que seja a norma impugnada. São os legitimados universais. De outros, o Supremo Tribunal Federal tem exigido "relação de pertinência", entre a natureza do requerente e a da matéria debatida. São os legitimados especiais. Assim, *[...] a Mesa da Assembleia Legislativa do Amazonas não terá direito a propor ação direta de inconstitucionalidade sobre lei que diga respeito à remuneração dos servidores do Estado de São Paulo* (MARTINS; MENDES, 2001, p 70).

Quanto ao Presidente da República, legitimado universal, observa-se que a sanção da lei não impede que o chefe do Poder Executivo proponha a ação (ADI 807, rel. Min. Celso de Mello). A objeção de que, nesse caso, o Presidente da República seria, simultaneamente, autor e réu, é afastada com a consideração de que se trata de processo objetivo, sem partes, como acentua a doutrina alemã.

Nas palavras de Martins (*ib*, p 71), do Conselho Federal da Ordem dos Advogados não se exige o requisito da pertinência temática. Do mesmo modo, também não se o exige de partido político (Medida Cautelar na ADI 1.396-3, Min. Marco Aurélio, relator, j. 7.2.96). Representado pelo Presidente de seu Diretório Nacional, pode impugnar qualquer ato normativo, independentemente de seu conteúdo material. (ADI 1.096, Rel. Min. Celso de Mello, j. 16.3.1995).

De Governador de Estado, o STF tem exigido relação de pertinência com a pretensão formulada (ADI 902, Rel. Min. Marco Aurélio, j. 3.3.1994). Ele tem capacidade postulatória (ADI 120-5, Rel. Min. Moreira Alves, j. 20.3.1996), como todos os mencionados no artigo 103, I a VII, da Constituição (ADI 127 – Questão de Ordem – Medida cautelar).

Das entidades sindicais, apenas as confederações têm legitimidade ativa (ADI 505, Moreira Alves, 20.6.90). Entende-se por "confederação" a que atende aos requisitos do artigo 535 da Consolidação das Leis do Trabalho. Várias são as restrições impostas pelo Supremo Tribunal Federal, relativamente à legitimação ativa de entidades de classe, consoante se fere do extrato jurisprudencial seguinte:

> [..] como tais, não se qualificam as que, congregando pessoas jurídicas, apresentam-se como verdadeiras associações de associações; pessoas jurídicas de direito privado, que reúnam, como membros integrantes, associações de natureza civil e organismos de caráter sindical, desqua-

> lificam-se – precisamente em função do hibridismos dessa composição – como instituições de classe; reclama-se a participação, nelas, dos próprios indivíduos integrantes de determinada categoria, e não apenas das entidades privadas constituídas para representá-los; entidades internacionais, que possuam Seção brasileira no território nacional, não se qualifica como instituição de classe; composição heterogênea de associação, reunindo pessoas vinculadas a categorias radicalmente distintas, descaracteriza-se como entidade de classe; excluem-se, portanto, instituições integradas por membros vinculados a estratos sociais, profissionais ou econômicos diversificados, cujos objetivos, individualmente considerados, revelem-se contrastantes; a entidade há de ser nacional, com atuação transregional e existência de associados ou membros em pelo menos nove Estados da Federação, por aplicação analógica da Lei Orgânica dos Partidos Políticos (ADI 79, Relator, Min. Celso de Mello, j. 13.4.92).

Assim, não têm legitimidade: a União Nacional de Estudantes – UNE (ADI 894-3, rel. Min. Néri da Silveira); a Associação dos Ex-Combatentes do Brasil não tem legitimidade (ADI 1.090-5, Rel. Min. Néri da Silveira); a Federação das Associações de Militares da Reserva Remunerada, de Reformados e de Pensionistas das Forças Armadas e Auxiliares (ADI 993, Celso de Melo, 23.10.94); a Associação Brasileira de Consumidores (ADI 1.693, Rel. Min. Marco Aurélio, j. 23.10.1997), esta porque todos são consumidores.

Reconhecida foi a legitimidade da Associação dos Magistrados Brasileiros – AMB – (Medida Cautelar na ADI 138, Rel. Min. Sydney Sanches, j. 14.02.1990) e da Associação Nacional dos Advogados da União (ADI 2713, Min. Ellen Gracie, j. 18.12.2002). De 1965 até a Constituição de 1988 a legitimidade ativa da ação direta de inconstitucionalidade era privativa do Procurador Geral da República, que ocupava cargo de confiança do Presidente da República. Como visto a Constituição brasileira vigente ampliou o rol de legitimados para a ação, com o intuito de garantir maior efetividade às normas constitucionais, cabendo a competência geral ou universal da ação não só ao Presidente da República, mas às Mesas do Senado e da Câmara Federal, ao Procurador Geral da República, ao Conselho Federal da Ordem dos Advogados do Brasil e partido político com representação, o Congresso Nacional, pelas suas próprias atribuições. A legitimação específica ou especial se atribui ao Governador de Estado, à Mesa da Assembleia Legislativa, a confederação sindical ou entidade de classe de âmbito nacional (PALU, 2001).

De acordo com Luis Roberto Barroso (2004, p 119), os legitimados passivos na ação direta de inconstitucionalidade são os órgãos ou as autoridades responsáveis pela lei ou pelo ato normativo objeto da ação, cabendo a defesa de sua constitucionalidade ao Advogado Geral da União, que figura como *curador* da presunção de constitucionalidade dos atos do Poder Público. Outras pessoas podem atuar no procedimento da ação direta de inconstitucionalidade, além do Advogado Geral da União, que defende a legitimidade constitucional da norma, e do Procurador Geral da República, que emite parecer a respeito. Nos termos da lei 9868/99 caberá ao relator, em ato discricionário, admitir ou não no processo entidades ou órgãos que atuem como *amicus curiae*, que, se deferida, limitar-se-ão à manifestação escrita (*ib*, p 128).

A antiga representação de inconstitucionalidade, hoje denominada ação direta de inconstitucionalidade visa a defesa da Constituição contra leis e atos normativos com ela incompatíveis, e não a tutela de relações jurídicas concretas, como acentuou o Ministro Moreira Alves em voto proferido da Representação nº 1016- DF[6]. Por essa razão, considera-se que se trata de processo objetivo, que tem requerente e requerido, mas não partes no sentido comum do processo civil, pois os legitimados para a ação não se encontram na defesa de interesses próprios, mas sim na do interesse coletivo na preservação da ordem constitucional. Não se admite desistência da ação, porque os legitimados para a ação não têm poder de disposição, nem se admite assistência, que é próprio do processo interpartes.

Não cabe ação direta de inconstitucionalidade em face de Constituição revogada, como decidiu o Supremo Tribunal na Representação nº 1016 – DF, porque essa questão interessa à disciplina das relações jurídicas concretas, e não à defesa da ordem constitucional vigente. Questões relativas ao processo e julgamento da ação direta de inconstitucionalidade, assim como outros aspectos, como o da eficácia da decisão serão inevitavelmente abordadas quando se tratar adiante da ação declaratória de constitucionalidade.

1.4. Procedimento processual.

Sobre a petição inicial dispõem os artigos 3º e 14º da Lei 9.868/99, para a ação de inconstitucionalidade e a de constitucionalidade, respectivamente. Destaca-se que, na ação de constitucionalidade, a inicial deve comprovar a existência de controvérsia judicial relevante sobre a aplicação do dispositivo objeto da ação. Controvérsia doutrinária não autoriza a propositura da ação. Mendes (*Op. cit.* p 270) defende o cabimento da ação se os tribunais pronunciam (unanimemente) a inconstitucionalidade, aduzindo que,

> [...] a exigência de demonstração de controvérsia judicial há de ser entendida, nesse contexto, como relativa à existência de controvérsia jurídica relevante capaz de afetar a presunção de legitimidade da lei e, por conseguinte, a eficácia da decisão legislativa.

6 Acórdão na Representação nº 1016 – DF, RTJ 95. P. 999

A procuração deve conter poderes específicos para atacar a norma impugnada (ADI 2.187-7, Rel. Min. Octávio Gallotti, j. 15.7.2000). O pedido é essencial para a jurisdição constitucional, uma vez que dele depende, em determinada medida, a qualificação de órgão decisório como um Tribunal. A *forma judicial* constitui característica peculiar que permite distinguir a atuação da jurisdição constitucional de outras atividades, de cunho meramente político. Para Mendes (*Ib*, 2001,147), a despeito da necessidade legal da indicação dos fundamentos jurídicos na petição inicial, não fica o STF adstrito a eles na apreciação que faz da constitucionalidade dos dispositivos questionados.

O STF tem admitido até a requisição das informações ao órgão de que emanou o ato ou a medida impugnada. O aditamento é exigido com relação às medidas provisórias reeditadas ou convertidas em lei. A petição inicial inepta, não fundamentada ou manifestamente improcedente, pode ser liminarmente indeferida pelo relator. Todavia, dessa decisão cabe agravo (Lei 9.868/99, arts. 4º e 15). Proposta a ação, não se admite desistência (Lei 9.868/99, arts. 5º e 16). Na ação de inconstitucionalidade, o relator pede informações aos órgãos ou às autoridades das quais emanou a lei ou o ato normativo impugnado, as quais devem ser prestadas no prazo de trinta dias (Lei 9.868/99, art. 6º).

Não se admite intervenção de terceiros (Lei 9.868/99, arts. 7º e 18). Contudo, nas ações de inconstitucionalidade, o relator pode, por despacho irrecorrível, admitir a manifestação de órgãos ou entidades por ele indicados (Lei 9.868/99, art. 7º, § 2º). A seguir, ouvem-se, no caso da ação de inconstitucionalidade, o Advogado-Geral da União e o Procurador-Geral da República (Lei cit., art. 8º); no caso da ação de constitucionalidade, apenas o Procurador-Geral da República é ouvido (Lei cit., art. 19). O Advogado-Geral da União deve defender a norma (ADI 72, rel. Min. Sepúlveda Pertence). O Procurador-Geral fala como fiscal da lei, mesmo quando haja proposto a ação (ADI 97 – Questão de Ordem, rel. Min. Moreira Alves).

No controle abstrato de normas, o Tribunal não exerce atividade jurisdicional. Trata-se de processo objetivo (Rp. 1.405, Moreira Alves). Não há réu. A Constituição determina que se cite o Advogado-Geral da União, em seu Art. 103, § 3º: *Quando o Supremo Tribunal Federal apreciar a inconstitucionalidade, em tese, de norma legal ou ato normativo, citará, previamente,* o Advogado-Geral da União, que defenderá o ato ou texto impugnado. Segundo Mendes (1999, p 43), a obrigação do Advogado-Geral da União de defender, em qualquer hipótese, o ato inconstitucional, não encontra apoio na Constituição e viola o princípio da fidelidade constitucional enquanto postulado constitucional imanente.

A seguir, lançado o relatório, o relator pede dia para o julgamento. Em caso de necessidade de esclarecimento de matéria ou circunstância de fato ou de notória insuficiência das informações existentes nos autos, pode o relator requisitar informações adicionais, designar perito ou comissão de peritos para que emita parecer sobre a questão, ou fixar data para, em audiência pública, ouvir depoimentos de pessoas com experiência e autoridade na matéria. Pode, ainda, solicitar informações aos Tribunais Superiores, aos Tribunais Federais e aos Tribunais Estaduais acerca da aplicação da norma impugnada no âmbito de sua jurisdição.

Dada a natureza e objetivo da ação direta de inconstitucionalidade, não é suscetível de desistência pelo autor. Uma vez proposta, a ação deve ser apreciada pelo Pleno do Tribunal. Ainda em razão da natureza da ação, não se admitirá intervenção de terceiros no processo de ação direta de inconstitucionalidade, assim como, não se admite a interposição de recurso contra a decisão proferida no julgamento de uma ação direta de inconstitucionalidade, salvo os embargos de terceiros, por força do que dispõe o art. 26 da Lei 9868/99. Do mesmo modo, não se admite a propositura de ação rescisória visando a alteração da decisão do STF no julgamento de uma ação direta de inconstitucionalidade como preconiza o art. 26 da Lei 9868/99. Não existe na Ação Direta de Inconstitucionalidade nenhuma fase de provas (Fase Probatória). O objetivo da ação, como já analisado, é o da declaração de inconstitucionalidade, verifica-se, somente, se o ato normativo impugnado está adequado aos princípios e preceitos constitucionais, nada havendo, pois, a ser demonstrado, além da vigência da norma e o seu teor.

1.4.1. Medida cautelar na ação direta de inconstitucionalidade

As ações diretas de inconstitucionalidade ou de constitucionalidade admitem medida cautelar (mais precisamente: antecipatória), concedida pela maioria absoluta dos membros do Supremo Tribunal Federal. No caso de inconstitucionalidade, suspende-se a vigência da lei, via de regra, com eficácia *ex nunc*. No caso de ação declaratória da constitucionalidade, expede-se ordem, suspendendo o julgamento dos processos que envolvam a aplicação da lei ou do ato normativo objeto da ação até seu julgamento definitivo (Lei 9.868/99, arts. 10º e 21).

Ives Gandra Martins (1999) sustenta, a nosso ver com inteira razão, que a liminar, concedida em ação direta de inconstitucionalidade, suspende definitivamente a aplicação da lei. Sua revogação posterior não autoriza a aplicação da lei relativamente a fatos ocorridos durante a suspensão. Argumenta com o exemplo do ICM: o contribuinte, liberado por liminar, do recolhimento do tributo, não teria, revogada a liminar, de transferi-lo para o contribuinte de fato. A liminar tem eficácia a partir da publicação ou, havendo urgência, a partir da comunicação, por telegrama, à autoridade competente.

1.4.2. Efeitos e eficácia da decisão

Pela regra do artigo 22 da Lei nº 9.868/99, a decisão sobre a constitucionalidade ou a inconstitucionalidade da lei ou do ato normativo somente será tomada se presentes na sessão pelo menos oito Ministros do Supremo Tribunal Federal. Efetuado o julgamento, proclama-se a constitucionalidade ou a inconstitucionalidade da disposição ou da norma impugnada se num ou noutro sentido se tiverem manifestado pelo menos seis Ministros, quer se trate de ação direta de inconstitucionalidade ou de ação declaratória de constitucionalidade (Lei 9.868/99, art. 23). Não sendo alcançada a maioria necessária à declaração de constitucionalidade ou de inconstitucionalidade, havendo Ministros ausentes, suspende-se o julgamento, a fim de aguardar-se o comparecimento, até que se atinja o número necessário para prolação da decisão num ou noutro sentido (Lei 9.868/99, art. 23, parág. único).

Proclamada a constitucionalidade, julgar-se improcedente a ação direta de inconstitucionalidade ou procedente a ação declaratória de constitucionalidade. Proclamada a inconstitucionalidade, julgar-se procedente a ação direta de inconstitucionalidade ou improcedente a ação declaratória de constitucionalidade. A decisão é irrecorrível, não sendo, tampouco, suscetível de rescisão. Cabem embargos declaratórios. (Lei 9.868/99, art. 26). São variantes da declaração de inconstitucionalidade: a declaração de nulidade total como unidade técnico-legislativa, como no caso de vício de iniciativa; a de nulidade total, em virtude de relação de dependência ou de interdependência entre as partes constitucionais e inconstitucionais do dispositivo impugnado; a de nulidade parcial, suposto que não exista dependência ou interdependência entre as partes e que, do texto recortado não resulte norma contrária à vontade do legislador, criando-se "lei nova"; a de nulidade parcial sem redução do texto, como no caso de declarar-se inconstitucional a cobrança de tributo no exercício financeiro em que foi criado (Súmula 67) ou de julgar-se improcedente a ação, desde que adota tal e não outra interpretação.

Conforme alhures demonstrado, não se confundem "declaração de inconstitucionalidade sem redução do texto" e "interpretação conforme a Constituição". Esta não é senão modalidade de interpretação sistemática, não exigindo, nos Tribunais locais, remessa ao Órgão Especial. Na declaração de nulidade sem redução do texto, háexpressa exclusão, por inconstitucionalidade, de determinadas hipóteses de aplicação do programa normativo, sem alteração do texto legal; na interpretação conforme à Constituição, declara-se, pelo contrário, que a lei é constitucional, com a interpretação que lhe é conferida pelo órgão judicial (MENDES, 1999).

As ações de in/constitucionalidade são de natureza declaratória ou constitutiva negativa. Na doutrina americana do controle difuso, acolhida no Brasil, trata-se de declaração de nulidade: "*the inconstitutional statute is not law at all*". Na doutrina de Kelsen (1988), do controle concentrado, trata-se de anulabilidade, facultando-se ao Tribunal reconhecer que a lei aplicada por longo período de tempo haveria de ser considerada como fato eficaz, apto a produzir consequências. O tema tornou-se controvertido no Brasil, tendo em vista o disposto no artigo 27 da Lei 9868/99, *in verbis*:

> Art. 27. Ao declarar a inconstitucionalidade de lei ou ato normativo, e tendo em vista razões de segurança jurídica ou de excepcional interesse social, poderá o Supremo Tribunal Federal, por maioria de dois terços de seus membros, restringir os efeitos daquela declaração ou decidir que ela só tenha eficácia a partir de seu trânsito em julgado ou de outro momento que venha a ser fixado.

Segundo Teori Albino Zavascki (2001, p 49-0), a eficácia *ex nunc* da decisão proferida em controle concentrado de constitucionalidade, não infirma a tese da nulidade da lei inconstitucional. Ao manter atos com base nela praticados, o Supremo não declara sua validade, nem assume a função de "legislador positivo", mas exerce típica função jurisdicional e sustenta que:

> Diante de fatos consumados, irreversíveis ou de reversão possível, mas comprometedora de outros valores constitucionais, só resta ao julgador – e esse é o seu papel – ponderar os bens jurídicos em conflito e optar pela providência menos gravosa ao sistema de direito, ainda quando ela possa ter como resultado o da manutenção de uma situação originariamente ilegítima. Em casos tais, a eficácia retroativa da sentença de nulidade importaria a reversão de um estado de fato consolidado, muitas vezes, sem culpa do interessado, que sofreria prejuízo desmesurado e desproporcional.

Segundo Mendes (*Op. cit*), a tese da anulabilidade não se compadece com o poder de qualquer juiz de declarar a inconstitucionalidade, o que supõe a nulidade. O postulado da nulidade da lei inconstitucional tem hierarquia constitucional. Isso, porém, não impede o desenvolvimento de fórmulas intermediárias como as que se converteram em lei. No controle difuso, o juiz não declara a nulidade da lei, porque ela não pode ser nula para uns e para outros não. O que ele, na verdade, declara é a inaplicabilidade da lei às partes às quais é dada a sentença, o que caracteriza hipótese de ineficácia, não de nulidade.

A tese tradicional, da natureza declarativa da sentença, com eficácia necessariamente *ex tunc*, ajusta-se ao modelo de controle difuso da constitucionalidade, com eficácia restrita às partes. Nessas ações, a parte que afirma a inconstitucionalidade depende, via de regra, da eficácia *ex tunc* da sentença, para que a declaração pretendida produza, no caso, efeitos práticos. É diversa a situação, no controle abstrato de constitucionalidade. A sentença tem, aí, natureza para-legislativa; natural, pois, que produza, de regra, efeitos *ex nunc*.

Por isso, dever-se-ia até mesmo inverter a regra e exigir maioria especial, não para atribuir à sentença efeitos *ex nunc*, mas para atribuir-lhe efeitos *ex tunc*, pois são inúmeras as situações em que se apresenta desarrazoada a eficácia retroativa da decisão. A sentença, abstrata, não desconstitui, automaticamente, direitos adquiridos, atos jurídicos perfeitos e a coisa julgada, fundados na lei declarada inconstitucional. "Os atos não mais suscetíveis de revisão", diz Gilmar Ferreira Mendes, não são afetados pela declaração de inconstitucionalidade, mediante a utilização das chamadas fórmulas de preclusão.

Decretada a inconstitucionalidade, sem atenção às situações consolidadas no passado, os prejudicados sustentarão, em ações individuais, a teoria do fato consumado. Observa-se que o artigo 741, parágrafo único, do CPC, estabelece a inexigibilidade, em execução judicial, de crédito fundado em lei ou ato normativo declarado inconstitucional pelo Supremo Tribunal Federal ou em aplicação ou interpretação tidas por incompatíveis com a Constituição Federal.

A inconstitucionalidade pode ter eficácia futura. É o caso da lei "ainda constitucional". Mendes (*ib*, p 295-301)] aponta como exemplo, decisões do Supremo Tribunal Federal admitindo prazo em dobro para a defensoria pública até que sua organização, nos Estados, alcance o nível da organização do respectivo Ministério Público. E ainda, reconhecendo legitimidade ativa a este para promover a execução civil da sentença penal condenatória, onde não houver Defensoria Pública. Na ADI 3022, julgada em 2.8.2004, o Supremo Tribunal Federal declarou inconstitucional norma que atribuía, à Defensoria Pública do Estado do Rio Grande do Sul, a assistência judicial a servidores processados por ato praticado em razão do exercício de suas atribuições funcionais, estabelecendo, porém, que os efeitos dessa decisão passariam a valer a partir do dia 31 de dezembro daquele ano.

A sentença proferida em ação abstrata tem eficácia contra todos e efeito vinculante. O artigo 28, parágrafo único, da Lei 9.868/99, prescreve que:

> A declaração de constitucionalidade ou de inconstitucionalidade, inclusive a interpretação conforme a Constituição e a declaração parcial de inconstitucionalidade sem redução de texto têm eficácia contra todos e efeito vinculante em relação aos órgãos do Poder Judiciário e à Administração Pública federal, estadual e municipal.

Segundo Mendes (*ib*, p 339), o efeito vinculante, instituto desenvolvido no Direito Alemão, significa mais do que força de lei ou força de coisa julgada, por implicar eficácia, não apenas à parte dispositiva da decisão, mas também aos chamados fundamentos ou motivos determinantes. Esse entendimento pressupõe que a eficácia da decisão do Tribunal transcende o caso singular, de modo que os princípios dimanados da parte dispositiva e dos fundamentos determinantes sobre a interpretação da Constituição devem ser observados por todos os tribunais e autoridades nos casos futuros. Outras correntes doutrinárias sustentam que, tal como a coisa julgada, o efeito vinculante limita-se à parte dispositiva da decisão, de modo que, do prisma objetivo, não haveria distinção entre a coisa julgada e o efeito vinculante.

Assim, independentemente de se considerar a eficácia *erga omnes* como simples coisa julgada com eficácia geral ou de se entender que se cuida de instituto especial, que afasta a incidência da coisa julgada nesses processos especiais, é certo que se cuida de um instituto processual específico do controle abstrato de normas e, portanto que, declarada a constitucionalidade de uma norma pelo Supremo Tribunal, ficam também os órgãos do Poder Judiciário obrigados a seguir a orientação fixada pelo próprio guardião da Constituição. A eficácia vinculante impede a edição de norma posterior idêntica (ADI 864, Moreira Alves, relator).

Contudo, o efeito vinculante não vincula o próprio STF, visto que o artigo 102, § 2º, da Constituição estabelece que,

> As decisões definitivas de mérito, proferidas pelo Supremo Tribunal Federal, nas ações declaratórias de constitucionalidade de lei ou ato normativo federal, produzirão eficácia contra todos e efeito vinculante, relativamente aos demais órgãos do Poder Judiciário e ao Poder Executivo. (BRASIL, 2009, p 128)

Em particular, é possível posterior declaração de inconstitucionalidade, pelo próprio Supremo Tribunal Federal, havendo mudança das circunstâncias fáticas ou relevante alteração das concepções jurídicas dominantes.

Conclusão

Do exame doutrinário e jurisprudencial abordado, conclui-se que os tratados internacionais, ao ingressarem na ordem jurídica interna se submetem ao controle de constitucionalidade e recebem força de Lei ordinária, salvo os concernentes aos Direitos humanos que, em regra, recebem tratamento especial pelos sistemas constitucionais nacionais. No Brasil o tratado internacional com conteúdo de direitos humanos se posiciona no mesmo patamar das regras constitucional.

A ação direta de inconstitucionalidade possui efeito dúplice ou ambivalente, pois o Supremo Tribunal Federal ao julgar o mérito do pedido pode entender ser a norma, constitucional, e assim reconhecê-la como tal.

A declaração de inconstitucionalidade, inclusive a interpretação conforme a Constituição e a declaração parcial de inconstitucionalidade sem redução de texto têm eficácia contra todos e efeito vinculante em relação aos órgãos do Poder Judiciário e à Administração Pública federal, estadual e municipal no Brasil.

As ações declaratórias de in/constitucionalidade, em suma, se constituem instrumento de grande alcance e importância, especialmente para pôr fim a conflitos em série e evitar graves lesões à ordem jurídica constitucional e à tranquilidade geral.

Referências

ARIOSI, Mariângela de F. A. *Problemática da internalização dos tratados internacionais no Brasil*: uma ênfase sobre os tratados trabalhistas de origem da OIT e do MERCOSUL. 2014 (dissertação) Mestrado em Direito, Faculdade de Direito, Universidade do Estado do Rio de Janeiro, Rio de Janeiro – RJ.

_____. *Conflitos entre Tratados Internacionais e Leis Internas*. Rio de Janeiro: Renovar, 2000.

BARROSO, Luis Roberto. *O controle de constitucionalidade no direito brasileiro*: exposição sistemática da doutrina e análise crítica da jurisprudência. Editora Saraiva. 2004.

BRASIL (Constituição, 1988) *Constituição da República Federativa do Brasil*. Senado Federal, Subsecretária de edições Técnicas, Brasília: 2009.

_____. ADI 1.347-5, rel. Min. Celso de Mello, j. 5.10.95

_____. ADI 737-8, Min. Moreira Alves, relator, j. 16.09.93, PDT x art. 7º da Lei 8.149/92

_____. ADI 505, Moreira Alves, 20.6.90

_____. ADI 127 – Questão de Ordem – Medida cautelar

_____. ADI 120-5, Rel. Min. Moreira Alves, j. 20.3.1996

_____. ADI 902, Rel. Min. Marco Aurélio, j. 3.3.1994

_____. ADIN 466-2/DF, Min. Celso de Mello, relator, j. 3.4.91

_____. ADI 1.096, Rel. Min. Celso de Mello, j. 16.3.1995

_____. ADI 1.396-3, Min. Marco Aurélio, relator, j. 7.2.96

_____. ADI 807, rel. Min. Celso de Mello

_____. ADI 79, Relator, Min. Celso de Mello, j. 13.4.92).

_____. ADI 993, Celso de Melo, 23.10.94

_____. ADI 1.693, Rel. Min. Marco Aurélio, j. 23.10.1997

_____. Medida Cautelar na ADI 138, Rel. Min. Sydney Sanches, j. 14.02.1990

_____. ADI 894-3, rel. Min. Néri da Silveira

_____. ADI 1.090-5, Rel. Min. Néri da Silveira

_____. ADI 3022, julgada em 2.8.2004

_____. ADI 864, Moreira Alves, relator

_____. Lei nº 9.868/99

KENSEN, Hans. *Teoria Geral das Normas*. Porto Alegre, Sergio Antonio Fabris Editor. 1988.

MARTINS, Ives Gandra da Silva & MENDES, Gilmar Ferreira. *Controle concentrado de constitucionalidade*. São Paulo, Saraiva, 2001.

MARTINS, Ives Gandra da Silva. *Jurisdição constitucional*. 3 ed. São Paulo: Saraiva, 1999.

MENDES. Gilmar Ferreira. *Controle de constitucionalidade*: Análise das leis nº 9868/99 e 9882/99. Consulex: Revista Jurídica, 2001.

MORAES, Alexandre de. *Direito Constitucional*. São Paulo: Atlas, 2004.

PALU, Oswaldo Luis. *Controle de Constitucionalidade:* Conceitos, sistemas e efeitos. São Paulo: Editora Revista dos tribunais, 2001.

ROCHA, Fernando Luiz Ximenes. A incorporação dos tratados e convenções internacionais de direitos humanos no direito brasileiro. *Revista de Informação Legislativa*, Brasília: Senado Federal, nº 130, 1996.

SILVA, José Afonso. *Curso de direito constitucional Positivo*. 33 ed. revista e atualizada. São Paulo: Malheiros, 2010.

_____. *Aplicabilidade das normas constitucionais*. São Paulo: Malheiros. 2012.

VELOSO, Zeno. *Controle jurisdicional de constitucionalidade*. 3 ed. Belo Horizonte:Del Rey, 2003.

ZAVASCKI, Teori Alvino. *Eficácia das sentenças na jurisdição constitucional*. São Paulo: Revista dos Tribunais, 2001.

ORGANIZAÇÕES CRIMINOSAS E SEUS REFLEXOS NA DEMOCRACIA

José James Gomes Pereira

Inicialmente, cumpre-nos apontar os aspectos formais e específicos do Estado democrático para, em seguida, descrevermos as formas de atuação das organizações criminosas que comprometem a própria existência do Estado de direito. Para tanto, dada a relevância dos fundamentos da democracia, apontados por Bobbio (1986), que identifica, na visão tecnocrática de um lado e na postura indiferente, do outro, duas situações adversas à democracia. A primeira teimava em reduzi-la apenas a um ritual mecânico de sucessivas eleições, enquanto que a outra, ao dizer que podia ser eleito qualquer um, a desqualificava. De modo geral, pode-se dizer que, para ele (*ib*, p 36-37), a democracia tinha como fundamentos:

> – estar sempre em transformação. O seu estado natural é a dinâmica, enquanto que no despotismo predomina a estática, sempre igual a si mesmo;
> – o direito e o poder são duas faces da mesma moeda. Somente o poder cria o direito, e só ao direito cabe limitar o poder;
> – o centro da atenção da democracia repousa numa concepção individualista da sociedade. Ela somente se desenvolve onde os direitos de liberdade têm sido reconhecidos por uma constituição;
> – trata-se de um conjunto de regras que estabelece quem está autorizado a tomar decisões coletivas e quais são os seus procedimentos;
> – baseia-se na regra de que a democracia é o regime da maioria e que o Estado Liberal é o suposto histórico-jurídico do Estado Democrático;
> – é um regime que define o bom governo como aquele que age em função do bem comum e não do seu exclusivo interesse, e se move através de leis estabelecidas, claras para todas, e não por determinações arbitrárias;
> – considera um governo excessivamente paternal (*imperium paternale*) como negativo insistindo que a democracia é um governo de leis por excelência.

Acolhendo esses fundamentos, o Estado democrático surge com o propósito de garantir às liberdades individuais e coletivas, visando à prevalência dos direitos civis, a segurança, a propriedade privada, enfim, o exercício dos direitos garantidos pela ordem estatal por meio da Constituição. Todavia, a emergência desses direitos, somente adveio por meio de longo processo histórico que bem pode ser definido pela conhecida expressão "a luta pelos direitos", como nos ensinou Rodolfo van Ihering[1], sobrevindo pela emergên-

1 Autor da conhecida obra intitulada "A luta pelo direito".

cia da doutrina dos direitos do homem, do cidadão, etc., como produto da história moderna.

Surgiu, pois, com as revoluções liberais do século XVIII, graças ao engajamento dos pensadores iluministas como Locke, Montesquieu, Voltaire, e J.J. Rousseau. No entanto, a sua universalização somente conquistou notoriedade com a aprovação da Declaração dos Direitos Universais do Homem e do Cidadão, em 1948, na Assembleia Geral da ONU. Se numa primeira fase os direitos foram concebidos pelos teóricos jusnaturalistas modernos, o homem tem direitos por natureza e ninguém, muito menos o Estado, pode subtraí-los ou aliená-los. De outra banda, a transição da teoria à pratica deu-se graças às revoluções liberais de 1776 e 1789. Com a declaração de 1948 a política dos direitos humanos passou a ser estendida ao mundo inteiro.

Nesse longo percurso, os direitos humanos deixaram de ser aplicados somente em determinadas *pólis*, nos Estados-Nacionais que os aprovaram a exemplo dos Estados Unidos, França, Itália, etc., e passaram a ser difundidos por todos os países integrantes do planeta como um todo. No entanto, graças às mobilidades sociais, ocorrem as modificações dos direitos, enquanto possibilidade ofertada pelo regime democrático, a exemplo do que se verifica em determinado momento histórico em que os jusnaturalistas procuraram fixar uma universalidade abstrata dos direitos (direito à vida, à liberdade, à propriedade), gradativamente, no transcorrer dos dois últimos séculos, verificou-se a incorporação de novos direitos (ao trabalho, à educação, à organização sindical e partidária). Subdividindo-se, contemporaneamente, nos direitos da mulher, da criança e do idoso. Neste espaço de tempo, os defensores dos direitos, para se afirmarem, tiveram que enfrentar os poderes religiosos (a resistência das igrejas), os poderes políticos (resultantes do estado de conquista) e, por fim, o poder econômico (o peso do capital).

Uma distinção chama a atenção: na luta pela conquista da primeira geração dos direitos – sob a égide da ideologia liberal – o indivíduo posicionava-se contra o Estado (absolutista). Na segunda geração, a dos chamados direitos sociais – sob influência do socialismo – o Estado (preferivelmente democrático) é visto como aquele que irá garantir as conquistas alcançadas, evitando que o poder econômico as revogue. Notório que os direitos, por serem históricos, jamais serão os mesmos e nunca serão estáticos. Cada época formula um conjunto deles para serem atingidos por novos grupos sociais, sexuais ou étnicos, que a cada instante solicitam que suas demandas sejam atendidas e incorporadas no corpo geral dos direitos. Esses grupos, agindo como se fossem ondas, alcançam as nações mais distantes e afastadas. Vivemos, pois, no que Bobbio (*ib, p* 57) chamou de a *Era dos Direitos*, uma longa caminhada da humanidade em direção a maior liberdade e maior igualdade possível.

De outra parte, também em decorrência do processo histórico e das formas de organização social, política e econômica, surgem as organizações criminosas que, dada a fragilidade das instituições integrantes do aparelho estatal, encontram terreno fértil para a prática de crimes com amplo reflexo social e que, em certos casos, o Estado, por ação ou omissão, não consegue combater essas práticas delituosas, comprometendo a sua própria existência. Com essa contextualização procuramos, a seguir, apresentar a atuação do Estado no combate ao crime organizado, sem que haja a perda de seu caráter, isto é, mantendo as linhas mestras caracterizadoras do Estado democrático, retratando os prejuízos sociais decorrentes da atuação das organizações criminosas, assim como o regime jurídico, doutrina e jurisprudências, norteadores do combate às facções criminosas, para ao final apontar os aspectos conclusivos do presente trabalho.

1. Estado democrático e o crime organizado

A Constituição brasileira, no tocante à proteção do Estado e os indivíduos, representa esforço notável no sentido de regulamentar, com nitidez, os dois elementos da noção de cidadania, quais sejam: a proteção dos direitos e liberdades individuais frente às ameaças a eles representadas pela força e poder das instituições do Estado – o âmbito do controle do uso dos meios de violência na produção da ordem social – e a proteção da vida e da propriedade dos cidadãos ameaçadas pela predição criminosa – o âmbito da eficiência no controle social. Essas garantias, inerentes ao Estado moderno, decorrem da transformação do Estado absoluto em Estado de direito que, segundo Bobbio, (*Ib*, p. 103), só se viabiliza.

> Se o poder visível nunca for capaz de se livrar completamente ou de anular o poder invisível, "o tema mais interessante", com o qual é possível realmente colocar à prova a capacidade do poder visível de debelar o poder invisível, é o da publicidade dos atos do poder que representa o verdadeiro momento da reviravolta na transformação do Estado moderno que passa do Estado absoluto a Estado de direito.

Portanto, o Estado de direito baseia-se na publicidade de suas ações, de forma a garantir aos seus cidadãos o conhecimento da atuação do Estado e, consequentemente, conquistar a confiança de todos de modo a preservar as garantias asseguradas pelo regime democrático, que, segundo Lafer (1988, p. 234):

> A democracia se baseia no princípio da confiança e da boa-fé, e não do medo, ela sucumbe quando a esfera do público perde transparência e se vê permeada pelo *segredo* e pela *mentira*, que é o que ocorre quando a palavra esconde e engana, ao invés de *revelar*, conforme determina o princípio ético da veracidade.

Assim, quando o(s) representante(s) do Estado democrático esconde(m) seus atos, engana, camufla a realidade, impedindo de chegar ao conhecimento público àquilo que de fato deveria se revelar, mas não os revela, justamente porque em razão desses atos eles obtêm vantagens ilegais, surgindo, daí, uma das práticas criminosas comumente chamadas de corrupção. A propósito, havendo corrupção, às vezes tolerada pelo corpo social, até determinado ponto. Todavia, levada ao conhecimento público, a corrupção deixa de ser vista como uma ilegalidade tolerada e começa a ocupar sua dimensão como crime, ligado a outros crimes.

Dessa feita, no Estado democrático os Partidos políticos e movimentos sociais reivindicam radicalmente o princípio da transparência, da publicidade, da visibilidade do poder público, da participação na gestão da coisa pública. A invenção das novas formas e conteúdos da ação política aparece como um antídoto eficiente contra os crimes praticados pelos agentes públicos. A propósito, admite Lafer (*ib*, p. 233), que:

> É por este motivo que, por obra do legado kantiano, no *como* são tomadas as decisões numa democracia, o princípio da visibilidade do poder é constitutivo, pois permite a informação sem a qual todos não podem formar uma opinião apropriada sobre a gestão da coisa comum, para, desta maneira, exercer seu poder de participação e controle.

Malgrado esse entendimento, a considerar que a corrupção varia segundo o momento e as concepções vigentes em cada sociedade, o que se revela especialmente interessante é porque, seguindo a proposta de José de Souza Martins (1994, p. 35), determinados conjuntos de práticas começam, em determinado momento, a ser reiteradamente questionados são:

> Condutas e práticas que, nos episódios recentes, foram incluídos no conceito de corrupção têm ocorrido, na sociedade brasileira, ao longo de sua história, sem causar estranheza, indignação ou repulsa política. A questão, portanto, que a situação atual oferece à reflexão sociológica, é a de buscar explicação para a mudança de concepção havida, o que mudou no Brasil que levou a sociedade a classificar negativamente o que até há pouco aparecia interpretado pelo senso comum na perspectiva de valores positivos.

Por isso é que, a corrupção, agrupando uma série de práticas, situadas de forma privilegiada no âmbito político e administrativo, que, se não são consideradas como valores positivos, são vistas como toleráveis ou como inevitáveis, próprias da única forma possível de governar ou de administrar. Estas ilegalidades conquistadas de forma estatutária (privilégios e isenções para as camadas sociais altas), pela inobservância geral e maciça, pelo desuso progressivo, pelo consentimento e modo do poder, pela negligência ou pela impossibilidade efetiva de impor a lei e reprimir os infratores. Daí abre-se, margens de tolerância conquistadas pela força e pela obstinação, claramente delimitadas de acordo com o estrato social.

As ilegalidades toleradas funcionariam nos interstícios das leis, apresentando uma heterogeneidade de modalidades, encaixando-se no jogo das tensões entre os ordenamentos legais, as práticas e técnicas administrativas e o que cada sociedade vai reconhecendo como normal e anormal, lícito ou ilícito, legítimo ou ilegítimo. Decorrência dessas ilegalidades, Flávia Schilling (2000), admite que o quadro resultante refletisse as distribuições desiguais de força e poder na sociedade e levaria à constatação da existência de um pluralismo jurídico, com formas de gestão diversas que, mais do que ocorrer em confronto com as leis escritas, ocorreriam em suas brechas, a partir de seus silêncios ou suas imprecisões.

Como causas são apontadas: as novas formas de acumulação das riquezas (capital), as novas relações de produção e de estatuto jurídico da propriedade e o crescimento demográfico. Daí advém as ilegalidades que se reestruturam com o desenvolvimento da sociedade capitalista, com a ilegalidade dos bens sendo separada da ilegalidade dos direitos. Divisão essa que correspondeu a uma oposição de classes, pois, de um lado, a ilegalidade mais acessível às classes populares será a dos bens – transferência violenta da propriedade – enquanto que de outro lado, a burguesia, que segundo Schilling, (*ib,* p 80):

> [...] se reservará a ilegalidade dos direitos: a possibilidade de desviar seus próprios regulamentos e suas próprias leis; de fazer funcionar todo um imenso setor da circulação econômica por um jogo que se desenrola nas margens da legislação – margens previstas por seus silêncios, ou liberadas por uma tolerância de fato [...]

Essas ilegalidades se caracterizam pela constituição em escala nacional e até mesmo, internacional de grandes ilegalidades ligadas aos aparelhos políticos e econômicos, passando por ilegalidades financeiras, serviços de informação, tráfico de armas e drogas. Trata-se, portanto, de uma multiplicidade de ilegalidades organizadas em torno do comércio e da indústria, com sua diversidade de natureza e de origem, seu papel específico nada mais é que a obtenção de vantagens, sobretudo o lucro.

Dessa feita, a corrupção é, conjuntamente com o crime organizado, ligada, sobretudo, ao tráfico da droga e ao branqueamento do dinheiro, a grande criminalidade que Sousa Santos chama de crise do Estado-Providência e coloca os tribunais no centro de um complexo problema de controle social. A propósito, a Organização das Nações Unidas, em seu Nono Congresso sobre Prevenção do Crime e Tratamento dos Transgressores, o Secretário Geral da ONU, Boutros Boutros-Ghali fez o seguinte comentário:

> [...] os poderosos cartéis do crime estão fora do alcance das leis nacionais e internacionais [...] esses elementos criminosos se aproveitam tanto da liberalidade da nova ordem econômica internacional quanto das dife-

> renças existentes nas leis e práticas dos países. Eles movimentam gigantescas somas de dinheiro, que usam para subornar autoridades e alguns desses impérios do crime são mais ricos do que muitas nações do mundo. (ONU, 1995, p. 2).

Chama a nossa atenção para a dimensão do crime organizado internacional, como este se vincula com a nova ordem econômica e para as diferenças existentes entre as leis internas e as práticas dos países no comércio e relações internacionais. Estas novas dimensões do crime organizado constituíram um poder secreto, sub-Estados, *cripto-governos*, um Estado dentro do próprio Estado, com enorme poder de influencia tanto na política quanto na administração, formando um substrato que ameaça profundamente o exercício da democracia e a possibilidade de um Estado de Direito, com seu exercício de poder necessariamente ligado à visibilidade e transparência. E, nesse caso, segredo e visibilidade, os dilemas da democracia como significado do público como contraposto ao que é privado e do público como contraposto ao que é oculto. Público, também, no sentido do que, pela visibilidade, é apresentado – representado ao público – ao espectador. Portanto, são os lugares comuns de todos os discursos sobre a democracia é de que este é o governo do poder visível. Estes dois significados do público – como *res publica* – e do público.

Um dos princípios do Estado constitucional é o de que o caráter público das atividades públicas é a regra, com o segredo sendo a exceção, justificável apenas se limitada no tempo. Este é, portanto, um dos traços essenciais do Estado constitucional. Através do acesso aos fatos e ações do governo, criam-se as condições para que o soberano – o povo – forme sua opinião, participe e julgue. E, acrescenta Bobbio (op. cit, p. 89),

> [...] Entende-se que a maior ou menor relevância da opinião pública entendida como opinião relativa aos atos públicos, isto é, aos atos próprios do poder público que é por excelência o poder exercido pelos supremos órgãos decisórios do Estado, da *res publica*, depende da maior ou menor oferta ao público, entendida esta como visibilidade, cognoscibilidade, acessibilidade e ,portanto, controlabilidade dos atos de quem detém o supremo poder. [...]

Se o poder visível nunca é capaz de se livrar completamente ou de anular o poder invisível, Bobbio (*Ib*, p. 103), afirma:

> [...] o tema mais interessante, com o qual é possível realmente colocar à prova a capacidade do poder visível de debelar o poder invisível, é o da publicidade dos atos do poder que, como vimos, representa o verdadeiro momento da reviravolta na transformação do Estado moderno que passa do Estado absoluto a Estado de direito.

Logo, a mentira na política, com o poder que se oculta – o segredo de Estado – e com o poder que oculta – a mentira. Duas são as razões que justificam tradicionalmente o segredo e mentira na política: a necessidade de rapidez de toda decisão que diga respeito aos interesses do Estado e o desprezo pelo povo. Quando o poder é invisível, pois cercado pelo segredo ou pela mentira, proliferam as histórias de conspirações e "assaltos ao poder". O contato com o público só é feito portando-se a máscara que, segundo Bobbio (*Ib*, p. 86),

> [...] torna-se *communio opinio* que quem detém o poder e deve continuamente se resguardar de inimigos externos e internos, tem o direito de mentir, mais propriamente "simular", isto é, de fazer aparecer aquilo que não existe, e de "dissimular", isto é, de não fazer aparecer aquilo que existe. [...]

Assinala-se uma assimetria fundamental: a que existe entre governantes e governados. Se os governados devem aparecer e se mostrar em sua veracidade, os governantes escudam-se no direito de mentir sob determinadas circunstâncias. Constatação que ocorre simultaneamente à percepção da corrupção como uma das formas do crime organizado, que questiona radicalmente os fundamentos das práticas de governo, abrindo fossos entre "o que é" e o que "deve ser" na gestão, minando a confiança na política. Neste contexto a corrupção deixa de ser vista como uma "ilegalidade tolerada" e começa a ocupar sua dimensão como crime, ligado a outros crimes.

Partidos políticos e movimentos sociais reivindicam radicalmente o princípio da transparência, da publicidade, da visibilidade do poder público, da participação na gestão da coisa pública. A invenção de novas formas e conteúdos da ação política aparece como um antídoto eficiente contra os crimes que nos preocupam. Preocupação que Lafer (op. cit., p. 233), assim expressa:

> [...] É por este motivo que, por obra do legado kantiano, no *como* são tomadas as decisões numa democracia, o princípio da visibilidade do poder é constitutivo, pois permite a informação sem a qual todos não podem formar uma opinião apropriada sobre a gestão da coisa comum, para, desta maneira, exercer seu poder de participação e controle. [...]

À margem dessa premissa, ocorrendo a omissão do Estado no que diz respeito a investimentos assistenciais, atendimento às demandas sociais, ocorre a perda do controle sobre a atuação dos indivíduos, abrindo margem para a sedimentação do crime, a exemplo da tríplice fronteira entre Brasil, Colômbia e Peru, que deveria ser considerada estratégica pelo Estado. A relevância da estratégia tem sua pertinência em face de ser essa área corredor do tráfico de drogas dos países andinos para o Brasil.

2. Como o crime organizado interfere no Estado de direito

A julgar pela realidade brasileira da atualidade e pelo que se tem visto pelo noticiário na mídia, não fica difícil dizer que o crime organizado, mais do que nunca, invadiu o Brasil. Aqui investe em vários setores da atividade econômica como o imobiliário, hoteleiro, dentre outros, com o objetivo de promover a chamada 'lavagem de dinheiro', conforme aludem dados da Polícia Federal e outros setores de inteligência, citado pelo jornalista Ricardo Galhardo, in "Máfias investem no Brasil", Jornal O GLOBO (RJ), de 13 de abril de 2008.

Com isso, inexoravelmente, ocorre o comprometimento do poder visível, o governo do público em público, precondições da democracia, quando se detectam os poderes e articulações do crime organizado em sua inevitável relação com a corrupção em suas novas dimensões internacionais e nacionais, criando novos espaços de segredo e de influência na gestão.

Doutra modalidade é a atuação das organizações criminosas nas chamadas áreas de risco – favelas e bairros onde a população honesta é submetida ao domínio da bandidagem – como há bem pouco tempo

> Políticos foram impedidos de fazer propaganda, por determinação de traficantes ou milicianos que mandam nesses territórios e formaram uma espécie de Tribunal Eleitoral do crime. Ameaçam candidatos e cabos eleitorais que não caem nas suas graças, enquanto abrem caminhos para outros com os quais têm parceria.

Assim, à evidência, o Estado deve desarticular as milícias, pois uma campanha para esclarecer a população de que o voto é secreto é atitude básica do Estado democrático. Entretanto, naquelas áreas (de risco) os milicianos traçam planos eleitorais. Eles têm objetivos políticos audaciosos, pretendiam eleger políticos com o apoio dos milicianos, diz a matéria referida.

Chama a atenção a atuação criminosa, organizada em família, denunciada no Estado do Rio de Janeiro pela referida reportagem. Assemelha-se em muito, à máfia italiana. Ao estilo mafioso, o grupo trabalhava com a lógica de que entre gente do mesmo sangue a traição é um fato raro. Para os criminosos, não é fácil achar alguém em quem depositar confiança total. Assim, eles escolheram os parentes, com a pretensão de eleger um dos membros da família com a força extra da pressão exercida pelos milicianos sobre os eleitores da região, fazendo imperar a chamada "Lei do Silêncio".

Ainda de acordo com a matéria jornalística citada, um ex-policial e deputado estadual, que, segundo a polícia, criou a organização criminosa denominada "Liga da Justiça", formado por policiais, bombeiros e agentes penitenciários, com o objetivo de manter o poder paralelo para usar como alavanca eleitoral. Atuando assim, uma força política paralela, fica difícil dizer da existência de um Estado democrático com suas garantias. Para tanto, é preciso ação enérgica das instituições garantidoras e representativas do Estado para assegurar a liberdade do voto, pois só através do sufrágio, livre de qualquer coação é que o povo, verdadeiro detentor do poder, no Estado democrático, poderá exercer o seu direito de cidadania.

3. Modalidades do crime organizado

Tarefa árdua consiste em dizer quais as modalidades do crime organizado, dada à sua complexidade e as formas de atuação das facções criminosas, em face da ousadia e prepotência dos seus integrantes. Contudo, seria pretensioso esgotar o tema, dado à humildade a que se propõe o presente trabalho. No entanto, numa contextualização mais recente, com a participação decisiva da impressa – meios de comunicação de massa – verifica-se que, a partir da década de 1980, especialmente por ter sido um período de transição entre a velha ordem internacional bipolar do pós-guerra, denominada Guerra Fria, e uma nova ordem internacional que deu fim ao dualismo político-econômico entre o bloco comunista e o bloco capitalista, acompanhando essa transformação, o crime organizado se ampliou de forma geométrica.

A nova ordem internacional caracterizada principalmente pela integração econômica regional, pelo neoliberalismo e pela globalização, que revolucionou o sistema de acesso e circulação de informações pelo mundo mudou o papel dos Estados nacionais na sociedade. O processo de globalização econômica vem criando instrumentos que facilitam a circulação de fundos monetários entre países.

Verdade é que, milhões de dólares circulam diariamente pelos países através de transferências monetárias. Com isso, criaram-se condições perfeitas para organizações criminosas executarem a lavagem de dinheiro, tornando-se cada vez mais difícil identificar a origem desses recursos. E, porque não dizer, com o processo de globalização veio, também, a internacionalização do crime organizado em suas diversas modalidades. Desse modo, ousamos afirmar que, hodiernamente, existem organizações criminosas que atuam em vários países praticando tráfico de drogas e de armas, prostituição, ações terroristas, lavagem de dinheiro, sonegação fiscal, entre outros atos ilícitos.

A propósito, por ocasião da convenção contra a corrupção, organizada pela ONU, na cidade mexicana de Mérida, em dezembro de 2003, concluiu-se por uma necessidade urgente de um trabalho em conjunto com países e instituições financeiras contra a corrupção e a lavagem de dinheiro. Com a dimensão tomada pelo crime organizado, a própria Organização das Nações Unidas criou o Escritório Contra Drogas e Crime Organizado (ONUDC) que divulgou estudo estimando que, hoje, a quantidade de recursos de origem ilícita que circula pelos principais centros financeiros no mundo é em torno de um trilhão de dólares.

Ainda de acordo com a ONU, os impactos da corrupção atingem mais os cidadãos das camadas mais pobres, pois ao desviar recursos públicos, políticos, funcionários ou organizações criminosas comprometem os serviços essenciais fornecidos pelos governos, como: saúde, habitação, educação e moradia. Veja-se que a corrupção tem seus efeitos sentidos em longo prazo com a baixa qualidade em serviços básicos, desigualdade social, desrespeito aos direitos humanos, subornos e o aumento da violência urbana. Aliás, violência urbana e pobreza estão intimamente ligadas, pois a desigualdade social e a falta de oportunidade acabam criando condições de expansão do crime organizado nas áreas mais carentes, principalmente o tráfico de drogas e de armas. Logo, a desigualdade e a exclusão social são consideradas as principais causas do envolvimento de jovens de famílias de baixa renda nas atividades criminosas.

Doutra parte, o tráfico de drogas e de armas no Brasil acaba influindo diretamente nos índices sociais, assim como o crime organizado armado, que compreende os bandidos e traficantes com revólveres nas mãos e o crime organizado desarmado, que agrupa os que estão por trás desses traficantes e os que fazem parte de toda sorte de roubo e contravenção, como os atravessadores, políticos corruptos e criminosos de todo tipo. Esses indivíduos são os que verdadeiramente favorecem a existência de toda miséria, somando-se ao bandido armado, permitindo a manifestação de um Estado corrompido.

4. Pela permanência do Estado democrático: ordem jurídica no combate ao crime organizado

A ineficiência do Estado brasileiro na fiscalização de armas e drogas, principalmente nas fronteiras; a imposição feita por traficantes a eleitores que vivem em áreas dominadas pelas organizações criminosas é inaceitável. A corrupção no serviço público é repugnante, a lavagem de dinheiro depura o Estado e a sonegação fiscal é um atentado ao erário; *vis a vis*, a eficácia do sistema jurídico é necessária pois os direitos civis devem ser garantidos; os cidadãos de bem não devem ser submetidos ao poder do Estado ilegal posto que as liberdades individuais e coletivas são necessárias. O Estado de direito deve prevalecer; sobretudo, com o fortalecimento de suas instituições, para tanto, é indispensável que haja investimentos e, precipuamente, que o sistema jurídico seja eficiente.

Esforços têm sido feitos pelos órgãos dos Poderes da República, embora haja os empecilhos que retardam ou impedem a aplicação da lei e a efetividade das medidas impositivas. Todavia, tanto a política legislativa quanto a atuação do Poder Judiciário, têm sido no sentido de envidar esforços para combater a impunidade. Mesmo assim, nenhum dos entes estatais responsáveis pelo combate ao crime, tem legitimidade para atuar isoladamente. Logo, o combate ao crime deve ser feito dentro do sistema jurídico posto à disposição das instituições governamentais, cabendo a cada uma dessas instituições atuar dentro dos limites legais.

O combate ao crime organizado, primeiramente, se inicia com a atuação da polícia preventiva e repressiva, que, de certa forma, vem sendo incentivada, como é o caso da Lei nº 11.343/06 que indeniza a família do agente morto em serviço, com cem mil reais. Há, no entanto, um completo desencontro de informações entre os órgãos de inteligência (ABIN, Polícia Federal e outros), em vista à falta de um banco de dados nacional para a completa integração entre os diversos órgãos de inteligência. Mesmo assim, conforme críticas da doutrina falta a definição nessa Lei, do que seja organização criminosa, mormente após a edição da Lei nº 10.217/01.

Contudo, o maior problema atualmente no Brasil, vem sendo a interpretação que o STF vem dando ao princípio constitucional da presunção de inocência (culpabilidade), inclusive em crimes gravíssimos. Mesmo após a condenação em primeiro grau ser confirmada em grau de recurso pelos Tribunais de Justiça ou Tribunais Regionais Federais, ou seja, na fase dos Recursos Especial e Extraordinário que, por força da Lei nº 8.038/90, não têm efeito suspensivo, a prisão processual dificilmente é decretada conforme entendimento do STF.

O STF, portanto, só admite a prisão processual/cautelar em casos que, na prática, o grande delinquente não é ingênuo de fazer, isto é, quando há provas inequívocas de que o réu irá fugir ou se encontrar ameaçando testemunhas. O STF desconsidera por completo a gravidade do crime e nem dá guarida para o clamor da sociedade. Destarte, é mais fácil se eliminar o mosquito da dengue no Brasil, do que se manter preso cautelarmente um bandido que comete um crime gravíssimo, na visão do atual STF.

Na verdade a Constituição Federal faz enorme distinção entre crime de mínima e média potencialidade ofensiva para os de máxima potencialidade ofensiva, não lhes permitindo v. g. fiança, liberdade provisória, graça, indulto e anistia, como a prática de tortura, o tráfico ilícito de entorpecentes e drogas afins, o terrorismo e os definidos como crimes hediondos (art. 5º, XLIII), havendo até mesmo crimes considerados imprescritíveis, como o racismo (art. 5º, XLII), a ação de grupos armados, civis ou militares, contra a ordem constitucional e o Estado Democrático (art. 5º, XLIV).

Somos da opinião de que não se deve considerar razoável ou proporcional que a presunção de inocência/culpabilidade nos crimes gravíssimos tenha a mesma mensuração de benevolência dos sem gravidade (mínima e média potencialidade ofensiva). Verdade é que o STF não ponderando o princípio da proporcionalidade, fragilizou a sociedade, dando interpretação favorável à presunção da inocência, mesmo em crimes gravíssimos. E o mais grave: não admite a prisão processual nem mesmo na fase dos recursos especial (STJ) e extraordinário (STF), recursos esses que não têm efeito suspensivo, como estipula a Lei nº 8.038/90.

Falta, pois, melhor ponderação por parte do STF no trato dessa questão, já se firmou a constitucionalidade da Lei nº 8.072/90 (crimes hediondos) quando proibia a mudança de regime prisional. Mesmo assim, atualmente, sem qualquer alteração legislativa (mutação constitucional), em novo julgamento, afirmou que a referida Lei é inconstitucional, forçando o Congresso Nacional a editar nova lei, que permite a mudança de regime, se cumpridos 2/5 da pena ou 3/5, se reincidente. Nos demais casos, basta cumprir 1/6 da pena (Lei nº 7.210/84 – Lei das Execuções Penais). E não ficou só nisso. Entendeu o STF ser também ilegal o interrogatório mediante videoconferência (*on line* ou virtual).

E o mais inusitado: alguns Ministros advertiram, nesse mesmo julgamento, que nem mesmo uma futura lei poderá autorizar tal ato, pois o Código de Processo Penal dispõe literalmente que o interrogatório tem de ser na 'presença' do Juiz. Dessa feita, sobrevêm dificuldades quanto à eficácia do princípio da proporcionalidade nos casos dos crimes de grande potencialidade ofensiva e assim, na proteção à sociedade dos bandidos perigosos, mantendo-os presos antes, durante e depois do processo.

Vale dizer que numa interpretação sistemática do inciso LVII, do art. 5º da CF, é claro que nos crimes gravíssimos, e a própria Constituição já proíbe a fiança, a anistia e a graça, além dos crimes imprescritíveis, a presunção da inocência não deve ser ponderada na mesma proporção como ocorre nos crimes de menor gravidade. Não é possível que a cláusula pétrea da presunção de inocência, não possa ser melhor ponderada (princípio da proporcionalidade), em prol da sociedade, que está e não pode continuar refém da criminalidade organizada. O direito individual não deve se sobrepor à tutela coletiva. Não se concebe que uma sociedade composta por homens de bem, permaneça refém da grande criminalidade, silenciando a tudo isso sem nada fazer.

Por outro lado, esforços legislativos e judiciais têm sido uma das formas de combate ao crime organizado. Destaque para a atuação do Ministério Público com a abertura de inquéritos civis e ajuizamento de ações judiciais por improbidade administrativa. Nesse caso, a tese mais sedimentada tem como supedâneo a premissa de que os agentes políticos não respondem por seus atos pela chamada Lei da Probidade Administrativa (Lei nº 8.429/92), que pune agentes públicos – sem distinção, como afirma o eminente Celso Antonio Bandeira de Melo – pela prática de atos de improbidade administrativa.

Esses atos abrangem três espécies: enriquecimento ilícito no exercício da função pública, prejuízo ao patrimônio público e atentado aos princípios da administração pública. A punição é aplicada pelo Poder Judiciário – sem previsão de foro privilegiado, conforme julgamento do STF (ADI nº 2.797) – e consiste nas seguintes sanções: perda de bens ou valores ilicitamente acrescidos ou a função pública; ressarcimento do dano; pagamento de multa civil; suspensão dos direitos políticos; proibição de contratação com o poder público ou de recebimento de benefícios fiscais ou creditícios.

Com essa envergadura, a Lei nº 8.429/92, pune corruptos e corruptores, sem prejuízo da ação penal cabível, conforme previsão contida no art. 37, § 4º da Constituição Federal. Há, no entanto, quem advogue em prol da tese de imunidade dos agentes políticos diante dessa lei, assinalando que eles só perdem mandatos ou funções públicas ou ter suspensos os seus direitos políticos por decisão do Poder Legislativo, tese que discordamos com veemência, uma vez que a Constituição, em nenhum dispositivo prevê a exclusividade da responsabilidade político-administrativa para os agentes políticos.

E, ainda, a responsabilidade política apurada no Legislativo, não elimina a responsabilidade penal, se houver um crime tipificado nas leis penais, cuja meta é a restrição da liberdade e, consequentemente, a suspensão dos direitos políticos e a perda de sua função. Assim é a tradição jurídico-constitucional brasileira. Com a promulgação da Constituição de 1988, a aprovação da Emenda que acrescentou o § 4º do art. 37 e com a edição da Lei nº 8.429/92, os legisladores tiveram em mente a necessidade de sedimentar os baldrames de um Estado Democrático de Direito sob o signo da moralidade, da ética e da responsabilidade. Afinal, a verdadeira República é o regime da responsabilidade e da igualdade dos que governam e dos que são governados.

Paradoxalmente, com a edição dessa Lei, muitos agentes políticos, servidores públicos e outras pessoas investigadas e processadas ou foram condenadas judicialmente, decorrência obvia da garantia da higiene moral da Nação; quando organismos estatais, como o Tribunal de Contas, o Ministério Público e os órgãos policiais desenvolvem firme controle para assegurar a efetividade da Lei; quando a imprensa é livre para denunciar irregularidades e a sociedade civil é vigilante, tem-se perspectiva de inaugurar no Brasil uma nova ordem jurídico democrática que possa sustentar a existência de um Estado Democrático no verdadeiro sentido da democracia preconizada por Bobbio (1986), ao apontar os fundamentos do Estado democrático, citado logo no início deste artigo.

Ocorre, porém que o que realmente compromete a existência do Estado é a omissão deste, por seus representantes que, por conivência, deixam de praticar os atos de Estado, sufragando a máquina administrativa, tornando-o ineficiente ante as ações que deveria praticar.

Síntese conclusiva

Preliminarmente podemos concluir que não estamos propriamente diante de um estado de natureza, mas de uma ordem estruturada a partir de fatores culturais que dissociam a esfera pública da privada, traduzida no célebre dilema brasileiro da igualdade, universalidade e legalidade no plano político institucional, e da desigualdade, hierarquização e regras truculentas de convivência no plano social. Esta disjunção não é da mesma natureza daquela existente em determinados bolsões em que a lógica familiar e privada é substituída por normas de convivência implementadas por grupos paraestatais em que, aí sim, vigora a lei do mais forte.

A autonomia das instituições legais e sua capacidade efetiva de afetar processos e comportamentos organizacionais e individuais tem peso historicamente significativo na garantia dos direitos de cidadania nas operações das agências públicas de controle social. Um segundo determinante do controle da polícia é a força e a capacidade de ação efetiva de movimentos sociais de defesa dos direitos civis. Certamente no cômputo dos custos de se acionar o Estado está uma orientação motivacional que demarca nitidamente uma linha divisória entre o nível formal legal e o âmbito das relações pessoais, marcada por uma enorme bolha de indiferença em relação a um Estado excessivamente legislador e regulatório.

Mecanismos de controle operam em vários níveis, nos quais a estrutura legal convive ao lado de regras organizacionais, das normas advindas de forças sociais, dos contratos controlados pelas partes interessadas e da dimensão ético-pessoal. A indignação moral somada à perplexidade diante da brutalidade das facções criminosas e da solidariedade das populações a este tipo de ação, das incertezas da punição de predadores e da ineficiência agregada do sistema de justiça criminal não devem inibir a consideração realista do Estado e suas organizações como instrumentalidade institucional de provisão de justiça e paz.

E, finalmente, não poderíamos deixar de alertar que a repressão e o combate ao crime organizado é salutar para a prevalência do Estado democrático de direito, e, por outro lado, a omissão, a conivência, tanto dos cidadãos quanto dos órgãos governamentais, relativamente às práticas criminosas, causa temor e compromete a estrutura do Estado o que requer ações enérgicas das autoridades que muitas vezes preferem a omissão, que, nas palavras de Martin Luther King: *O que mais preocupa não é nem o grito dos violentos, dos corruptos, dos desonestos, dos sem caráter, dos sem ética. O que mais preocupa é o silêncio dos bons.*

Referências

BOBBIO, Norberto. *O Futuro da Democracia:* uma defesa das regras do jogo. Rio de Janeiro, Paz e Terra, 1986.

COELHO, E.C., 1988: A Criminalidade Urbana Violenta, *Dados*, 31:2; 145 – 183.

LAFER, Celso. *Reconstrução dos direitos humanos*: um diálogo com o pensamento de Hanna Arendt. São Paulo, Cia. das Letras, 1988.

MARTINS, José de Souza. *O Poder do Atraso.* Ensaios de Sociologia da História Lenta. São Paulo, Editora Hucitec, 1994.

ONU. *Nono Congresso das Nações Unidas sobre prevenção do crime e tratamento de delinquentes*. Cairo, 28 abr-8 mai 1995. Rio de Janeiro, Centro de Informações das Nações Unidas, 1995.

PAIXÃO, Antonio Luiz. *Crime, controle Social e Consolidação da Cidadania*. Dados: Revista de Ciências Sociais, Rio de Janeiro, 1988: v.25, p.63-85.

Revista Isto é, de 30.06.2008, nº 2021, Ano 31, p. 50.

SCHILLING, Flávia. Corrupção, crime organizado e democracia. *Revista Brasileira de Ciências Criminais*, São Paulo, v. 13, 2000.

_____. A luta contra a corrupção e a construção da democracia perspectivas de análise. Revista do Ilanud, São Paulo, 1999.

SOUSA SANTOS, Boaventura; MARQUES, Maria Manuel; PEDROSO, João. *Os Tribunais nas Sociedades Contemporâneas*. In *RBCS* n.30 ano 11 fev., 1996b

ZALUAR, A., 1984. *A Máquina e a Revolta*. São Paulo. Brasiliense.

site: www.editoraferreira.com.br 1 Prof. Márcio Vasconcelos.

Revista Isto é, de 30.06.2008, nº 2021, Ano 31, p. 50.

Jornal O GLOBO (RJ), 13.04.2008

Revista Jurídica Consulex, Ano XII, nº 279, 31.08.2008

Revista Jurídica Consulex, Ano XII, nº 280, 15.09.2008

AS ILICITUDES CONTRA A ORDEM TRIBUTÁRIA E SUAS CONSEQUÊNCIAS

José James Gomes Pereira

Os chamados ilícitos fiscais e as respectivas normas repressivas vêm despertando os interesses de diversos autores de direito tributário para seu estudo. Muitos deles se ocuparam do tema, tendo surgido diversas teorias a respeito. Os tipos penais dos delitos tributários são autênticas normas penais em branco, que dependem da complementação normativa do Direito Tributário, por exemplo, para definição do tributo ou da contribuição social, do momento de nascimento da obrigação tributária, determinação das hipóteses de inexigibilidade, de isenção e imunidade. O Direito Tributário contém, pois, elementos essenciais à adequação típica da conduta.

Quando a Lei n.4.729/65 foi promulgada, o País estava assolado pela turbulência constitucional que desaguou na Revolução de 1964, quando o poder militar assumiu o controle do poder constitucional e executivo e passou a reformular a sua estrutura jurídica, econômica e social. No contexto que se seguiu à tomada do poder, surgiu a Emenda Constitucional n.18, de 1º de dezembro de 1965, que disciplinou o sistema tributário nacional.

Atacou-se a resistência que poderia ser esboçada pelo poder econômico, que exerce a influência aberta para beneficiar os grupos dominantes, através da criminalização de fatos que caracterizavam a sonegação de tributos e da produção de bens necessários para a subsistência da população. Tinha-se em vista auferir arrecadação financeira que suportaria os gastos com as reformas sociais que justificavam a tomada do poder mediante a quebra da ordem constitucional do País, alcançando o seu desenvolvimento e a elevação do nível da vida da população através do aumento da produção.

Como os meios de arrecadação eram precários e a legislação existente refratária às mudanças bruscas e repentinas, por força de um Poder Legislativo conservador e minado por representantes do poder econômico, que impedia que surgissem leis que viessem de alguma forma diminuir seus ganhos, entendeu-se que a criminalização de fatos econômicos poderia influir no espírito da população que tinha respeito pelas leis.

Esta lei, reclamo de necessidades administrativas, tinha como finalidade a solução do problema econômico e financeiro do país enquanto Poder Público, com obrigação de promover o bem público, em momento de turbulência institucional. Surgiu junto com um programa de reformas, e, no ano seguinte, fruto daquela emenda que alterou o sistema tributário nacional, promulgou-se um novo Código Tributário e, no outro ano, uma nova Constituição, consagrando-se as mudanças constitucionais impostas pelo grande número de emendas que foram surgindo e inseridas no ordenamento jurídico brasileiro.

Reconhece-se que no momento em que foram editados tais diplomas legais o país reclamava por leis rígidas, pois, havia notório desajuste financeiro e econômico, que tinha ressonância na situação de insegurança mundial marcante na época, que perturbava a nação. Esta assistia a especulações praticadas por aventureiros do mercado paralelo a emitirem títulos sem aval ou garantia de instituições financeiras, com a fuga de obrigações fiscais por parte dos contribuintes e fraudes nas incorporações imobiliárias.

Este artigo tem como objetivo analisar os crimes contra a ordem tributária no Brasil. O estudo se justifica e se faz relevante, pois em nosso país existe natural tendência ao afrouxamento dos laços do nacionalismo, surgindo o desamor e o desinteresse pela coisa pública, que tem atravancado nossa evolução e modernização pelo desvio das rendas públicas que o Estado deveria legitimamente auferir de forma natural e espontânea.

Está agregado no espírito do povo que o governo não merece arrecadar porque aplica mal. Por outro lado, as leis que regulamentam os crimes contra a ordem tributária são pouco claras, permitindo discussões intermináveis no âmbito do Judiciário, onde, sendo natural a sua morosidade, permite sempre que o devedor aufira vantagem pela utilização dos valores sonegados em atividade lucrativa.

Pretende-se analisar os tipos de crimes cometidos contra a ordem tributária bem como as leis que foram promulgadas para punir os sonegadores.

1. As obrigações tributárias

A norma jurídica contém uma descrição abstrata de um fato ou conjunto de fatos, sobre os quais faz recair certa valoração jurídica, considerando determinado tempo e lugar. Uma vez ocorrido o fato ou conjunto de fatos, descritos pela norma, essa passa incidir e gerar efeitos jurídicos. Ferreira (2001, p. 42), evocando os ensinamentos do tributarista espanhol Pérez de Ayala sobre os momentos necessários para o surgimento da obrigação tributária, assevera:

> A definição por uma lei de certos pressupostos de fato, a cuja hipotética e possível realização a lei atribua determinados efeitos jurídicos (obrigação de pagar o tributo), convertendo-os assim, numa classe de fatos jurídicos (fato imponível). A realização desse fato jurídico, o fato imponível, que origina a obrigação de pagar tributo.

Alfredo Augusto Becker (1998, p. 305), assim se refere ao fenômeno da incidência tributária:

> Toda a vez que acontecerem os fatos que realizam a hipótese de incidência da regra jurídica de tributação (que prescreve o pagamento do tributo) esta incide sobre a hipótese de incidência realizada e o efeito desta incidência consiste na irradiação da relação jurídica tributária, porque a regra jurídica de tributação está estruturada como regra juridicizante. A obrigação tributária surge como conteúdo jurídico desta relação jurídica e será satisfeita mediante a prestação jurídica. O objeto desta prestação é o tributo. Na doutrina do Direito Tributário, costuma-se dizer "caso de incidência" para designar que o acontecimento de tal ou tais fatos realiza a hipótese de incidência da regra jurídica de tributação.

A descrição abstrata dos fatos jurídicos constitui a chamada hipótese de incidência ou fato gerador *in abstracto* ou, ainda, suporte fático da norma; enquanto a realização concreta dos fatos contidos na respectiva hipótese de incidência, forma o fato imponível ou fato gerador in concreto. A obrigação tributária, a seu turno, surge da realização concreta da hipótese de incidência, com a ocorrência do fato gerador ou imponível. Segundo Ferreira (2001, p.43): "Obrigação tributária é o vínculo jurídico em virtude do qual o Estado (sujeito ativo) pode exigir de um particular (sujeito passivo) uma prestação pecuniária (objeto), nas condições previstas em lei (causa)". Trata-se de obrigação pecuniária *ex lege*, cujo nascimento independe da vontade do sujeito passivo.

A obrigação tributária confere ao Estado o poder-dever de cobrar o tributo, pois, com a ocorrência do fato imponível, passa a ser titular de certo valor em poder do sujeito passivo.

De acordo com Ferreira (*op. cit*, p.43):

> A relação jurídica tributária é complexa, pois abrange um conjunto de direitos e deveres do Fisco e do contribuinte. A Fazenda Pública tem o direito de exigir do contribuinte o pagamento do tributo e a prática de atos necessários à sua fiscalização e determinação; mas tem o dever de proteger a confiança nela depositada pelo contribuinte. O sujeito passivo, por seu turno, tem o dever de pagar tributo e de cumprir os encargos formais necessários à apuração do débito; mas tem o direito ao tratamento igualitário por parte da Administração e ao sigilo com relação aos atos praticados.

Por conseguinte, o sujeito passivo somente libera-se da obrigação tributária com o efetivo recolhimento do tributo aos cofres públicos, por meio do adimplemento da respectiva prestação. O art. 113 do Código Tributário Nacional divide a obrigação tributária em principal e acessória, conceituando-as em seus §§ 1º e 2º.

Carvalho (1998, p.184) considera que:

> O legislador do Código chama de obrigação principal ao vínculo abstrato que une sujeito ativo ao sujeito passivo, tendo como objeto uma presta-

ção pecuniária. É a relação jurídica, de cunho patrimonial, estabelecida no consequente da regra-matriz de incidência. As demais relações destituídas desse caráter são designadas por obrigações acessórias.

A obrigação principal é a que interessa ao estudo do delito tributário e, segundo dispõe o art. 113, § 2º, *surge com a ocorrência do fato gerador, tem por objeto o pagamento de tributo ou penalidade pecuniária e extingue-se juntamente com o crédito dela decorrente*. O Código Tributário Nacional distinguiu a obrigação do crédito, situando-os em momentos distintos na relação tributária (arts 113 e 139). Machado (2002, p.108) ensina que a obrigação é um primeiro momento na relação tributária e que nesta fase:

> [...] seu conteúdo ainda não é determinado e o seu sujeito passivo ainda não está formalmente identificado. Por isto mesmo a prestação respectiva ainda não é exigível. Já o crédito tributário é um segundo momento na relação de tributação. No dizer do CTN, ele decorre da obrigação principal e tem a mesma natureza desta (art. 139). Surge com o lançamento, que confere à relação tributária liquidez e certeza.

Antes do lançamento, que constitui o crédito tributário, a obrigação não é exigível por falta do sujeito passivo e de liquidez. Assim, o lançamento tributário, definido no art. 142 do Código Tributário Nacional, é ato declaratório da obrigação e constitutivo do crédito tributário.

2. Fraude, elisão, evasão e sonegação

A vida em sociedade exige do sujeito o respeito ao sistema em vigor. Quem contraria o direito, agindo em desconformidade com ele, tem conduta divergente e pratica um ato ilícito. Para caracterizar um ilícito deve a norma jurídica conter elementos e estar provida de uma sanção. Deve ter ela, em primeiro lugar, uma descrição baseada em pressuposto fático; em segundo, um comando, ou seja, determinar o modo de agir do sujeito quando se concretiza aquela hipótese de fato; finalmente, a sanção, que é a possibilidade de penalizar-se pelo descumprimento do comando.

Em direito é livre a conduta humana. Não há impedimento algum de se infringir a norma. Mas, violada, é o próprio direito quem irá reagir, impondo ao infrator a sanção. Para explicar o fenômeno ilícito, Von Liszt *apud* Betti (2000, p.31) estudou e concluiu fazendo um destaque do conceito da "antijuridicidade", ao qual deu ideia de relação entre o fato e o direito e o choque, que denomina tecnicamente "contraste".

1. Já Kelsen *apud* Betti (*Ib*, p.32) entendeu ser o ilícito um dos elementos da relação jurídica, ou uma condição que fica ligada à sanção. O

ilícito, portanto é condição que se liga à pena pelo descumprimento da norma. Tomando-se por base a natureza da norma vigente podemos caracterizar também a natureza do ilícito. É ilícito penal o que viola a norma penal; é ilícito administrativo o que viola a norma administrativa, e por via de consequência, é ilícito fiscal o que viola a norma fiscal ou tributária. Esta constitui, de forma geral, uma violação ao ordenamento jurídico como um todo. Mas viola o direito subjetivo da Fazenda Pública, atingindo o crédito tributário que lhe pertence. O bem interesse protegido é o Crédito tributário. Segundo Maia (1996, p.71), há diferentes reações contra esse ilícito:

> a) impondo ao infrator a obrigação de ressarcir o dano, aplicando multa moratória de natureza civil;
> b) condenando a uma sanção repressiva, como multa de natureza fiscal proporcional ao valor da tributo;
> c) condenando o agente com sanção grave, que é a privação da sua liberdade, de natureza penal ou criminal.

3. A fraude fiscal

A fraude fiscal está presente quando ocorre a realização de um ou diversos atos que dão origem a um resultado contrário à norma jurídica. De acordo com Maia (*Ib*, p.72), na fraude ocorre a presença de: *a) aparência legal; b) conveniências particulares dos envolvidos; c) utilização de normas jurídicas com finalidades distintas das que efetivamente possuem; d) violação do ordenamento jurídico.*

A falta de pagamento de um tributo pode ter origem em simples omissão, mas pode estar carregada de dolo. A fraude está situada na vontade consciente e desejada de lesar o fisco, causando-lhe prejuízo. As fraudes admitem um elenco muito grande, dependendo da imaginação do agente. Segundo Prado (1997, p. 83), podem ser catalogadas as fraudes:

> a) técnicas – elevação de tarifas, abuso de progressividade excessiva, acréscimo de número de impostos, legislação confusa etc;
> b) psicológicas – falta de consciência fiscal, política ele;
> c) morais – má formação do contribuinte;
> d) sociais – meio social.

O conceito de fraude fiscal é dado como toda ação ou omissão destinada a evitar, a reduzir ou a retardar a obrigação fiscal. Sua finalidade pode ser tanto a de evitar ou retardar o pagamento de um tributo como a de pagar um tributo em valor menor que o devido. Citado com frequência como conceito de fraude é o da Lei n. 4.502, de 30 de novembro de 1964, que dispõe:

> [...] é toda ação ou omissão dolosa tendente a impedir ou retardar, total ou parcialmente, a ocorrência do fato gerador da obrigação tributária

> principal, ou a excluir ou modificar as suas características essenciais, de modo a reduzir o montante do imposto devido, ou a evitar ou diferir o seu pagamento (art. 72).

Quem vende bens por determinado preço, mas emite documento fiscal constando preço menor, pratica a atividade ilícita denominada subfaturamento. Quem, tendo obrigação de identificar o fato gerador de obrigação, o faz, mas, com dolo, aplica no calculo alíquota menor, pratica ilícito. A distribuição disfarçada de lucros, a omissão de rendimentos e inúmeras outras situações constituem ilícitos. No ilícito fiscal deve estar presente a intenção de fraudar o fisco, causando-lhe um dano e induzindo a erro a autoridade fazendária.

O que caracteriza a fraude fiscal é justamente o comportamento intencional do agente, que tem como finalidade causar dano à Fazenda, e a ação ou omissão por ele desenvolvida viola a lei e lhe permite omitir o pagamento do tributo. São exemplos, a omissão na escrita de lançamentos obrigatórios, a duplicidade de escritas fiscais e contábeis, a criação de firmas destinadas ao fornecimento de notas fiscais denominadas "frias", a falsificação de guias de recolhimento, o desvio de mercadorias de fábricas, que saem do estabelecimento produtor sem o documento fiscal a acompanhá-las, as simulações de operações financeiras, como, por exemplo, empréstimos, para caracterizar o lucro que gera a obrigação do pagamento de imposto sobre a renda.

A fraude não pode ser confundida com outro instituto de Direito Tributário, denominado elisão fiscal. Este – elisão fiscal – é lícito e permitido.

4. Elisão fiscal

Ocorre a elisão fiscal quando o agente ou o sujeito passivo da obrigação tributária age escolhendo, dentre as possíveis, uma opção permitida pela lei. Esta sua ação desenvolve-se dentro do permitido pela ordem jurídica, tendo como objetivo final o pagamento reduzido de impostos ou tributos. O contribuinte tem o direito de estruturar seus negócios ou atividades da maneira que melhor entender conveniente para atingir os objetivos a que se propôs. Essa estruturação tem o escopo de diminuir os custos do empreendimento, entre eles, a redução da carga tributária, visando o pagamento dos impostos em quantia menor. Se a forma utilizada é jurídica e legítima, a Fazenda Pública deve respeitá-la.

Com essa conduta, alcança o que se denomina, segundo Becker (*op. cit.*, p.94) "economia do tributo", que tem sido enfocada como "evasão legal" do tributo ou "evasão lícita do tributo". O direito de evitar impostos é ligado à liberdade. Torna-se lícito. Mas, para estar caracterizada a elisão fiscal, deve-se partir sempre da intenção do agente.

Segundo Carrazza (2004, p.105):

> O resultado de evitar o tributo ou alcançar a sua economia, utilizando o sistema de "evitar", "retardar" ou "reduzir" o pagamento, deve ser confrontado com o desembolso patrimonial, caso se concretize o fato gerador da obrigação e a economia obtida pela pessoa para evitar a concretização do fato ou, em ocorrendo a sua concretização, a forma utilizada para tomar menos onerosa a obrigação e o desembolso.

A elisão é o retardamento, redução ou descaracterização do fato gerador que dá origem ao pagamento de um tributo, sem, contudo violar a lei. Ocorrendo violação da lei, surgirá uma situação de "fraude fiscal". São formas de atingir tal resultado *o tempo, mediante o retardamento do pagamento; o espaço, quando o sujeito passivo evita a incidência dentro de determinado território; o objeto, quando se obtém a redução do pagamento* (CARVALHO, 1998, p.116).

Soares de Melo (1997, p.127) distingue a "elisão" da "fraude" tomando como ponto de partida os atos praticados pelo contribuinte:

> Se este age antes da ocorrência do fato gerador, a obrigação não surgiu e o direito do fisco ainda estava em fase de abstração, sendo mera expectativa. Neste caso, o fisco nada poderá objetar quanto à manobra utilizada para descaracterizar-se o fato gerador ou de modo que ocorra na forma, medida ou tempo que lhe sejam (ao sujeito passivo da obrigação tributável) mais favoráveis.

Contudo, se agiu depois de ter ocorrido o fato gerador da obrigação, encontra-se presente de forma específica a fraude. A partir de então, qualquer atividade, ainda que por meios lícitos, que vise modificar ou ocultar a situação concretizada, toma-se ilícita, com infração à lei e, portanto sujeito o infrator a uma sanção.

No primeiro caso é legítima, válida, não tendo sido violado qualquer dispositivo legal. No segundo, a lei foi violada, e está sujeito a sanção, pois presente a intenção de prejudicar a Fazenda com o não pagamento de tributos. Segundo Carrazza (*op. cit.*, p.107), *a elisão fiscal legítima tem a denominação de 'atomização', expressão econômica que indica os meios utilizados para diminuir os custos operacionais.*

Betti (*op. cit*, p.35) deixou preciso ensinamento sobre o tema "interpretação das leis e fatos econômicos". Lembra que:

> [...] o contribuinte pode adotar lima forma jurídica completamente anormal ou atípica, embora não proibida pelo direito privado, com o único objetivo de, através da manipulação da intento juris, obter o não-pagamento, o menor pagamento ou o pagamento diferido no tempo de um tributo.

Neste caso, adotou uma forma economicamente inadequada, com o único objetivo de provocar a evasão do tributo.

5. Evasão fiscal

A única diferença entre o *in fraudem legis agere* de direito comum e a sua modalidade especial de Direito Tributário, a evasão, reside no meio empregado para reprimir esta última, que, em Direito Tributário, ocorre através do método da chamada interpretação econômica. Convém entender que nem toda vantagem fiscal alcançada pelo contribuinte constitui uma evasão. Para tanto é indispensável que haja uma distorção da forma jurídica, uma atipicidade ou anormalidade desta última em confronto com a relação econômica que através dela se exterioriza.

De outro modo, "evasão" não há. Pode ocorrer que o contribuinte disponha seus negócios de modo a pagar menos tributos. Nada o impede desde que não ocorra aquela manipulação do fato gerador no que toca ao seu revestimento jurídico.

A doutrina reconhece como válido e perfeitamente legítimo aquilo que se denomina economia fiscal. Não basta qualquer vantagem fiscal, cuja concretização é possível e lícita, no caso de economia fiscal: é indispensável que a atipicidade ou anormalidade da forma utilizada só se explique pela intenção de evadir o tributo. Exemplo tirado da legislação alemã permite entender com facilidade a distinção. Segundo Carrazza (*op. cit*, p.110), *naquele país a lei não permitia isenção do pagamento de tributo pela venda de mercadorias, se feita a venda a vista ou a prazo. Contudo, a renda gerada, se caracterizasse empréstimo, estaria isenta do tributo.*

Os comerciantes que vendessem a prazo pretendiam que, pelo fato de se tornarem credor do comprador, seria este um empréstimo e, portanto isento de tributação pela ausência de fato gerador da obrigação. Recorrendo-se aos princípios do direito comum fica claramente entendido que venda com pagamento mediante parcelas ou com prazo jamais pode ser confundida com o instituto jurídico do empréstimo. Assim, presente aquela distorção ou atipicidade ou anormalidade da forma cuja intenção só se explica pela tentativa de se evadir o tributo. Neste caso ocorre a evasão fiscal, que é ilícita e está sujeita a sanção.

6. As ilicitudes contra a ordem tributária

Após a superação da concepção inicial do tipo formulada por Beling, em 1906, de mera significação formal por conter apenas elementos descritivos, passou-se a atribuir ao tipo um sentido material de conteúdo valorativo. De acordo com lição de Ferreira (*op. cit*, p.49), a concepção material:

> [...] vê no tipo uma dupla ordem de valoração. A primeira consiste no juízo de desvalor ético-social que está na origem da própria elaboração do tipo. A segunda está na carga valorativa contida no tipo, que permite a este último desempenhar importante função seletiva sobre as mais variadas formas de comportamento humano, com isso estabelecendo a grande linha divisória entre o que é permitido e o que não o é, na esfera do direito penal. O legislador seleciona os tipos, transformando-os, com a edição das leis penais, em tipos legais de crime; estes últimos selecionam as condutas humanas, transformando-as em fatos típicos penais e em fatos atípicos penais.

E, mais adiante, conclui:

> Na construção originária de Beling (1906), o tipo tinha uma significação puramente formal, meramente seletiva, não implicando, ainda, um juízo, de valor sobre o comportamento que apresentasse suas características. Modernamente, porém, procura-se atribuir ao tipo, além desse sentido formal, um sentido material. Assim, a conduta, para ser crime, precisa ser típica, precisa ajustar-se formalmente a um tipo legal de delito (nullum crimen sine Iege). Não obstante, não se pode falar ainda em tipicidade, sem que a conduta seja, a um só tempo, materialmente lesiva a bens jurídicos, ou ética e socialmente reprovável.

O tipo penal, além de elementos predominantemente descritivos, contém elementos subjetivos e, em alguns casos, pode encerrar elementos normativos. Assim, os elementos subjetivos estão ligados ao ânimo do agente, como o dolo e especiais motivos, tendências e intenções; enquanto os normativos consistem em termos ou expressões, cujos sentidos devem ser completados por um juízo de valor, preexistente em outras normas jurídicas ou sociais.

A ilicitude é a expressão utilizada hodiernamente em substituição ao consagrado termo antijuridicidade. Representa uma relação de contrariedade ou antagonismo entre a conduta típica e a totalidade do ordenamento jurídico. Por tal razão, o ilícito penal é também um ilícito civil, necessariamente. A tipicidade é a relação de adequação ou subsunção de uma conduta ao tipo penal. A ilicitude penal é uma ilicitude típica, valendo tecer algumas considerações acerca da relação existente entre a tipicidade e a ilicitude.

Nos crimes contra a ordem tributária, preferiu o legislador uma fórmula casuística na cunhagem dos tipos penais, em muitos dispositivos descurando-se da boa técnica legislativa. A pretensão de ser minucioso e abarcar todas as condutas potencialmente lesivas à ordem tributária quase sempre redunda em enorme frustração, dada à rapidez e enorme criatividade com que operam os autores destes crimes. Neste sentido, vale transcrever a arguta observação de Ferreira (*Ib*, p.52):

> É sabido que o legislador, por mais atento que possa ser, não tem condições de pormenorizar todas as condutas humanas ensejadoras de composição típica. A realidade é muito mais fértil e fantasiosa do que sua capacidade de apreensão. Uma descrição fática, ainda que extremamente rica em minúcias, corre o risco de ser sempre insuficiente para abarcar todo o espectro de ações do ser humano, que, a todo momento, se mostra surpreendente e problemático. O máximo de concreção descritiva não impediria o surgimento de incontáveis procedimentos, merecedores de punição, que permaneceriam, contudo, em face da proibição da interpretação analógica, à margem do tipo. Daí procurar o legislador a montagem de estruturas típicas mais flexíveis, dotando-as de uma linguagem menos casuística, de forma a tutelar, com melhor eficiência, os bens, os valores e os interesses que embasam a sociedade.

A Lei 8.137, de 27 de dezembro de 1990, segundo sua ementa: *Define crimes contra a ordem tributária, econômica e contra as relações de consumo, e dá outras providências*. Nos dispositivos que versam sobre os crimes contra a ordem tributária, a Lei 8.137/90 derrogou a Lei 4.729/65,9 que tratava e definia os crimes de sonegação fiscal, basicamente mantendo a mesma técnica legislativa da lei revogada.

> Na nova lei o objetivo e a técnica legislativa não mudaram. Não obstante a criação de novos preceitos primários, com a previsão de outras figuras típicas, todas elas, inclusive as anteriores que foram reproduzidas, assemelham-se à concussão, à corrupção passiva, ao falso, à apropriação indébita ou ao estelionato (STOCO *apud* FERREIRA, 2001, p.53).

Neste momento, cumpre indagar se os tipos previstos nos arts. 1o e 2o da Lei 8.137/90 constituem crimes de mera atividade ou de resultado. Para responder a esta indagação, mister se faz tecer algumas considerações acerca da distinção entre crime formal e material, enunciando o entendimento de alguns doutrinadores.

A distinção entre crimes formais e materiais funda-se no resultado. Para Carraza *apud* Ferreira (*Ib*, p.53) *os crimes formais consumam-se com a simples ação do homem, que constitui, por si só, violação à norma; os materiais para sua consumação, necessitam da ocorrência de um certo resultado.*

Von Liszt *apud* Machado (2002), por sua vez, rejeita a proposição dos penalistas de que o importante, no entanto, é poder falar-se de delitos formais ou de mera atividade no sentido de que careçam de resultado, em contraposição ao outro grupo – dos delitos materiais, asseverando que todo delito tem resultado, no que foi secundado por Battaglini.

Parte dos autores italianos, com apoio na doutrina alemã, atualmente rejeita a distinção entre crimes formais e crimes materiais, para tecer severas críticas a essa terminologia, porquanto, constitui impropriedade falar-se em delitos formais e delitos materiais, pois é indubitável que, em ambos os casos, se trata de ataques materiais contra interesses juridicamente protegidos, preferindo as denominações delitos de simples atividade e delitos de resultado.

Carraza (2004) vai mais além, ao diferençar os delitos formais dos delitos de mera conduta, acusando aqueles que os tratam como sinônimos de estarem sempre dispostos a repetir quanto se escreve por juristas alemães, ressaltando que a doutrina italiana sempre os enxergou como categorias distintas. Admite, contudo, que a existência dos delitos de mera conduta é controvertida, recordando que o ordenamento jurídico penal pode levar em consideração a conduta por si só, prescindindo dos efeitos naturais, o que resulta do ponto de vista da estrutura dos delitos, na distinção em delitos de mera conduta ou sem resultado e delitos com resultado, para adiante concluir que os delitos de mera conduta podem existir sem resultado, enquanto os formais não exigem que o resultado se produza.

Tavares (2000) diferencia os delitos de resultado e de mera atividade, ressaltando que a questão da classificação não é importante pela classificação em si, mas por seus efeitos, reconhecendo sua relevância sob dois argumentos:

> Primeiro, a distinção possibilita uma aproximação de certeza para a fixação do momento exato da consumação do delito. Como, diferentemente de outros países, nossa legislação penal atende neste particular o princípio da proporcionalidade, punindo com menor rigor o delito tentado, a identificação de um delito como de mera atividade ou de resultado, é absolutamente relevante em termos de garantia. Segundo, ainda que a teoria da imputação objetiva tenha excluído, em muitos casos, o resultado e apenas se dedique à ação pela qual se fixam parâmetros de incremento ou aumento do risco, quando se trate de diminuição do risco o ponto de orientação não é a ação, mas o resultado e nem poderia ser de outro modo, porque neste aspecto é também relevante o papel desempenhado pelos fins protetivos da norma, os quais devem necessariamente referir-se ao resultado e não apenas à ação (TAVARES, 2000, p.193).

Conceitua os delitos de resultado como aqueles nos quais se pode separar nitidamente, no plano natural de espaço e tempo, entre a ação e o seu efeito, bem como afirma que o efeito ou resultado naturalístico tanto pode ser representado por uma lesão ao objeto da ação quanto por situação de perigo; enquanto os delitos de mera atividade não possibilitam a separação espaço-temporal entre a ação e o resultado, porque este se esgota naquela.

Assim, é possível afirmar, com espeque na melhor doutrina, que no delito de mera atividade ou de mera conduta o comportamento exaure o conteúdo do tipo: a simples realização da conduta consuma o delito; no delito de resultado ou material o tipo prevê um resultado ligado à conduta pelo nexo causal.

Após a exposição das premissas indispensáveis, passemos aos crimes definidos nos arts. 1º e 2º da Lei 8.137/90.

O art. 1º, caput, dispõe: *Art. 1º. Constitui crime contra a ordem tributária suprimir ou reduzir tributo, ou contribuição social e qualquer acessório, mediante as seguintes condutas: [...].*

Em uma primeira abordagem, que será aprofundada na análise de cada tipo, é possível afirmar, com exceção dos crimes previstos no inciso IV, que o artigo enuncia autênticos crimes de dano, a exigirem a lesão efetiva do bem jurídico, mediante a descrição de condutas relacionadas à ocorrência do fato gerador ou imponível do tributo ou da contribuição social, por ocasião do nascimento da obrigação tributária, na fase de formação do crédito tributário.

Neste sentido, conforme já exposto, somente haverá supressão ou redução do tributo ou contribuição social após a ocorrência do fato gerador ou imponível previsto na legislação tributária, sendo possível afirmar que não haverá crime contra a ordem tributária senão após a ocorrência do fato gerador; isso porque cada um dos tipos legais deve resultar em supressão ou redução de tributo ou contribuição social, elementos típicos que constam do caput, como consequência necessária das figuras delituosas previstas nos tipos penais contra a ordem tributária, tratadas no art. 1º.

Em tais crimes, pretende o sujeito ativo fraudar ou sonegar, ocultando a ocorrência do fato gerador, visando à supressão ou redução de tributo ou contribuição social devido, mediante a realização voluntária das condutas descritas nos tipos penais.

De tal sorte, os delitos previstos no art. 1º, incisos I, II e III, da Lei 8.137/90, são materiais ou de resultado, por requererem a supressão ou redução de tributo, contribuição social e qualquer acessório, resultado previsto no caput do art. 1º.

Os crimes previstos no inciso IV, por sua vez, constituem crimes de perigo, consoante exposto infra; enquanto o tipo contido no inciso V encerra crimes de mera conduta.

O parágrafo único exige um tratamento diferenciado, porquanto a péssima técnica legislativa fez constar do art. 1º conduta não relacionada diretamente com a supressão ou redução de tributo, contribuição social ou qualquer acessório, mas com o descumprimento de ordem promanada da autoridade fiscal competente, em figura assemelhada ao crime de desobediência contido no art. 330 do Código Penal.

O art. 2º, caput, da Lei 8.137/90, por sua vez, reza: *Art. 2º. Constitui crime da mesma natureza [...].*

Os crimes descritos no art. 2º da mesma lei, com exceção dos incisos IV e V, porém, ligam-se ao fenômeno da constituição do crédito tributário, por ocasião do lançamento tributário, fase posterior ao nascimento da obrigação tributária, configurando delitos de mera conduta ou de atividade.

No mesmo sentido da distinção ora exposta, eis um trecho do Voto do Ministro Vicente Cernicchiaro, proferido no RHC 5.123-SP:

> No artigo 1º são arroladas as condutas que visam a "suprimir" ou "reduzir" tributo, contribuição social e qualquer acessório.
> No artigo 2º, inciso I, há preocupação com a fraude tendente a "eximir-se" total ou parcialmente, de pagamento de tributo, no sentido de evitar o recolhimento, ou fazê-lo a menor.

7. O art. 1º da Lei 8.137/90

Dispõe o art. 1º da Lei 8.137/90: *Art. 1º. Constitui crime contra a ordem tributária suprimir ou reduzir tributo, ou contribuição social e qualquer acessório, mediante as seguintes condutas: [...].*

O art. 1º da Lei 8.137/90 prevê cinco tipos penais de núcleos variados, que constituem crimes contra a ordem tributária. Optou o legislador por estabelecer no caput do referido artigo, uma definição genérica do crime contra a ordem tributária, para então especificar, nos respectivos incisos, as condutas que implicam lesão ou perigo de lesão ao bem jurídico penalmente tutelado. Somente haverá crime contra a ordem tributária se o agente realizar qualquer das condutas descritas em cada um dos incisos seguintes, e desde que tenha em vista a supressão ou a redução de tributo, contribuição social ou qualquer acessório.

A Constituição da República, em seu art. 145, e o Código Tributário Nacional, no art. 5º, consagram a divisão tripartite do tributo, mediante a enumeração das seguintes espécies tributárias: impostos, taxas e contribuições de melhoria. No entanto, o empréstimo compulsório e as contribuições especiais, previstas nos arts. 148 e 149 da Constituição da República, também se revestem de natureza tributária.

O Ministro Moreira Alves, em voto condutor proferido no RE 146.733-9-SP, optou pela adoção da classificação quinquipartida dos tributos, enunciada no parágrafo anterior, com inclusão do empréstimo compulsório e das contribuições especiais. Assim, é possível afirmar que nosso direito positivo consagra as seguintes espécies tributárias:

> a) impostos; b) taxas; c) contribuições: c.1) de melhoria; c.2) sociais: c.2.1.1) de seguridade social (CF, art. 195, I, II, III), c.2.1.2) outras de seguridade social (CF, art. 195, § 42), c.2.1.3) sociais gerais (o FGTS, o salário-educação: CF, art. 212, § 52; contribuições para o SESI, SENAI, SENAC: CF, art. 240); c.3) especiais: c.3.1) de intervenção no domínio econômico (CF, art. 149), c.3.2) corporativas (CF, art. 149); d) empréstimos compulsórios (CF, art. 148) (PAULSEN, 1998, p.21).

A contribuição social referida no caput do art. 1ºda Lei 8.137/90, portanto, constitui espécie tributária, mas preferiu o legislador penal tratá-la de forma explícita e como se fosse um ente autônomo em relação aos tributos, talvez ainda impregnado pela classificação tripartite. Os crimes de sonegação de contribuições previdenciárias destinadas ao custeio da Seguridade Social, previstas no art. 195 da Constituição da República -, não sofrem a incidência da Lei 8.137/90, estando, pois, definidos na Lei 9.983, de 14 de julho de 2000.

O art. 1º, caput, da Lei 8.137/90, considera crime a prática de qualquer das condutas descritas nos cinco incisos seguintes com o fim de suprimir ou de reduzir tributo, contribuição social e qualquer acessório. Os cinco incisos encerram figuras típicas relacionadas à ocultação fraudulenta do fato gerador ou imponível, capazes de causar a supressão ou redução de tributo ou contribuição social, consubstanciando, portanto, crimes materiais ou de resultado. Todos os tipos contidos nos incisos do art. 1º são dolosos.

O dolo é a *vontade consciente de realizar um crime, ou mais tecnicamente, vontade de realizar o tipo objetivo de um crime. Assim, o dolo é composto de consciência e de vontade* (FERREIRA, 2001, p.60).

Em outras palavras, o atuar doloso é sempre um atuar típico, voluntário e consciente, porquanto no:

> [...] doloso a vontade aparece sempre relacionada com os elementos do tipo objetivo, pois agir dolosamente é, em suma, querer ou ao menos assumir o risco de realizar no plano fático os elementos descritos no tipo objetivo. Daí o conhecimento de cada um dos elementos do tipo objetivo ser essencial à noção de dolo; para que haja a vontade suficiente para compor o dolo, e mesmo assunção voluntária do risco de produzir o resultado, faz-se necessário o conhecimento atual, ou seja, presente no momento do atuar, dos elementos objetivos do tipo (*ib*, p.61).

Nos crimes sob estudo, o sujeito ativo é principalmente o contribuinte, sujeito passivo da obrigação tributária principal (CTN, art. 121). De acordo com Rosa Jr. (1999, p.483):

> Contribuinte é a pessoa, física ou jurídica, que tenha relação, de natureza econômica, pessoal e direta, com a situação que constitua o respectivo fato gerador (CTN, art. 121, parágrafo único, I). Assim, o contribuinte é sujeito passivo direto, sua responsabilidade é originária, e existe uma relação de identidade entre a pessoa que, nos termos da lei, deve pagar o tributo e a que participou diretamente do fato gerador, dele se beneficiando economicamente. Daí ter natureza econômica a relação entre o contribuinte e a situação que caracteriza o fato gerador porque o CTN adotou o critério econômico: cobrar de quem auferiu vantagem econômica da ocorrência do fato gerador, desprezando os critérios territorial e de cidadania. Não se esqueça que o fato gerador é um fato econômico com relevo no mundo jurídico e serve de índice, de medida, da capacidade contributiva do cidadão.

Não só o contribuinte pode ser sujeito ativo dos crimes contra a ordem tributária, mas também o substituto e o responsável6 tributários (CTN, art. 121, parágrafo único, II, e art. 128 e seguintes); o terceiro responsável (CTN, art. 134), cuja responsabilidade pressupõe: a impossibilidade de cumprimento da obrigação pelo contribuinte e a participação de terceiro no ato que configure o fato gerador do tributo, ou tenha relação com sua indevida omissão; e o terceiro estranho à relação tributária.

O terceiro estranho à relação jurídica tributária, nas hipóteses infra comentadas, previstas no inciso IV, é o sujeito ativo; nas demais, pode praticar os crimes em concurso de agentes, tanto como coautor quanto partícipe. O sujeito passivo de crime é o titular do bem jurídico tutelado. Como já assentado, os crimes tributários visam, precipuamente, à tutela da ordem tributária e, secundariamente, ao interesse do Estado, na arrecadação de tributos e contribuições sociais. Trata-se de modalidade de delito vago que, por sua própria natureza, estende seu efeito lesivo por toda a sociedade.

Desta forma, impende reconhecer como sujeitos passivos dos crimes praticados contra a ordem tributária, a sociedade, o Estado – Fazendas Públicas da União, dos Estados-Membros e dos Municípios – e o particular. O inciso I, do art. 1º, assemelha-se ao insculpido no art. 299 do Código Penal, que dispõe sobre a falsidade ideológica.

A falsidade ideológica difere da falsidade material, porquanto o falsum incide sobre o conteúdo do documento, *sobre as declarações que o objeto material deveria possuir, sobre o conteúdo das ideias* (JESUS, 2004, p.718). Tal dispositivo tutela a ordem jurídica tributária (objeto jurídico mediato), especialmente no concernente à veracidade das informações prestadas às autoridades fazendárias (objeto jurídico imediato). O autor do crime não é apenas o contribuinte, mas também o substituto tributário, obrigado por lei a reter e recolher tributo. O concurso de agentes, como já delineado, é possível tanto na modalidade de coautoria quanto na forma de participação. O tipo objetivo do inciso ora sob comento, prevê duas modalidades de falsidade ideológica: a) omitir informação: conduta omissiva; b) prestar declaração falsa: conduta comissiva.

Na forma omissiva, o autor, violando um dever jurídico imposto pela lei tributária, silencia, não menciona informação que por lei devia prestar. Na comissiva, ao contrário, o agente presta informação, mas faz declaração falsa às autoridades, ou seja, inverídica, diversa da que devia ser prestada.

Nas duas hipóteses, é indispensável que o autor do crime viole o dever jurídico de prestar informações verdadeiras às autoridades fazendárias, expresso em norma de Direito Tributário, e que a falsidade seja capaz de enganar, tendo por objeto dado relacionado ao fato gerador ou imponível – elemento essencial ao nascimento da obrigação tributária –, visando à supressão ou redução de tributo, contribuição social ou qualquer acessório.

A consumação ocorre com a omissão da informação devida ou com a prestação de declaração falsa, de que haja resultado supressão ou redução de tributo, contribuição ou qualquer acessório. Entendeu a Primeira Turma do Supremo Tribunal Federal ser essencial para a consumação dos crimes que da omissão da informação devida ou da prestação da informação falsa, haja resultado efetiva supressão ou redução do tributo (HC 75.945/DF, Rel. Min. Sepúlveda Pertence).

No mesmo sentido acórdão do E. Superior Tribunal de Justiça, assim ementado:

> I – Nos crimes contra a ordem tributária, definidos no art. 1°, incisos I e IV, da Lei n. 8.137, de 27 de dezembro de 1990, a consumação ocorre com a prestação da declaração falsa ou uso do documento falso perante as autoridades fazendárias, com o resultado ou efeito de suprimir ou reduzir tributo (RHC 4097 -DF, 6° T., Min. Pedro Acioli, DJ 13.3.1995, p. 5.316).

Vale observar que a péssima técnica legislativa na construção do tipo penal cunhou modalidade de crime omissivo próprio, que se consuma com a concretização do resultado "supressão ou redução de tributo, contribuição social e qualquer acessório", constante do caput do art. 1º. Retirou-se, assim, muito da eficácia normativa do tipo em questão, ao exigir a efetiva produção do resultado, quando melhor seria a inclusão de um elemento subjetivo, consistente na vontade de suprimir ou reduzir tributo ou contribuição social, considerando a capacidade do documento ideologicamente falso de produzir prejuízo ao Estado.

O inciso II, apresenta-se da seguinte forma: "II – fraudar a fiscalização tributária, inserindo elementos inexatos, ou omitindo operação de qualquer natureza, em documento ou livro exigido pela lei fiscal;"

O tipo penal descreve a conduta daquele que, fraudando a fiscalização tributária, insere elementos inexatos ou omite operação de qualquer natureza, em documento ou livro exigido pela lei fiscal. A inserção de elementos inexatos ou a omissão de operação de qualquer natureza, em documento ou livro exigido pela lei fiscal, constituem meios de fraude exigidos pelo tipo penal para enganar, ludibriar a fiscalização tributária, a fim de obter o resultado previsto no caput do artigo, consubstanciado na supressão ou redução de tributo, contribuição social e qualquer acessório. Guarda, portanto, certa semelhança com o estelionato, no emprego do verbo fraudar, enquanto os seus meios – a inserção de elementos inexatos ou a omissão de operação de qualquer natureza – aproximam-se da falsidade ideológica, tratada no art. 299 do Código Penal.

Crimes de resultado requerem, para a consumação, a efetiva supressão ou redução de tributo, contribuição social ou qualquer acessório. Para o sujeito ativo, valem as mesmas considerações expendidas por ocasião do comentário ao inciso anterior. Os sujeitos passivos, como em todos os tipos da Lei 8.137/ 90, são a sociedade e o Estado, *representado pela Fazenda Pública (Federal, estadual e municipal, ofendida nos seus interesses relacionados com a arrecadação dos tributos devidos* (STOCO apud FERREIRA, 2001, p. 66).

A referência aos livros exigidos pela lei fiscal, impõe ao aplicador da norma uma atividade de pesquisa em diversos diplomas legais de natureza tributária e fiscal, a fim de completar a densidade normativa do tipo penal. São livros fiscais, por exemplo, o registro de entrada de mercadorias, o registro de saídas de mercadorias, o livro de apuração do IPI e ICMS, livros do ISS etc.

O art. 1º, III, prevê a falsificação material de documento referente à operação tributável. Reza o inciso: *III- falsificar ou alterar nota fiscal fatura duplicata, nota de venda, ou qualquer outro documento relativo à operação tributável.*

Falsificar significa criar materialmente, fabricar, formar ou contrafazer documento, total ou parcialmente. A falsidade material, figura típica tradicionalmente contida nos arts. 297 e 298 do Código Penal:

> [...] incide sobre a integridade física do papel escrito, procurando deturpar suas características originais através de emendas ou rasuras, que substituem ou acrescentam no texto letras ou algarismos – é a modalidade de falso material consistente na alteração de documento verdadeiro. Ou pode consistir na criação, pelo agente, do documento falso, quer pela imitação de um original legítimo (tal como na produção de um diploma falso), quer pelo livre exercício da imaginação do falsário (como na produção de uma carta particular apócrifa) – e o Caso será daqueles para os quais o legislador reservou, com sentido específico, o termo falsificação (arts. 297 e 298), que, se assim não fora, significaria genericamente todos os modos de falso documental (AMARAL, 2000, p.55).

O crime ora tratado não deve ser confundido com a figura delituosa prevista no art. 172 do Código Penal. Conforme observa Rui Stoco (*apud* FERREIRA, 2001, p.67):

> Na lei especial em estudo o agente falsifica ou altera o documento (falsidade material), com o objetivo de reduzir ou suprimir tributo enquanto que no crime de "duplicata simulada" ele emite a fatura, duplicata ou nota de venda sem que esses documentos correspondam a qualquer bem vendido (falsidade ideológica), pouco importando a intenção do agente.

Difere também do crime previsto no inciso anterior – figura assemelhada à falsidade ideológica –, no que concerne aos documentos, por representar hipótese de falsidade material, perpetrada mediante contrafação, total ou parcial, ou alteração de documento verdadeiro.

Vale, nesse passo, mencionar algumas formas de fraude normalmente verificáveis na montagem e fornecimento de notas fiscais. A chamada "nota calçada" ocorre quando ala via registra um valor e as demais contêm valor diverso, visando ao subfaturamento, com pagamento a menor de tributos incidentes, tais como Imposto de Renda de Pessoa Jurídica, ICMS e IPI.

A denominada "nota sanfona", por sua vez, dá-se quando uma mesma nota fiscal serve para dar cobertura mais de uma vez à mesma mercadoria, bens ou serviços. Monteiro (1993, p.119), nesta hipótese, opera-se uma verdadeira simulação fiscal, pois a nota fiscal:

> [...] não contém falsificação, nem falsidade ideológica: os elementos que ela contém coincidem com as mercadorias, produtos ou bens que ela registra e aos quais dá cobertura fiscal em seu trânsito. A fraude está no elemento "mais de uma vez". Se for feito um levantamento específico de estoques, será constatada diferença equivalente às saídas sem emissão de notas fiscais, porque a "nota sanfona deu cobertura" às saídas sem nota.

Por fim a "nota fria", que consiste na emissão de uma nota, na verdade, não correspondente a qualquer venda ou prestação de serviços, visando ao aumento dos custos. Preceitua o art. 12, IV, da Lei 8.137/90: "IV – elaborar, distribuir, fornecer, emitir ou utilizar documento que saiba ou deva saber falso ou inexato;" O tipo penal sob estudo guarda correspondência com o tipo contido no revogado art. 1º, IV, da Lei 4.729/65.

> A nova redação, embora mais concisa, buscou o mesmo objeto. Está implícito que não basta a ação física de elaborar, distribuir, fornecer, omitir ou utilizar documento que saiba ou deva saber falso ou inexato. Para a caracterização do delito contra a ordem tributária exige-se o elemento subjetivo do injusto, a intenção de obter a supressão ou redução de tributo, contribuição social ou qualquer acessório (STOCO apud FERREIRA, 2001, p.68).

Em redação minuciosa, com vários núcleos verbais, cunhados em tipo misto, pretendeu o legislador alargar ao máximo o âmbito de sua incidência normativa, apesar de algumas sérias imperfeições; a má redação e a falta de técnica do legislador, de tal sorte, dificultam sobremaneira a atividade do intérprete e aplicador da lei.

A primeira parte do tipo trata de condutas que normalmente se apresentam como antecedentes lógicos dos outros crimes tributários definidos nos incisos anteriores. Ao que nos parece, para extrair eficácia normativa compatível com a tutela da ordem tributária, e harmonizá-lo com os demais tipos penais, é forçoso considerar a primeira parte do tipo, consubstanciada nos núcleos verbais "elaborar", "distribuir", "fornecer", "emitir", crimes de mera atividade e de perigo concreto, praticados por terceiro estranho à relação jurídica tributária.

Conforme assentado nos comentários precedentes, os tipos dos incisos I, II e III, têm como sujeito ativo do crime o contribuinte, o responsável tributário ou o substituto tributário, assim definido pela legislação tributária, enquanto o terceiro estranho à relação jurídica tributária pode figurar como coautor ou partícipe. Neste contexto, as condutas previstas na primeira parte do inciso IV, por constituírem antecedentes lógicos dos crimes tributários descritos nos incisos precedentes, somente são passíveis de tratamento como delitos autônomos em relação aos demais, se as considerarmos dirigidas para a punição do terceiro estranho à relação tributária, que voluntariamente elabora, distribuem, fornece ou emite documento que saiba ou deva saber falso ou inexato, com o fim de propiciar ao contribuinte, ao substituto ou ao responsável tributário, a supressão ou redução de tributo ou contribuição social. Desta forma, independem da produção de resultado para a respectiva consumação, pois não exigem a efetiva supressão ou redução de tributo, contribuição social ou qualquer acessório. Interpretação diversa não cabe, pois a efetiva supressão ou redução de tributo, contribuição social ou qualquer acessório, mediante as condutas descritas na primeira parte do inciso sob comento, são subsumíveis, em tese, aos tipos penais dos incisos I, II e III.

Na primeira parte do tipo penal sob comento, há autênticos crimes de perigo voltados para a tutela da ordem tributária, pelo risco que tais condutas oferecem ao bem jurídico. Além do mais, para considerar-se as condutas tipificadas como delitos de dano, indispensável seria a correlação lógica entre os núcleos verbais e o resultado "supressão ou redução de tributo", considerando a lesão ao bem jurídico tutelado. Se o bem jurídico tutelado fosse a fé pública teríamos a caracterização de crimes de dano.

De tal sorte, a conduta do terceiro estranho à relação jurídica tributária, expressa nos verbos "elaborar", "distribuir", "fornecer", "emitir", é punida pelo perigo que representa para a ordem tributária, por sua capacidade de ensejar a supressão ou redução de tributo ou contribuição social. Trata-se, pois, – de crimes de perigo concreto, que deve ser efetivamente demonstrado – lesão potencial ao bem jurídico – visto que não se pretende com tal construção típica, a proteção da fé pública, mas do bem jurídico tutelado pela Lei 8.137/90.

Na hipótese da prática de qualquer das condutas descritas ser seguida da efetiva supressão ou redução do tributo, não estaremos mais diante do crime previsto no inciso sob comento, mas de outro previsto em qualquer dos incisos I, II e III, devendo o terceiro estranho à relação jurídica tributária ser punido a título de coautoria ou participação.

Vale ressaltar que na realização da conduta expressa nos núcleos distribuir, fornecer e emitir, é necessário, para a perfeição do tipo, que o documento seja, efetivamente, posto em circulação, pois, em caso contrário, estaremos diante de mero ato preparatório impunível. Para o mestre Heleno Fragoso, em artigo escrito sob a égide da revogada Lei 4.729/65:

> [...] a expressão emitir documento é imprópria. Emite-se uma fatura, um cheque, uma nota fiscal: o documento forma-se ou prepara-se. Tecnicamente, porém, emitir significa por em circulação, não bastando, portanto, que o agente faça uma fatura falsa, se a guarda consigo (FRAGOSO *apud* FERREIRA, 2001, p.70).

Na modalidade elaborar, que pode consistir numa falsidade ideológica ou material, o crime consuma-se apenas com a preparação do documento, não exigindo sua circulação.

O tipo em estudo, na sua parte final, refere-se à utilização do documento falso ou inexato. Documento falso é o materialmente falso; enquanto o inexato, a nosso juízo, é aquele cujo conteúdo não se traduz na realidade dos dados que devia exprimir, configurando hipótese de falsidade ideológica. Pune-se a conduta daquele que utiliza documento sabidamente falso ou inexato. O sujeito ativo, neste caso, é aquele que pode auferir algum proveito da utilização do documento falso ou inexato, com a supressão ou a redução de tributo, contribuição social ou qualquer acessório, pressupondo, necessariamente, a existência de relação jurídica tributária ligando o sujeito ativo ao Estado.

Assim, diferentemente das demais formas de conduta acima comentadas, o sujeito ativo é o contribuinte, o responsável ou o substituto tributário que, pelo vínculo com o fato gerador do tributo, tem interesse na utilização do documento falso ou inexato, com o fim de suprimir ou reduzir tributo, contribuição social ou qualquer acessório.

Por tratar-se de crime de mera conduta, a consumação ocorre com a efetiva utilização do documento falso, independentemente da consecução do resultado expresso no caput do art. 1º. Se houver efetiva supressão ou redução de tributo, contribuição social ou qualquer acessório, a conduta poderá amoldar-se ao disposto nos incisos II e III.

Entendemos, ainda, que se trata de modalidade de crime de dano, pois a utilização de documento falso ou inexato, visando à supressão ou redução de tributo, consubstancia, por si só, uma lesão efetiva ao bem jurídico tutelado pela norma, ou seja, a ordem tributária, tendo em conta a relação jurídica tributária existente entre o sujeito ativo do crime e o Estado.

Na hipótese de o agente falsificar e utilizar o documento por ele falsificado, pune-se apenas o crime de falsum, devendo sua conduta amoldar-se aos tipos penais dos incisos II e III.

O elemento subjetivo, o dolo, consiste na vontade livre de elaborar, distribuir, fornecer, emitir ou utilizar documento que saiba ou deva saber falso ou inexato fazer uso do documento.

Exigem-se, ainda, como nos demais tipos, um especial fim de agir, expresso na vontade de utilizar o documento falso com o fim de suprimir ou reduzir tributo, contribuição social ou qualquer acessório. Em todos os casos, o documento falsificado deve de ser capaz de enganar e de causar a supressão ou redução de tributo, contribuição social ou qualquer acessório.

A exemplo do que ocorre nos demais incisos, o inciso V é marcado pela falta de técnica do legislador. Reza o inciso V: "V – negar ou deixar de fornecer, quando obrigatório, nota fiscal ou documento equivalente, relativa a venda de mercadoria ou prestação de serviço, efetivamente realizada, ou fornecê-la em desacordo com a legislação."

O inciso em destaque também guarda semelhança com o art. 172 do Código Penal que, alterado pelo art. 19, da Lei 8.137/ 90, dispõe: "Emitir fatura, duplicata ou nota de venda que não corresponda à mercadoria vendida, em quantidade ou qualidade, ou ao serviço prestado".

Ambos os tipos coexistem, descabendo qualquer confusão a respeito dos respectivos campos de incidência normativa.

A figura contida no art. 172 do Código Penal encontra-se no Capítulo VI, que trata "Do Estelionato e Outras Fraudes", e visa, portanto, à proteção da propriedade privada, mediante a tutela do interesse e do direito de quem recebe qualquer dos documentos enumerados no referido artigo de lei. O tipo esculpido no Código Penal prevê condutas comissivas.

No inciso V, do art. 1º, da Lei 8.137/90, por sua vez, o bem jurídico protegido não é a propriedade, mas a ordem tributária. Neste caso, tem-se em mira o interesse maior do Estado na arrecadação de tributos incidentes sobre as operações materializadas em nota fiscal ou em documento equivalente. Ao contrário do crime previsto no art. 172 do CP, trata-se de tipo omissivo, com violação do dever legal de fornecer documentos relativos à venda de mercadoria ou prestação de serviços, a fim de suprimir ou reduzir tributo ou contribuição social.

A consumação do crime tributário sob enfoque, independe de qualquer notificação ou intimação prévia do contribuinte, como poderia parecer da leitura desatenta do parágrafo único do mesmo artigo de lei. Neste sentido, decisão do Tribunal de Justiça de São Paulo:

> O crime definido no inciso V do art. 1° da Lei 8.137/90, sob a modalidade de omissão quanto à expedição de nota fiscal ou documento obrigatório, pode consumar-se independente da pretendida providência administrativa de intimação prévia do contribuinte, para que, em prazo não excedente a dez dias, venha a atender sua obrigação fiscal, a que se refere o parágrafo único do citado dispositivo (TJSP, Rel. Des. Djalma Lofrano, 5ª C., RT 7081309).

Cuida-se de crime material, ou de resultado, pois indispensável a efetiva supressão ou redução de tributo, contribuição social ou qualquer acessório.

O parágrafo único, do mesmo art. 1º, dada sua má redação, também causa certa perplexidade.

> Parágrafo único. A falta de atendimento da exigência da autoridade, no prazo de 10 (dez) dias, que poderá ser convertido em horas em razão da maior ou menor complexidade da matéria ou da dificuldade quanto ao atendimento da exigência, caracteriza a infração prevista no inciso V.

Referido parágrafo único parece ligado ao inciso precedente, o que pode conduzir à equivocada interpretação de que a consumação respectiva somente dar-se-ia após o decurso do prazo assinalado para o atendimento de exigência feita por autoridade.

É preciso lembrar que o contribuinte é obrigado a fornecer à autoridade encarregada da arrecadação dos tributos, todos os documentos relativos à tributação. Assim, pretende a lei sancionar a conduta daquele que, apesar de regularmente intimado, se omite no atendimento de exigência de autoridade fazendária. Trata-se, na verdade, de tipo semelhante ao crime de desobediência previsto no Código Penal. Crime omissivo próprio, sua consumação ocorre com o mero desatendimento à exigência da autoridade, formulada por escrito, após o decurso do prazo assinado.

Ressalte-se, ainda, que para a caracterização do tipo, além do dolo, vontade consciente de não atender às exigências feitas pela autoridade, exige-se que o agente tenha o objetivo de suprimir ou reduzir tributo, contribuição social ou qualquer acessório. Inexistindo o especial fim de agir, expresso no caput do art. 1º, a conduta subsumir-se-á ao tipo da desobediência, previsto no art. 330 do Código Penal.

Por fim, é interessante frisar que o STJ tem decidido acerca dos crimes contra a ordem tributária que os ilícitos se dá apenas depois de se concretizar o fato gerador.

Conclusão

A grande celeuma do equilíbrio das contas públicas além do pagamento de juros da dívida e a instituição da responsabilidade fiscal (LC no 101/00) sempre foi a garantia da aquisição de receitas tributárias. Desenvolveram-se, assim, mecanismos diversos, como o regime da substituição tributária (por retenção e por antecipação), o parcelamento e a simplificação de débitos, bem como punições criminais rigorosas para aqueles que não houveram por bem honrar suas obrigações em tempo oportuno.

A Lei n.º 8.137/90 conceitua os crimes contra a ordem tributária, ordem econômica e contra as relações de consumo. O sistema tributário é composto pelo conjunto de tributos arrecadados no país em uma determinada época, não se fazendo distinção entre os tributos de competência federal, estadual ou municipal, e pelo conjunto de normas jurídicas que regulamentam os tributos.

As características do sistema tributário brasileiro são originárias do sistema econômico, da estrutura social, da maneira como é feita a distribuição de renda e das finalidades fiscais e extrafiscais dos impostos.

O sistema tributário brasileiro está regulamentado pela Constituição, onde se podem encontrar seus princípios basilares, explicações sobre a competência tributária, repartição das receitas tributárias, bem como as vedações e os critérios que devem ser respeitados pelo legislador.

A Lei n.º 8.137/90, em seu Capítulo I, dispõe sobre os crimes contra a ordem tributária, esta presidida por princípios e normas jurídicas próprias.

Face ao exposto neste estudo, e entendendo-se ordem como sistema, não se concebe as práticas de condutas delituosas do particular contra a organização do sistema tributário. As infrações tributárias cometidas pelos contribuintes que deixam de recolher ou pagar tributos à Receita Nacional são consideradas crimes contra a Ordem Tributária.

Assim, percebe-se, a má redação da legislação pátria, que muito deixa a deseja com relação à linguagem técnico-jurídica. O objetivo jurídico da Lei n.º 8.137/90 é proteger a legislação tributária, levando o contribuinte ao conhecimento e observância das normas do direito tributário e das normas estabelecidas pelo Fisco. A Lei, objetiva também, aumentar a arrecadação dos tributos, coibindo determinadas condutas entendidas como sonegadoras fiscais.

Conclui-se que os crimes contra a ordem tributária são penalmente de extrema relevância, haja vista que os tributos são os meios através dos quais o Governo cumpre sua função de realizar o bem comum, administrando-os adequadamente.

Referências

BECKER, Alfredo Augusto. *Teoria Geral do Direito Tributário*. São Paulo: Lejus, 1998.

BETTI, Francisco de Assis. *Aspectos dos Crimes Contra o Sistema Financeiro no Brasil:* leis 7.492/86 e 9.613/98. Belo Horizonte. Livraria Del Rey Editora, 2000.

BRASIL. Lei n. 4.502, de 30 de novembro de 1964Dispõe Sôbre o Impôsto de Consumo e reorganiza a Diretoria de Rendas Internas. Disponével em : http://www.planalto.gov.br/ccivil_03/LEIS/L4502.htm. Acesso em novembro de 2018.

CARRAZZA, Roque Antônio. *Curso de Direito Constitucional Tributário*. 19 ed., São Paulo: Malheiros, 2004.

CARVALHO, Paulo de Barros. *Direito tributário*: fundamentos jurídicos da incidência. São Paulo: Saraiva, 1998.

FERREIRA, Roberto dos Santos. *Crimes contra a ordem tributária*. 2 ed. São Paulo: Dialética, 2001.

JESUS, Damásio. *Código Penal Anotado*. 16 ed. São Paulo: Saraiva, 2004.

MACHADO, Hugo Brito. *Curso de Direito Tributário*. 20 ed. São Paulo: Malheiros, 2002.

MAIA, Rodolfo Tigre. *Dos Crimes Contra o Sistema Financeiro Nacional*. São Paulo: Malheiros Editores LTDA, 1996.

MONTEIRO, Samuel. *Crimes fiscais e abuso de autoridade*. São Paulo: Hemus, 1999.

PAULSEN, Leandro. *Direito tributário*: Constituição e Código Tributário à Luz da Doutrina e da Jurisprudência. São Paulo: Livraria do Advogado, 1998.

PRADO, Luiz Regis. *Bem jurídico-penal e Constituição*. 2 ed São Paulo: Editora Revista dos Tribunais, 1997.

ROSA JR., Luiz Emygdio F. da. *Direito Financeiro e Direito Tributário*. 12 ed. São Paulo: Renovar, 1999.

SOARES DE MELO, José Eduardo. *Curso de direito tributário*. São Paulo: Dialética, 1997.

A ORDEM TRIBUTÁRIA BRASILEIRA E O COMÉRCIO INTERNACIONAL

José James Gomes Pereira

Conforme lição do Professor Arnaldo Sampaio de Moraes Godoy, a remodelação do Estado, como reflexo de novos paradigmas de soberania e de ordem econômica, tem promovido modificações substanciais, como a promover a admoestação de Marx, o filósofo de Trier, para quem tudo que é sólido desmancha no ar, tudo que é sagrado será profanado[1]. A globalização poderia ter promovido a realização concreta de um Estado cosmopolita, num sentido habermasiano; mas não o fez. Mesmo porque resta impossível diante das diversidades políticas, econômicas e culturais verificadas entre diferentes nações. Desta diversidade emergem os conflitos de interesses envolvendo os atores responsáveis pela circulação dos bens e serviços em escala planetária, ficando a cargo de a legislação impor regras eficazes para pacificar os conflitos de interesses.

Conflitos que, não raro, ocorrem em virtude da realização de práticas produtivas e comerciais que, atualmente, extrapolaram as fronteiras geográficas nacionais. Afinal, a própria diversidade de fontes produtivas, bem como as demandas sociais de consumo, peculiares a cada país, impulsiona os Estados à prática de uma economia aberta.

A interdependência econômica internacional sempre conduziu os Estados a uma inevitável prática de comércio exterior. No atual estágio de desenvolvimento do comércio, além das informações circularem em velocidade cada vez maior, os produtos têm agora um mercado mundial.

Assim, o processo de globalização se traduz numa crescente homogeneização internacional das estruturas de oferta e demanda; fenômeno que, a um só tempo, garante e facilita: a majoração de ganhos de escala, com a ampliação da produção e do mercado de consumo; a uniformização de técnicas produtivas, estratégias administrativas e métodos de organização do processo produtivo, comprovada pelas exigências crescentes de certificação internacional; a mudança do eixo da competitividade, que deixa de ser o produto em si para ser a tecnologia de processos, não só de produção, mas, também, de fornecimento, de controle da qualidade, de atendimento e informação ao consumidor, de assistência técnica, entre outros.

1 A famosa frase de Karl Marx é título do livro de Marshall Berman, All That is Solid Melts into Air,, obra que se propõe, entre outros, a problematizar o modernismo e a modernização..

Daí exige-se maior investimento na formação de mão-de-obra qualificada e aperfeiçoada, na pesquisa e no desenvolvimento de produtos com consultas aos consumidores a fim de atender as necessidades mais específicas.

Portanto, a descentralização geográfica da produção das empresas provoca a sua especialização nas áreas em que são mais eficientes e, assim, aperfeiçoam as vantagens comparativas de cada lugar e originam a "fábrica-global"; a formação de vínculos mais rígidos entre empresas, por meio de *joint ventures*, participações acionárias e franquias, já que a produção global exige padrões mais rígidos de fornecimento e qualidade de componentes e matérias-primas e investimento – de risco -, ampliado em tecnologia.

Ainda como fator característico da globalização, do ponto de vista institucional, advém à necessidade de convergência da regulação político-econômica dos países. Isto para se garantir a maior mobilidade de capitais, fatores produtivos e bens de consumo, para promover a homogeneização das relações jurídicas e econômicas entre os sujeitos privados da atividade econômica e os Estados, aproximando os institutos jurídicos referentes, sobretudo as sociedades comerciais, consumidores, mercado financeiro e tributação.

Para viabilizar toda essa mobilidade do mercado, há que se destacar a crescente perda de soberania das autoridades responsáveis pelas políticas econômicas nacionais na ordem globalizada. Tal fato se deve tanto à formação dos blocos econômicos, como à necessidade de adaptação das economias nacionais às migrações internacionais das fontes produtivos. As políticas cambial e tributária passam a depender muito mais das regras externas do que da vontade exclusiva das autoridades monetárias ou fiscais locais.

Se, de um lado, o cenário internacional globalizado mostra inúmeras oportunidades e facilidades por meio da captação de recursos estrangeiros, de outro, impõe algumas restrições rígidas às políticas macroeconômicas nacionais (câmbio e taxa de juros), evitando-se desequilíbrios que favoreçam movimentos especulativos, como os que já desestabilizaram algumas economias latino-americanas recentemente.

Ao sabor desses novos ventos, a afluência de determinantes externos na ordenação das economias nacionais faz com que a agenda econômica dos Estados, fique, também, associados a outros temas de relevância supranacional, como proteção ambiental, tributação, monitoramento das empresas transnacionais etc.

Pelo presente trabalho interessa-nos analisar mais detidamente a influência da ordem tributária internacional avaliando o afastamento ou a proximidade do Direito Tributário, finanças internacionais e Direito Internacional em matéria de tributação, com o objetivo de sistematizar a noção de alguns princípios tributários, especialmente aqueles inerentes à tributação internacional das rendas das empresas, considerando os contornos dado pela Constituição brasileira.

Com essa perspectiva, necessário se faz trazer ao lume os princípios de direito tributário, mormente aqueles que com mais relevância influenciam nas regras estipuladas pela legislação ao fixar a cobrança de tributos.

1. Universalidade e territorialidade da tributação internacional

Com a maior integração dos mercados nacionais à economia mundial, valorizou-se a importância das empresas multinacionais – aquelas cujas unidades (matriz, subsidiárias, coligadas, filiais etc.) situam-se sob diversas jurisdições.

Ponto controvertido a respeito da atividade empresarial multinacional é o que trata da tributação internacional de suas rendas.

O sistema internacional de tributação sobre as rendas, atualmente, é orientado por dois princípios distintos: o da *territorialidade* e o da *universalidade*. Ambos constituem elementos de conexão entre Estado e contribuinte, estabelecendo critérios para definir o exercício do poder estatal de tributar. Excludentes entre si, a opção por qualquer um deles nos sistemas tributários dos Estados é decidida apenas pela conveniência e oportunidade de um ou outro princípio em relação às políticas fiscais planejadas e pretendidas pelos países. Como princípios que são, a territorialidade e a universalidade orientam toda a atividade legislativa e sua hermenêutica que lhes são subsequentes nos Estados que as adotam. No entanto, situações podem ocorrer em que se evidencia a pluralidade de tributação que a lei não deve perder de vista.

1.1. O princípio da territorialidade

Também conhecido *base territorial*, o princípio da territorialidade significa que todas as situações, qualidade e padronização que der origem à produção de renda, por nacionais ou residentes, localizadas dentro do território de um Estado, geram uma obrigação tributária[2]. A territorialidade tributária é, afinal, decorrência lógica do próprio poder soberano de qualquer Estado, já que todos os fatos ocorridos dentro do seu território são ordenados e disciplinados pelo seu sistema jurídico. Pode-se concluir que é a base territorial uma manifestação pura da jurisdição, aquele poder-dever de que dispõe o Estado para, nos limites territoriais de sua soberania, aplicar o seu Direito.

Acerca da opção entre a territorialidade e a universalidade, Heleno Torres(1997, p 290) chega a afirmar: *Em verdade, tal escolha paira, tão somente,*

2 "Obrigação Tributária é uma relação de Direito Público, prevista na lei descritiva do fato que lhe dá origem, pela qual o Fisco (sujeito ativo) exige do contribuinte (sujeito passivo) uma prestação (objeto)" (NOGUEIRA, 1990, p. 145). 5 1997, p. 69. 6 CASELLA, [s.d.], p. 83. 7 TORRES (1997, p. 73)

na opção entre adotar o princípio da universalidade, ou não, porque o princípio da territorialidade é imanente a todo e qualquer ordenamento jurídico. Não há uma terceira opção.

Segundo o princípio da territorialidade, a imponibilidade dependerá tão-só da localização territorial da fonte geradora da renda. Descrita a hipótese de incidência na lei e ocorrendo o fato gerador no território nacional, nasce a obrigação tributária. Pelo princípio da territorialidade, importa essencialmente determinar a localização da fonte residual produtora, se em território nacional ou estrangeiro. Evidenciado que essa fonte está localizada em país estrangeiro, seria inegável que o fato gerador estaria fora do alcance de validade da legislação tributária nacional.

A maior integração das praças comerciais e financeiras mundiais, experimentada nas últimas décadas desvalorizou a adoção da base territorial pelas economias nacionais, sobretudo em razão da evasão fiscal internacional decorrente de pesados estímulos fiscais estrangeiros (guerra tributária para atração de investimentos) e da formação de paraísos fiscais. Obviamente que, quando um Estado tributa apenas as fontes residuais localizadas em seu território, poderá haver uma fuga de investimentos para outras praças onde o tributo não seja tão pesado.

2. O princípio da universalidade

No atual estágio de internacionalização da economia, a evasão fiscal é fenômeno comum e constante que precisa ser combatido. Assim como, a maior necessidade de operações internacionais para um número crescente de operadores privados requer a flexibilidade e previsibilidade do regime legal-tributário aplicável aos investimentos internacionais. Assim, em oposição à base territorial, o sistema de tributação de rendas apresenta o princípio da universalidade que melhor atende às exigências de isonomia entre os contribuintes que têm rendas apenas no mercado doméstico e aqueles que atuam em praças financeiras no exterior, favorecendo-se de benefícios fiscais estrangeiros.

Segundo o princípio da base global do imposto sobre a renda, passa a ser tributada a universalidade dos lucros, rendimentos e ganhos de capitais auferidos nos mercados interno e externo por pessoas físicas ou jurídicas domiciliadas no país. Todas as rendas obtidas por essas pessoas estabelecidas nos Estados que adota a base global, mesmo aquelas obtidas fora do território nacional, encontram-se dentro do âmbito da incidência do Imposto de renda. Em suma, o princípio da base global obriga a taxação da renda onde quer que ela venha a ser produzida.

A adoção da base global vem se tornando cada vez mais frequente nas economias contemporâneas, sobretudo aquelas mais desenvolvidas, exportadoras de capital e investimento.

Com propriedade, Heleno Torres (*ib*, p. 290) anota como virtudes do princípio da universalidade, entre outras, a ampliação do financiamento do Estado, decorrente da maximização da sua base fiscal, a vocação isonômica daquele princípio e, sobretudo, a sua melhor adaptação aos princípios tributários da capacidade contributiva e da progressividade.

Finalmente, vale destacar duas das principais consequências da adoção da base global para cobrança do imposto de renda de pessoa jurídica: i) a bitributação internacional da renda, que veremos mais detalhadamente no item seguir e ii) a substancial perda de importância dos paraísos fiscais como atrativos aos capitais internacionais.

3. A bitributação internacional – pluritributação

A adoção da base global no Imposto de Renda pode favorecer o concurso de pretensões tributárias entre dois ou mais Estados soberanos – fenômeno a que se denomina de pluritributação internacional. Apesar de ser um fenômeno que inibe a circulação internacional de capital e, por isso, contrário às atuais tendências de abertura da economia[3], a pluritributação internacional é um procedimento nacional legítimo e não pode ser limitada por nenhuma lei ou norma constitucional, já que decorre diretamente do poder estatal de tributar.

Para evitar os problemas e injustiças decorrentes da pluritributação internacional, os Estados passaram a adotar as ordens de medidas – unilaterais e bilaterais, dependendo da política fiscal desejada. Entre as medidas internas (unilaterais) para evitar a bitributação a isenção (*tax exemption*), como efeito de certas normas que, ao incidirem sobre determinados fatos, previstos nas respectivas hipóteses de incidência eliminam a possibilidade do surgimento da obrigação tributária.

Pelo sistema do *tax exemption* o Estado se nega a impor qualquer exação (ou aplica uma exação progressiva) a certas categorias residuais de fonte estrangeira., o crédito de imposto (*tax credits*), enquanto sistema que concede ao contribuinte o direito subjetivo de abater dos impostos sobre a renda devidos ao Estado de residência, sob a forma de crédito, os valores pagos no estrangeiro sobre as mesmas categorias residuais e a dedução de impostos como despesas, consistente na possibilidade de deduzir da base de cálculo do imposto doméstico, sob a forma de despesa, o valor dos tributos efetivamente pagos no exterior. Tal método se justifica pelo fato de que os tributos pagos no exterior são despesas inerentes à produção da renda.

---

3 ROLIM (1996, p. 85) relata que "a dupla tributação internacional acarreta, além de ser um obstáculo para o comércio e investimentos, uma repartição injusta dos encargos fiscais entre contribuintes, conforme tenham interesses no estrangeiro ou se entreguem a atividades limitadas ao território nacional".

Além desses modelos, para se livrar dos efeitos maléficos da pluritributação internacional, os Estados contemporâneos adotam soluções bilaterais – os acordos e convenções internacionais para evitar a bitributação.

4. A tributação da renda no Brasil

No Brasil, ao contrário do que ocorria com o Imposto de Renda de Pessoa Física, que adotava o princípio da *universalidade* dos rendimentos, o Imposto de Renda de Pessoa Jurídica, até recentemente, adotava o princípio da *territorialidade*, segundo o qual ficavam sujeitos àquele tributo apenas os rendimentos produzidos no âmbito do Estado brasileiro. Corroborando com esta afirmação, o art. 337 do Regulamento do Imposto de Renda de 1994, estatui, *verbis*: *Art. 337 – O lucro proveniente de atividades exercidas parte no país e parte no exterior somente será tributado na parte produzida no país.*

Vê-se, pois, que as rendas obtidas fora do território brasileiro por pessoas jurídicas domiciliadas no Brasil encontravam-se fora da incidência do Imposto de renda até bem pouco tempo. A esse respeito, o eminente jurista Paulo Borba Casella (data, p ?) já lecionou:

> Com efeito, nos seus primórdios, a legislação do imposto de renda brasileiro dispunha que o tributo incidia exclusivamente sobre os rendimentos produzidos no Brasil. Com o passar do tempo, face ao desenvolvimento da atividade empresarial brasileira, tornou-se necessário regular, do ponto de vista fiscal, a apuração dos resultados das pessoas jurídicas cuja operacionalidade não mais se circunscrevia ao território nacional. Coexistindo a intributabilidade dos rendimentos produzidos no exterior com a sujeição ao tributo dos rendimentos aqui produzidos, impunha-se a instituição de normas reguladoras para os casos em que a mesma pessoa jurídica exercesse atividades fora e dentro do país.

Com a vigência da Lei nº 9.249, de 26 de dezembro de 1995, entretanto, passou-se a tributar, a partir de 1996, a universalidade dos lucros, rendimentos e ganhos de capitais auferidos por pessoas jurídicas aqui sediadas – passando-se a adotar a base global no Imposto de Renda de Pessoa Jurídica brasileiro.

Os lucros de filiais, sucursais, controladas e coligadas, auferidos no exterior por pessoa jurídica domiciliada no Brasil, do mesmo modo, também passaram a ser tributados conforme o regime do Imposto de Renda de Pessoa Jurídica do nosso país. Para a maioria dos doutrinadores do Direito Tributário, a adoção do princípio da universalidade adotado para cobrança do Imposto de Renda de Pessoa Jurídica brasileiro seria um parâmetro mais adequado para se avaliar a capacidade contributiva dos sujeitos passivos da exação, como previsto no art. 145, §1º, da CF/88 (*sempre que possível, os impostos terão caráter pessoal e serão graduados segundo a capacidade econômica do contribuinte*).

De igual modo, a adoção da base global no Imposto de Renda de Pessoa Jurídica brasileiro concretiza a hipótese definida no art. 153, §2º, I da CF/88 (*o imposto de renda será informado pelos critérios da generalidade, da universalidade e da progressividade, na forma da lei*).

A normatividade dada pela Lei nº 9.249/95 a tributação considera como fato gerador do imposto os lucros, rendimentos e ganhos de capital, correspondente ao balanço anual das empresas, conforme estatui o art. 25 da citada lei, *verbis*:

> Art. 25 – Os lucros, rendimentos e ganhos de capitais auferidos no exterior serão computados na determinação do lucro real das pessoas jurídicas correspondente ao balanço levantado em 31 de dezembro de cada ano.

Ainda, em conformidade com a Lei nº 9.249/95, a implementação da base global implicará: i) rendimentos obtidos no exterior, tributados anualmente, independentemente de efetiva distribuição; ii) impossibilidade de compensação dos prejuízos obtidos no exterior; iii) possibilidade de compensação do imposto pago no exterior (*tax credits*); iv) obrigatória utilização do regime de tributação com base no lucro real. Consequência imediata da adoção da base global para as pessoas jurídicas brasileiras passa a ser a preocupação em se evitar a bitributação internacional sobre as suas rendas. Após as mudanças introduzidas pela Lei nº 9.249, de 26 de dezembro de 1995, partiu-se assim para a busca de soluções que evitassem aquele custo adicional extraordinário.

Em um sistema comercial altamente competitivo, como o atual, a perseguição da maior qualidade e menor custo nos produtos e serviços é uma constante. Nesse novo âmbito, mais importante e útil que a manutenção de subsidiárias brasileiras em paraísos fiscais do exterior, passou a ser a criação de sociedades em países com que o Brasil celebrou convenções destinadas a impedir a bitributação.

Pelo sistema de *tax credits* não haveria vantagem de se estruturar uma subsidiária nas Ilhas Cayman, por exemplo, já que aquele imposto que não seria pago lá motivaria a integralidade da cobrança do IRPJ no Brasil. Ao passo que, havendo pagamento de Imposto sobre a Renda nas Ilhas Cayman, a pessoa jurídica poderá compensá-lo até o limite do Imposto sobre a Renda incidente no Brasil.

Por outro lado, o que ocorre na Ilha da Madeira, território onde é vigente a *Convenção para Evitar a Dupla Tributação em Matéria de Imposto sobre o Rendimento*, celebrada entre Brasil e Portugal e aprovada pelo Decreto nº 69.393, de 21.10.71, estabelece que:

> O art. 7º, §1º, da Convenção Brasil- –Portugal], determina que os lucros de uma empresa de um dos Estados contratantes (no caso, Portugal), só

> podem sofrer tributação nesse mesmo Estado, a menos que essa empresa exerça a sua atividade no outro Estado contratante (no caso, o Brasil) através de estabelecimento estável aí situado. A sociedade sediada na Ilha da Madeira somente nesse local poderia sofrer tributação. No entanto, a Ilha da Madeira, sendo considerada uma zona franca, há isenção de tributação do imposto de renda, o que significa que os rendimentos estariam isentos de tributação.

O Brasil anota Amaral (s/d), mantém tratados firmados para evitar a bitributação, entre outros, com os seguintes países: Argentina, Áustria, Bélgica, Canadá, China, República Checa, República Eslovaca, Dinamarca, França, Alemanha, Equador, Holanda, Hungria, Itália, Japão, Luxemburgo, Noruega, Portugal, Espanha e Suécia. Por meio desses tratados, frustra-se a intenção do legislador brasileiro de tributar os lucros, rendimentos e ganhos de capitais gerados por subsidiárias brasileiras localizadas no exterior.

Por fim, não se pode deixar à margem o papel brasileiro dentro da organização do MERCOSUL. A esse respeito, vale destacar inicialmente que o Tratado de Assunção, em seu art. 1º, estabelece: que "O Mercado Comum implica": a) A livre circulação de bens, serviços e fatores produtivos entre os países, através, entre outros, da eliminação de direito aduaneiros e restrições não tarifárias à circulação de mercadorias e quaisquer outros meios equivalentes.

Mais uma vez AMARAL (s/d, p. 309) observa que:

> as repartições diplomáticas localizadas no exterior dificilmente estarão aptas a verificar da correção, ou não, do documento arrecadatório que lhe for submetido para autenticação. Os Estados Unidos, para essa, entre outras finalidades, além de uma ampla rede de acordos internacionais em matéria tributária e de troca de informação com os fiscos nacionais, possui diversos escritórios do *Internal Revenue Service* (Receita Federal norte-americana) em vários países do mundo.

5. Métodos de eliminação da dupla tributação internacional

A prevenção ou a eliminação da dupla tributação internacional pode ser realizada não somente pelos Estados, mas, também, pelos próprios contribuintes, por meio de planejamento tributário internacional e do trabalho meritório nesse sentido, realizado por algumas instituições. No entanto, a atividade dos Estados visando a tal finalidade, é a mais importante, uma vez que dispõe de instrumentos capazes de eliminar a dupla tributação internacional tanto unilateralmente, por meio de normas internas, quanto internacionalmente, com o uso de convenções internacionais.

Relativamente às medidas unilaterais tendentes a evitar ou a eliminar a dupla tributação internacional, embora os Estados que adotam o critério da fonte possam estabelecê-las, normalmente são os que adotam o critério da residência que o fazem. Isso se explica porque o critério da residência, fazendo com que a tributação incida inclusive sobre as rendas que provêm do exterior, apresenta a potencialidade de gerar a dupla tributação internacional.

Assim, para eliminar a dupla tributação internacional, os Estados da residência geralmente adotam, unilateralmente, ou o método da isenção, ou o método da imputação, podendo ainda estabelecer outros métodos, como o da redução da alíquota e o da dedução de impostos pagos no exterior, da base de cálculo.

O método da isenção consiste em eximir da tributação, total ou parcialmente, as rendas derivadas de fontes estrangeiras. Trata-se do método tradicionalmente utilizado pelos Estados que adotam o sistema jurídico continental europeu, ou seja, pelos Estados que têm ou tiveram um imposto de renda do tipo composto ou celular.

Diferentemente do método da isenção, que considera a renda, o método da imputação refere-se ao imposto que incide sobre a renda. De origem anglo-saxônica, é mais comum nos Estados cujo imposto de renda é do tipo unitário (NORR, *apud* AMARAL, 1996, p. 611). Por este método, o Estado da residência tributa a renda global do contribuinte, permitindo, entretanto, um crédito pelo imposto pago no Estado da fonte, podendo este crédito estar sujeito ou não a uma limitação. No primeiro caso, denominado de imputação ordinária, o crédito concedido pelo Estado da residência tem como limite o valor da fração do seu próprio imposto, correspondente aos rendimentos provenientes do Estado da fonte. O segundo caso, chamado de imputação integral, consiste em o Estado de residência deduzir a quantia total do imposto efetivamente paga no Estado da fonte.

De acordo com o método da dedução de impostos pagos no exterior, da base de cálculo, o imposto no Estado de residência incide sobre o total líquido das rendas provenientes do exterior, isto é, após a dedução do(s) imposto(s) pago(s) no Estado da fonte.

Na realidade, o método em consideração apenas atenua os efeitos da dupla tributação internacional. Conforme esclarecimento de *Gerd Rothmann*, a rigor, ele *não constitui medida para eliminação da bitributação, mas somente leva em consideração o caráter de despesa do imposto pago no exterior.*

Ainda que as medidas unilaterais destinadas a evitar a dupla tributação internacional sejam mais facilmente adotadas, na prática elas se mostram inadequadas e insuficientes para tal mister. O sacrifício unilateral que envolve, o seu caráter limitado, no sentido de que geralmente visam apenas a alguns impostos, a grande diversidade dos atuais sistemas tributários, assim como a sua crescente complexidade, demonstram a impropriedade e a insuficiência das referidas medidas como meio de prevenção ou eliminação da dupla tributação internacional, cumprindo, assim, fazer uso de convenções.

Isto porque as convenções contra a dupla tributação internacional são normalmente bilaterais. As convenções multilaterais existentes são ainda em número bastante reduzido e só disciplina a tributação de alguns objetos, como veículos automotores dados a grande dificuldade de obter soluções harmonizadas com base nos diversos sistemas tributários e nos interesses particulares de cada um dos Estados.

Todavia, as convenções bilaterais nem sempre eliminam completamente a dupla tributação. Frequentemente, apenas atenuam os seus efeitos, sendo que, em determinadas circunstâncias, implícita ou explicitamente, deixam que ela subsista, principalmente em se tratando de matérias não consideradas básicas, sobre as quais os Estados não entram em acordo.

Ademais, mesmo que determinada convenção contenha dispositivos eficazes para o combate à dupla tributação internacional, a sua aplicação pode ser incorreta. Neste caso, o contribuinte prejudicado não dispõe de uma autoridade judiciária internacional a que se possa dirigir para lograr a eliminação da dupla tributação. As autoridades judiciárias internas nem sempre têm competência para solucionar questões oriundas da má interpretação e aplicação das convenções internacionais, especialmente se praticadas por ambos os Estados contratantes.

Assim, persistindo a dupla tributação em desacordo com a convenção internacional, o único remédio disponível para o contribuinte poderá ser o procedimento amigável, geralmente previsto pelas convenções sobre dupla tributação internacional, por meio do qual as autoridades da área de tributação dos Estados contratantes tentam resolver as dificuldades ou as dúvidas provenientes da interpretação ou da aplicação da convenção, podendo, todavia, não chegar a qualquer acordo. Não obstante a sua imperfeição, e tendo em vista a insuficiência das medidas unilaterais e a grande dificuldade em firmar convenções multilaterais, como ficou demonstrado, atualmente as convenções bilaterais constituem o melhor meio de evitar a dupla tributação internacional.

Outro método usado para elidir o *bis in idem* é o da imputação, que comporta duas variantes: a imputação integral e a imputação ordinária, limitada ou normal. Com o método da imputação integral, o Estado que o aplica pode ter de deduzir do seu imposto, correspondente aos rendimentos obtidos internamente, impostos pagos no exterior. Por isso, dificilmente um Estado concorda em adotá-lo. Com o método da imputação ordinária, por outro lado, o crédito a ser concedido pelo Estado da residência totalizará o menor dos seguintes quantitativos: todo o imposto pago no Estado da fonte, ou o imposto nacional correspondente aos rendimentos auferidos no Estado da fonte.

Conclusão

Com o surgimento da nova ordem mundial, desde o fim da Guerra Fria, estreitaram-se como nunca as relações econômicas entre as diversas partes do globo, sobretudo em decorrência da revolução tecnológica. Deu-se origem, assim, ao fenômeno da mundialização dos mercados que, rompendo com as fronteiras geográficas nacionais do comércio e da produção, limitou a liberdade de execução das políticas tributária e financeira dos países, já que aumentam a interdependência entre eles.

Quanto mais integrada a economia internacional, maiores as exigências de reformulação das estratégias de atuação do Estado e de fortalecimento de seus núcleos coordenadores e reguladores, para que se combatam a especulação financeira, o endividamento interno e a evasão fiscal – empecilhos maiores do desenvolvimento econômico e social.

A reforma do Estado, portanto, torna-se imperativa e deve ser dirigida a articular a segura integração dos mercados interno e externo, exigindo e reformulação do seu aparato legal. Isto porque na ordem globalizada, o Direito há de se adaptar melhor às ideias de *parceria* e *controle* e à criação de instâncias de negociação desestatizadas (nacionais e internacionais), conceitos que precisam ser melhor compreendidos e utilizados pelo ordenamento positivo.

Com a nova ordem mundial, constata-se o enfraquecimento dos Estados nacionais, baseados na soberania absoluta, no intervencionismo e no centralismo, e o favorecimento do papel das empresas privadas, sujeitos econômicos importantíssimos no processo de universalização dos mercados, na medida em que possuem uma mobilidade e uma capacidade adaptativa extraordinárias na distribuição de renda e comercialização de bens e serviço. São marcas da contemporaneidade as facilidades de comunicação, o processamento veloz de informações, a formação de blocos econômicos multilaterais, a maior mobilidade internacional das fontes produtivos.

Para viabilizar a circulação dos bens e serviços afigura-se como indispensável a constituição de um mercado comum, onde os Estados-membros devem procurar harmonizar os regimes tributários comunitário e particular a fim de se evitar distorções capazes de implicar na existência de discriminações de origem fiscal que alteram as condições de concorrência e as correntes ordinárias de tráfego comercial. A harmonização há de se estender a todos os tributos, pressupondo não só a harmonização econômica – fiscal, mas também a uma política comum dos Estados-partes.

Dentro desse complexo sistema, há de se considerados: a proibição de bitributação da renda ou do patrimônio de um contribuinte, efetuando a tributação apenas uma vez, sob pena de criar injustiças e impedir o desenvolvimento, além da supressão de fronteiras fiscais, com a finalidade de nivelar as cargas tributárias, resultado da exigência de integração em um mercado comum concreto.

A dupla tributação internacional como o fenômeno que ocorre quando dois Estados submetem uma pessoa ao pagamento de tributos em razão do mesmo fato gerador da obrigação tributária. Resulta de duas soberanias tributárias, mas que pode ser evitada conforme o critério da vontade dos entes impositores, respeitada a posição hierárquica dos entes tributadores, seja na ordem vertical, horizontal ou oblíqua.

As figuras que mais se assemelham à dupla tributação internacional são a dupla tributação interna, a dupla tributação econômica e o *bis in idem*, das quais se distingue, principalmente porque, na primeira, a colisão de sistemas tributários ocorre dentro de um mesmo Estado; na segunda, não há identidade do sujeito passivo; e, na última, não há pluralidade de soberanias tributárias.

As medidas unilaterais destinadas a eliminar a dupla tributação internacional, embora mais facilmente adotadas, são inadequadas e insuficientes para tal mister, considerando principalmente o sacrifício unilateral que envolvem, o seu caráter limitado, assim como a grande diversidade e a crescente complexidade dos atuais sistemas tributários.

Finalmente, as convenções bilaterais constituem a via mais apropriada e conveniente para solucionar o problema da pluritributação internacional, especialmente porque, por meio delas, os Estados limitam os respectivos poderes tributários de forma bem mais abrangente do que estariam dispostos a fazê-lo indiscriminadamente. Todavia, elas também podem apresentar desvantagens, como, principalmente, a de não eliminar complemente o fenômeno ou os seus efeitos.

Referências

AMARAL, Antônio Carlos Rodrigues do. *Tributação do consumo e da renda no Mercosul.* In: *Anais*... Simpósio IOB de Direito Tributário, 1, [s.d]. p.119-143 ,s/d.

_______. Bases globais do imposto de renda e "Transfer Pricing" no Brasil. *Repertório IOB de Jurisprudência,* n. 13, p. 310-305, 1996.

BAUMANN, Renato (org.). *O Brasil e a economia global.* São Paulo : Campus, 1996.

BORGES, Antônio de Moura. "O princípio da igualdade na tributação". Direito tributário atual, São Paulo, (6): 1621 -37, 1986.

CARRAZZA, Roque Antônio. *Curso de Direito Constitucional Tributário.* São Paulo : Malheiros, 1997.

CARVALHO, Paulo de Barros. *Curso de direito tributário*, 4. ed., São Paulo, Saraiva, 1991.

CASELLA, Paulo Borba. *Circulação de capitais em perspectiva brasileira:* entrada e saída de divisas e moeda nacional. *Revista de Direito Mercantil*, 2011, n. 103, p. 79-86.

FARIAS, Flávio Bezerra de. A *Globalização e o Estado cosmopolita* – as antinomias de Jurgen Habermans.

GODOY, Arnaldo Sampaio de Moraes. *Globalização, Neoliberalismo e Direito no Brasil.* Londrina: Ed. Humanidades, 2004.

MELLO, Celso Antônio Bandeira de. *Curso de Direito Administrativo*. São Paulo: Malheiros, 1997.

MACHADO, Hugo de Brito. *Curso de Direito Tributário*. São Paulo: Malheiros, 2003.

NOGUEIRA, Rui Barbosa. *Curso de Direito Tributário*. São Paulo : Saraiva, 1990.

ROLIM, João Dácio. *Da tributação da renda mundial* : princípios jurídicos. *Repertório IOB de Jurisprudência*, n. 4, 96, p. 87-85, 1996.

TORRES, Heleno. *Pluritributação internacional sobre as rendas das empresas*. São Paulo : Revista dos Tribunais, 1997.

XAVIER, Alberto. *Direito tributário internacional do Brasil: tributação das operações internacionais*. 2. ed. totalmente reformulada e atualizada. Rio de Janeiro, Forense, 1993.

AS INOVAÇÕES DO NOVO CÓDIGO DE PROCESSO CIVIL AOS PROCESSOS DAS VARAS DE FAMÍLIA

Lia Rachel de Sousa Pereira

> *Os ventos que, às vezes, tiram algo que amamos, são os mesmos que nos trazem algo que aprendemos a amar. por isso, não devemos chorar pelo o que nos foi tirado, e sim, aprender a amar o que nos foi dado. pois tudo aquilo que é realmente nosso nunca se vai para sempre.*
>
> *Fernando Pessoa*

Introdução

Em 17 de março de 2016, começou a vigorar o novo Código de Processo Civil (CPC), a Lei 13.105/ 2015. Sancionado em 16.03.2015, depois de cinco anos de tramitação no Congresso, o texto traz inovações que devem agilizar decisões judiciais que hoje se arrastam por anos.

Entre as inovações do novo Código estão o julgamento de causas por ordem cronológica; a audiência de conciliação no início do processo para tentar um acordo e evitar abertura de ação judicial; a cobrança de multa para quem entrar desnecessariamente com vários recursos; e a determinação de que decisões de tribunais superiores devem orientar casos semelhantes.

O novo Código de Processo Civil (Lei 13.105/2015) apresenta importantes inovações para a eficiência da jurisdição e a efetividade dos julgados e, designadamente, também propõe significativos avanços para a área de família. Na área de família, houve melhorias significativas nos conflitos de pensão alimentícia, na simplificação das partilhas de bens e principalmente na agilidade dos recursos. Porém, o destaque ficou por conta da proteção dada aos direitos de quem vive em união estável.

Quanto às ações de separação judicial (litigiosas ou não), por identidade lógico-constitucional com a Emenda Constitucional 66/2010, quando conforme a melhor doutrina fez extinguir aquelas, o novo CPC reedita a existência das referidas ações, ao tratá-las nos artigos 693 e 731 e ss.

Os processos de divórcio, de guarda de filhos, de pensão e de paternidade, entre outros, terão rito especial. O objetivo é favorecer solução consensual com o auxílio de um mediador imparcial, durante audiência de conciliação/ mediação, em tantas sessões quantas forem necessárias. O juiz poderá chamar outros profissionais — psicólogos, por exemplo — para ajudar na solução de casos mais conflituosos. Devedor de pensão, se preso, deve ficar separado de outros presos. A Execução de alimentos ganhou capítulo próprio.

Observa-se então que o novo CPC simplificará os processos e acelerará as decisões da Justiça. Neste ensejo, o presente trabalho científico será voltado para os feitos que tramitam nas varas de família, abordando os principais aspectos que interessam ao processo civil a título de reflexão e análise que este novo código anuncia ao operador do Direito de Família.

1. Dos procedimentos judiciais das ações que tramitam nas varas de família

As ações que na vigência do CPC/1973 tramitavam pelo procedimento comum ordinário continuarão a seguir como tal, com a ressalva de que este não mais será diferenciado nos ritos sumário e ordinário. Haverá apenas um rito para esse procedimento, o que, de qualquer forma, não fará diferença para as ações da competência da vara de família, eis que nenhuma delas tramita pelo rito sumário, como assim discorre o art. 318 caput, § único e art. 1049 § único, como segue:

> Art. 318. Aplica-se a todas as causas o procedimento comum, salvo disposição em contrário deste Código ou de lei.
> Parágrafo único. O procedimento comum aplica-se subsidiariamente aos demais procedimentos especiais e ao processo de execução.
>
> Art. 1.049. Sempre que a lei remeter a procedimento previsto na lei processual sem especificá-lo, será observado o procedimento comum previsto neste Código.
> Parágrafo único. Na hipótese de a lei remeter ao procedimento sumário, será observado o procedimento comum previsto neste Código, com as modificações previstas na própria lei especial, se houver.

Nas varas de família tramitam, de regra, as ações que versam sobre os institutos típicos do Direito de Família; Com exceção somente as ações de alimentos que são regidas por lei especial (Lei nº 5.478/68), ao passo que as demais seguem rito processual previsto no Código de Processo Civil.

No código de 1973 sobre o procedimento comum ordinário tramitavam as ações de divórcio litigioso (Lei nº 6.515/77, art. 40, § 3º), as declaratórias de existência de união estável, as de anulação e de nulidade de casamento, também a de tutela, as ações de guarda, de regulamentação de visitas, as relativas à paternidade·

A ação de alteração do regime de bens do casamento segue procedimento especial de jurisdição voluntária (CPC/73, arts. 1.103/1112), assim como o divórcio consensual (CPC/73, arts. 1.120/1.124 c/c Lei nº 6.515/77, art. 40, § 2º), este com possibilidade de ser feito extrajudicialmente (CPC/73, 1124-A). O inventário e partilha de bens, quando litigioso, tramita por procedimento especial de jurisdição contenciosa (CPC/73, arts. 982/1.045).

As cautelares seguem rito próprio do processo cautelar (CPC/73, 796 e ss.). A cobrança de dívida de alimentos pode ser feita por execução de alimentos (CPC/73, art. 733) ou como cumprimento de sentença (CPC/73. 475-J e ss.). Já as situações de alienação parental seguirão pelo procedimento comum, quando autônomas, ou pelo rito da ação principal, quando incidentais, conforme prescrição do art. 4º, da Lei nº 12.318/10.

São ações que, de regra, demandam intervenção obrigatória do Ministério Público (CPC/73, 82, II) e que correm em segredo de justiça (CPC/73, 155, II).

Com o novo CPC (NCPC), as ações acima citadas tramitarão pelo rito especial, os processos contenciosos de divórcio, separação, de guarda, de regulamentação de visitas, as relativas à paternidade, as declaratórias de existência de união estável. As situações de alienação parental não sofreu alteração quanto ao rito.

O novo Código de Processo Civil traz capítulo específico para tramitação das ações das varas de família prevista no artigos 693 a 699 do NCPC;

As **Ações de Alimentos** previstas no art. 693 § único do ncpc, possui legislação própria, será aplicada no que couber as disposições do novo capítulo das varas de família;

Nas sessões de mediação e conciliação, haverá todo o esforço para solução consensual da controvérsia- o juiz deve dispor do auxílio de profissionais de outras áreas de conhecimento para a mediação e conciliação, art. 694 do ncpc;

E por fim, quando houver a ocorrência de abuso ou alienação parental, prevista no art.699 do ncpc, será colhido o depoimento do incapaz pelo juiz que deverá estar acompanhado por especialista.

2. Das modificações trazidas pelo novo CPC

O novo CPC introduziu no procedimento comum, quando comparado à sistemática do CPC/73, a priorização da fase conciliatória, que passará a anteceder o momento de oferecimento da defesa. Assim, a citação será feita não mais para oferecer defesa (CPC/73, 297), mas para comparecer à audiência de conciliação (NCPC, 695), sendo que o prazo para contestar será de 15 dias, contados da audiência de conciliação/sessão de mediação (NCPC, 335, inciso I).

2.1. A audiência de conciliação ou mediação

Na audiência de conciliação haverá a atuação necessária de um conciliador ou mediador, cujas funções estão especificadas nos arts. 165 a 175, do NCPC. Há, ainda, previsão expressa de realização de mais de uma sessão de conciliação ou mediação, caso necessário à composição das partes, cuja pauta deve ser organizada separadamente e com prioridade em face das audiências de instrução e julgamento, conforme discorre o art. 696 do novo CPC.

> Art. 696. A audiência de mediação e conciliação poderá dividir-se em tantas sessões quantas sejam necessárias para viabilizar a solução consensual, sem prejuízo de providências jurisdicionais para evitar o perecimento do direito.

Há, ainda, previsão expressa de realização de mais de uma sessão de conciliação ou mediação, caso necessário à composição das partes, cuja pauta deve ser organizada separadamente e com prioridade em face das audiências de instrução e julgamento, conforme discorre o art. 696 do novo cpc, não podendo exceder a 2 (dois) meses da data de realização da primeira sessão, desde que necessárias à composição das partes(art.334 §2º do NCPC).

O juiz designará audiência de conciliação ou de mediação com antecedência mínima de 30 (trinta) dias, devendo ser citado o réu com pelo menos 20 (vinte) dias de antecedência (NCPC art. 334 caput); nos processos das varas de família citação do réu deverá ocorrer com antecedência mínima de 15(quinze) dias da data designada para a audiência (NCPC art. 695 §2º);

Quanto ao comparecimento das partes em audiência devem as mesmas estarem acompanhadas por seus advogados ou defensores públicos. A parte poderá constituir representante, por meio de procuração específica, com poderes para negociar e transigir.(ncpc, art. 695 § 4º, art.334 § 9º e 10º);

A intimação do autor para comparecer à audiência de conciliação será facilitada, pois deverá ser feita na pessoa do advogado (NCPC, 334, § 3º); Nas ações de família a citação será feita na pessoa do réu (NCPC, art.695 §3º), ao passo que o não comparecimento injustificado de qualquer das partes será penalizado como ato atentatório à dignidade da justiça, sancionado com multa de até dois por cento do valor da causa ou da vantagem econômica objetivada, revertida em favor da União ou do Estado (NCPC, 334, §8º), tudo a apontar para a importância atribuída à fase conciliatória. Embora isso, há previsão de cancelamento de referida audiência no caso de uma das partes manifestar desinteresse na composição amigável (NCPC, 334, § 4º, inc. I).

Ainda assim, o juiz de família pode insistir na realização da conciliação, em virtude da natureza, relevância e especialidade das questões tuteladas. Até porque, a par da previsão de cancelamento por falta de interesse de uma das partes, consta norma que lhe impõe (ao juiz) o dever de tentar, prioritariamente e a qualquer tempo, compor amigavelmente as partes (NCPC, 139, V). **Não havendo acordo** passarão a incidir a partir de então, as normas do procedimento comum, observado o art.335 do NCPC.

2.2. Da contestação

A contestação, como se sabe, é peça de defesa, vale dizer, quase sempre um ato de beligerância, que pode ter por efeito fomentar ainda mais o dissenso familiar. A proposta de a parte requerida comparecer à audiência de conciliação sem ter preparado e apresentado, previamente, sua contestação, implica na expectativa de que se tenha um clima menos litigioso, mais amigável, e, via de consequência, mais favorável e propenso ao acordo que é, em última análise, o modo preferencial de resolução de conflitos de natureza familiar.

No entanto, nada obsta que a parte ré tenha acesso a contestação a qualquer tempo, como assim preleciona o art. 695 §1ºdo NCPC

> Art. 695. Recebida a petição inicial e, se for o caso, tomadas as providências referentes à tutela provisória, o juiz ordenará a citação do réu para comparecer à audiência de mediação e conciliação, observado o disposto no art. 694.
>
> *§ 1º O mandado de citação conterá apenas os dados necessários à audiência e deverá estar desacompanhado de cópia da petição inicial, assegurado ao réu o direito de examinar seu conteúdo a qualquer tempo.*

2.3. Da intervenção do ministério público

A intervenção do Ministério Público, ocorre inicialmente na defesa da ordem jurídica e dos interesses individuais indisponíveis (NCPC, 174), intervindo como fiscal da ordem jurídica nas causas que envolvam o estado das pessoas e o interesse de incapazes (NCPC, 178, I, II e III).

Nas ações de família o Ministério Público somente intervirá quando houver interesse de incapaz e deverá ser ouvido previamente a homologação de acordo, como segue o art. 698 do NCPC: *Art. 698. Nas ações de família, o Ministério Público somente intervirá quando houver interesse de incapaz e deverá ser ouvido previamente à homologação de acordo.*

Quanto a participação da fazenda pública não configura por si só hipótese de intervenção do ministério público (NCPC, art.178 § único).

2.4. Das demais alterações inseridas pelo novo código de processo civil

Aquelas situações consensuais, em que os interessados comparecem em juízo objetivando apenas, a homologação de acordo já concluído – muito comum entre casal de pais, para regulamentar alimentos, guarda e visitas para filhos havidos fora do casamento, deverão tramitar como procedimentos não contenciosos, seguindo-se de conformidade com a proposta do art. 719 e ss., do NCPC.

2.5. Do segredo de justiça

Segue em segredo de justiça a tramitação das causas que versem sobre casamento, separação de corpos, divórcio, união estável, filiação, alimentos e guarda, assim, também, em que constem dados protegidos pelo direito constitucional à intimidade (NCPC, 189, II e II.

A consulta de processo que tramite em segredo de justiça é restrito às partes e aos seus procuradores(ncpc, 189, §1º); **O terceiro que demonstrar interesse jurídico** poderá requerer ao juiz certidão do dispositivo da sentença, bem como de inventário e de partilha resultantes de divórcio ou separação(ncpc, 189, §2º).

2.6. Dos prazos modificados pelo NCPC

A contagem de prazos sofreu severa modificação com o Novo Código. O caput do artigo 219 estipula que os prazos processuais estabelecidos por lei ou pelo juiz computar-se-ão somente em dias úteis. A situação ainda é agravada pelo artigo 220, que suspende o curso dos prazos no período de 20 de dezembro a 20 de janeiro, como segue:

> Art. 219. Na contagem de prazo em dias, estabelecido por lei ou pelo juiz, computar-se-ão somente os dias úteis.
> Parágrafo único. O disposto neste artigo aplica-se somente aos prazos processuais.
> Art. 220. Suspende-se o curso do prazo processual nos dias compreendidos entre 20 de dezembro e 20 de janeiro, inclusive.

No cotejo dessas disposições legais, é facilmente percebido que um prazo de quinze dias cuja contagem iniciou-se após a primeira semana de dezembro somente findar-se-á no final de janeiro ou início de fevereiro.

Na sequência do novo procedimento, o prazo para réplica, que antes era de dez dias corridos, foi ampliado para quinze dias úteis, conforme redação dos artigos 437 § 1º, *in verbis*:

> Art. 437. O réu manifestar-se-á na contestação sobre os documentos anexados à inicial, e o autor manifestar-se-á na réplica sobre os documentos anexados à contestação.
>
> § 1º-Sempre que uma das partes requerer a juntada de documento aos autos, o juiz ouvirá, a seu respeito, a outra parte, que disporá do prazo de 15 (quinze) dias para adotar qualquer das posturas indicadas no art. 436.

3. Da alienação parental

Pela primeira vez, aparecerá no Código de Processo Civil a referência à alienação parental. No artigo 699 do NCPC, é previsto que quando a causa envolver a discussão sobre fatos relacionados a abuso ou alienação parental, o juiz, ao tomar o depoimento do incapaz, deverá fazê-lo acompanhado por especialista.

Considere-se, todavia, que melhor seria para efeito de disciplina da arguição, que esta fosse resolvida como incidente do processo, a ser dirimido com um procedimento mais amplo e eficiente, a tanto ensejar providencias específicas; salvo quando a invocação se constituir, efetivamente, como causa de pedir, em face da pretensão deduzida em juízo. De todo modo, registra-se que os processos de família envolvendo imputação de alienação parental, merecem tratamento específico, nomeadamente pela gravidade do tema. O mesmo pode-se afirmar para as ações de destituição do poder familiar, que estão a exigir um procedimento especial próprio.

3.1. Da alteração do regime de bens

A alteração do regime de bens do casamento, que atualmente tramita como procedimento especial de jurisdição voluntária, por não haver disciplina processual específica (CPC, arts. 1.103/1112), passará a ser regida por regra própria, contida no art. 734, do NCPC, inserta na seção que trata do divórcio e da união estável, consensuais. Embora a novidade da inserção no código, o regramento proposto pouco acrescenta ao processamento dos expedientes de modificação do regime de bens. A par da exigência de petição assinada por ambos os cônjuges (que não havia anteriormente), refere à observância dos requisitos legais, motivação do pedido, razões que justificam a alteração e ressalva a direitos de terceiros – tudo já constante na norma de direito material (CC, 1.639, § 2º).

O pedido, por sua vez, à míngua de regra processual expressa, deverá ser processado na forma do art. 719 e ss., do NCPC, que se aplica aos procedimentos regulados no mesmo capítulo, devidamente instruída a petição inicial e com regular intervenção do Ministério Público.

Conclusão

Não resta dúvida que a conciliação e a mediação se apresentam como vigorosos instrumentos para a pacificação e solução de conflitos em quase todas as áreas do direito, desde que se trata de direitos disponíveis.

O Novo Código de Processo Civil, positiva de forma muito objetiva onde e quando será aplicada, cabendo aos operadores do direito, se adaptarem aos novos tempos, e participarem de forma efetiva na busca da pacificação social, única forma de obtermos a melhor atuação do Poder Judiciário, e a prestação jurisdicional mais efetiva.

Nos processos de família observa-se que a ações que tratam do tema, ou seja, os processos contenciosos de separação judicial, divórcio, reconhecimento e extinção de união estável, de guarda, de visitação e de filiação tramitam atualmente pelo procedimento especial, tal procedimento não alcança as ações de alimentos que continua a se submeter a legislação especifica.

Conclui-se ainda que as regras do procedimento comum servem para o procedimento especial das ações de família e a única diferença que será obrigatória neste último procedimento é a audiência de conciliação ou de mediação que poderá se dividir em quanto se fizer necessária, o juiz pode dispor de auxílio de profissionais de outras áreas de conhecimentos para mediação e conciliação, bem como, a citação postal sem a cópia da petição inicial, pois o principal proposito deste novo procedimento é a autocomposição entre as partes.

Referencias

COMEL, Denise Damo. Do Poder Familiar. São Paulo: Editora Revista dos Tribunais, 2003.

_____. Manual Prático da Vara de Família: roteiros, procedimentos, despachos, sentenças e audiências. 2.ed. Curitiba: Juruá, 2010.

MARINONI, Luiz Guilherme e Outro. O projeto do CPC: crítica e propostas. São Paulo: Editora Revista dos Tribunais, 2010.

MEDINA, José Miguel Garcia. Novo Código de Processo Civil. São Paulo: Editora Revista dos Tribunais, 2011.

MADALENO, Rolf. Curso de direito de família. Rio de Janeiro: Forense, 2008. p. 46-47. FARIAS, Cristiano Chaves; ROSENVALD, Nelson. Direito das famílias. Rio de Janeiro: Lumen Juris, 2008. p. 221. GAGLIANO, Pablo Stolze; PAMPLONA FILHO, Rodolfo. Novo curso de direito civil. Direito de família. São Paulo: Saraiva, 2011. v. 6, p. 316.

TARTUCE, Flávio; SIMÃO, José Fernando. Direito civil. Direito de família. 4. ed. São Paulo: Método, 2010. v. 5, p. 169-173.

DIAS, Caroline Said. Execução de Alimentos: a Lei n. 11.232 e as Prestações Alimentares. Revista Magister de Direito Civil e Processual Civil. Porto Alegre: Magister, ano III, n. 13, p. 77-78, jun./ago. 2006.

GRECCO, Leonardo. Primeiros Comentários sobre a Reforma da Execução Oriunda da Lei 11.232/05. Revista Dialética de Direito Processual. São Paulo: Dialética, n. 36, p. 70-86.

NERY JUNIOR, Nelson e NERY, Rosa Maria de Andrade. Código de Processo Civil Comentado e Legislação Extravagante. 9. ed. São Paulo: Revista dos Tribunais, 2006.

OLIVEIRA, Hélder Braulino Paulo de. As prestações de alimentos e a Lei 11.232/05. Portal Páginas de Direito. Disponível em: . Acesso em: 19 dez. 2006.

SILVA, Jaqueline Mielke; XAVIER, José Tadeu Neves. Reforma do Processo Civil: Comentários às Leis: 11.187, de 19.10.2005; 11.232, de 22.12.2005; 11.276 e 11.277, de 7.2.2006; e 11.280, de 16.2.2006. Porto Alegre: Verbo Jurídico, 2006.

THEODORO JR., Humberto. As Novas Reformas do Código de Processo Civil. Rio de Janeiro: Forense, 2007.

WAMBIER, Luiz Rodrigues; WAMBIER, Teresa Arruda Alvim; MEDINA, José Miguel Garcia. Sobre a necessidade de intimação pessoal do réu para cumprimento da sentença, no caso do art. 475-J, CPC (inserido pela Lei 11.232/2005). In: ______; ______; ______. Anuário de Produção Intelectual de 2006. Curitiba: Arruda Alvim e Wambier Advocacia e Consultoria Jurídica, 2006, p. 125-131

ARRUDA ALVIM; ARAKEN DE ASSIS; ARRUDA ALVIM, Eduardo. Comentários ao Código de Processo Civil. São Paulo: Revista dos Tribunais, 2014.

BARBOSA MOREIRA, José Carlos. O Novo Código Civil e o Direito Processual. Disponível na internet: < http://www.tex.pro.br/home/artigos/59-artigos-nov-2008/5866-o-novo-codigo-civil-e-o--direito-processual/>. Acesso em 25 jun. 2014.

BUENO, Cassio Scarpinella. *Projetos de novo Código de Processo Civil comparados e anotados: Senado Federal (PLS n. 166/2010) e Câmara dos deputados (PL n. 8.046/2010)*. São Paulo: Saraiva, 2014.

CARVALHO NETO, Inácio de; FUGIE, Érika Harumi. *Novo Código Civil; direito das sucessões*. 2ª. ed., Curitiba, Juruá, 2003.

DIDIER Jr., Fredie; BUENO, Cassio Scarpinella; BASTOS, Antonio Adonias. "Carta de Salvador – II Encontro dos Jovens Processualistas do Instituto Brasileiro de Direito Processual (IBDP)". *Revista de Processo*. São Paulo: RT, 2014, v. 227, p. 435-437.

FIGUEIREDO, Gabriel Seijo Leal. Reflexos do Código Civil de 2002 nos processos de inventário e partilha. In *Questões processuais do novo Código Civil*. Rodrigo Mazzei (coord.). São Paulo: Manole, 2006, p. 510-543.

__________ Concorrência do companheiro e do cônjuge, na sucessão dos descendentes. Disponível em flaviotartuce.web333.kinghost.net/artigosc/Giselda_Concorrencia.doc. Acesso 25 jun. 2014.

LEITE, Eduardo de Oliveira. *Comentários ao Código Civil*. Volume XXI, 4ª. ed. Rio de Janeiro: Forense, 2004.

MAZZEI, Rodrigo. Enfoque processual do art. 928 do Código Civil. In RBDPro – *Revista Brasileira de Direito Processual.*, n. 59.

_______ Algumas Notas sobre o ('dispensável') artigo 232 do Código Civil. In: *Prova, Exame Médico e Presunção: o* artigo 232 do Código Civil. Fredie Didier Jr. e Rodrigo Mazzei (Coords). Salvador: Juspodivm, 2006.

________. Noção Geral do Direito de Sucessões no Código Civil: Introdução do tema por 10 (dez) 'verbetes'. In *Revista Jurídica*, Ano 62, nº 438, abril 2014, Porto Alegre: Síntese.

TARTUCE, Fernanda. *Igualdade e vulnerabilidade no processo civil.* Rio de Janeiro, Forense, 2012.

_______ *Processo civil: estudo didático*. São Paulo: Método, 2011.

TARTUCE, Fernanda; SARTORI, Fernando. *Como se preparar para o Exame de Ordem – 1a fase*: Civil. 12. ed. São Paulo: Método, 2014.

EXECUÇÃO DE ALIMENTOS: PROCEDIMENTOS E REGRAS CPC/2015

Lia Rachel de Sousa Pereira Santos

Antigamente a cobrança de dívida de alimentos originados no Direito de Família, no processo vigente, podia ser feita de duas formas: (i) como ação autônoma, pela via do art. 733, do CPC, utilizada para cobrar parcelas com caráter de urgência alimentar, sob pena de prisão; (ii) em sede de cumprimento de sentença, pela via do art. 475-J, do CPC, que se presta para cobrança das parcelas tidas como pretéritas, quais sejam, aquelas que perderam o caráter de urgência alimentar, sob pena de penhora de bens.

No novo CPC, a proposta é de que a atual execução de alimentos pela via da prisão seja processada como cumprimento de sentença, regulamentada no capítulo Do cumprimento da obrigação de prestar alimentos (NCPC, 528 a 533). Não mais se terá, portanto, uma ação autônoma de execução de alimentos, mas nova fase dentro do processo de conhecimento, destinada aos alimentos definitivos, estabelecidos judicialmente, em sentença ou decisão interlocutória (NCPC, 528, *caput*), no entanto, quanto a execução dos alimentos provisórios, bem como a dos alimentos fixados em sentença ainda não transitada em julgado será processado em autos apartados (NCPC, 531 §1º).

Quanto ao procedimento para a cobrança de alimentos pela via da coerção pessoal, a proposta é de que o devedor seja intimado (não mais citado, pois agora se trata de cumprimento de sentença) pessoalmente para, no prazo de três dias, pagar as *parcelas anteriores ao início da execução e das que se vencerem no seu curso, provar que o fez ou justificar a impossibilidade de efetuá-lo* (NCPC, 528, *caput*).

No que diz respeito à dívida que autoriza a pretensão, deverá ser compreendida como aquela referente às três últimas parcelas anteriores ao ajuizamento do pedido de cumprimento de sentença (art. 528 §7º, do NCPC), assim como é atualmente.

O prazo concedido para o devedor é o mesmo da regra atual (três dias), sendo que a ele são facultadas as mesmas três ações: pagar, provar que pagou e justificar a impossibilidade de efetuar o pagamento. Também é o mesmo o prazo previsto para a prisão caso não haja pagamento ou não seja acolhida a justificativa – um a três meses, ficando igualmente a critério do julgador, conforme o caso concreto, o tempo de duração da custódia (NCPC, 528, § 3º; CPC, 733, § 1º).

Se o devedor não pagar ou se a justificativa apresentada não for aceita, o juiz mandará protestar o título executivo extrajudicial (NCPC, 528 §1ª). Assim o Tabelião tornará pública a inadimplência do devedor, resguardando o direito de crédito do credor. O que certamente engessará a capacidade do devedor de contrair empréstimos, financiamentos e gozar de crediário na praça, uma vez que os órgãos de proteção ao crédito (SPC, Serasa *etc*) solicitam dos tabelionatos de protesto as relações de pessoas que possuem protestos, lançando-os em seus bancos de dados.

Trata-se de excelente medida coativa do NCPC/2015 que não era prevista no CPC/1973. Até hoje os protestos de dívidas alimentares são realizados através de construções doutrinárias e jurisprudências. Alguns Tribunais chegaram a regulamentar esse método de constrição do devedor, que algumas vezes esbarrava na questão da competência privativa da União para legislar sobre direito processual civil.

Feito o protesto do devedor, ato contínuo, passa-se à decretação de sua prisão pelo prazo de um a três meses. Essa prisão será cumprida em regime fechado, devendo o preso ficar separado dos presos comuns, por não se tratar de pena criminal.

Da mesma forma que o direito atual, o cumprimento da pena de prisão sem que se tenha feito o adimplemento integral não exime o devedor do pagamento (NCPC, 528, § 5º; CPC, 733, § 2º), devendo a cobrança da dívida em aberto, neste caso, ser feita pela via do cumprimento definitivo da sentença condenatória em quantia certa (NCPC, 523 e ss.).

De forma semelhante à regra do art. 734, do CPC, há previsão de desconto dos alimentos em folha de pagamento (NCPC, art. 529), com o diferencial de que a diligência deve se dar a requerimento da parte (a interpretação da norma vigente é de que o juiz age de ofício). A norma projetada igualmente especifica o conteúdo do ofício que determina os descontos em folha, que deve conter, dentre outros, o termo inicial dos descontos, sob pena de responder, a autoridade pública, a empresa ou empregador, pelo crime de desobediência – o que consiste em inovação ao direito vigente (NCPC, 529, §§ 1º e 2º). A despeito de a norma referir à prática de crime de desobediência por empresa, por evidente que se deve entender que eventual responsabilidade criminal somente poderá ser daquele que for responsável concretamente pelo ato ilícito, uma vez que a pessoa jurídica não pode ser sujeito ativo de crime.

Logo se o devedor for funcionário público, militar, diretor ou gerente de empresa, bem como empregado sujeito à legislação do trabalho, o credor poderá – e não deverá! – em sua petição inicial requerer o desconto em folha de pagamento de pessoal da importância da prestação alimentícia (NCPC, 912 e 529).

A petição inicial deverá indicar precisamente os nomes e o número de inscrição no Cadastro de Pessoas Físicas do credor e do devedor, a importância a ser descontada mensalmente, a conta na qual deve ser feito o depósito e, se for o caso, o tempo de sua duração. Evidentemente, o título executivo extrajudicial acostado deverá corroborar tais elementos (título de obrigação certa, líquida e exigível), sob pena de sua rejeição liminar.

Quanto à ação de execução de alimentos atualmente só será possível pela execução título executivo extrajudicial, conforme preleciona o art.911 e ss do NCPC.

Por fim, a cobrança dos alimentos pretéritos, sob pena de constrição patrimonial, deve seguir conforme as prescrições estabelecidas para cumprimento definitivo da sentença condenatória em quantia certa, previsto no art. 523 e ss., do NCPC e nos termos do que remete o art. 831, do NCPC.

Tem-se, assim, que não obstante as modificações para a cobrança forçada dos alimentos da competência do juízo de família deve ser mantida a fundamental diferenciação quanto aos ritos, conforme se trate de alimentos urgentes (pena de prisão) ou alimentos pretéritos (pena de penhora).

Referências

ARRUDA ALVIM; ARAKEN DE ASSIS; ARRUDA ALVIM, Eduardo. *Comentários ao Código de Processo Civil.* São Paulo: Revista dos Tribunais, 2014.

BARBOSA MOREIRA, José Carlos. O Novo Código Civil e o Direito Processual. Disponível na internet: < http://www.tex.pro.br/home/artigos/59-artigos-nov-2008/5866-o-novo-codigo-civil-e-o--direito-processual/>. Acesso em 25 jun. 2014.

BUENO, Cassio Scarpinella. *Projetos de novo Código de Processo Civil comparados e anotados: Senado Federal (PLS n. 166/2010) e Câmara dos deputados (PL n. 8.046/2010)*. São Paulo: Saraiva, 2014.

CARVALHO NETO, Inácio de; FUGIE, Érika Harumi. *Novo Código Civil; direito das sucessões*. 2ª. ed., Curitiba, Juruá, 2003.

DIDIER Jr., Fredie; BUENO, Cassio Scarpinella; BASTOS, Antonio Adonias. "Carta de Salvador – II Encontro dos Jovens Processualistas do Instituto Brasileiro de Direito Processual (IBDP)". *Revista de Processo*. São Paulo: RT, 2014, v. 227, p. 435-437.

COMEL, Denise Damo. *Do Poder Familiar*. São Paulo: Editora Revista dos Tribunais, 2003.

_____. *Manual Prático da Vara de Família:* roteiros, procedimentos, despachos, sentenças e audiências. 2.ed. Curitiba: Juruá, 2010.

DIAS, Caroline Said. Execução de Alimentos: a Lei n. 11.232 e as Prestações Alimentares. *Revista Magister de Direito Civil e Processual Civil.* Porto Alegre: Magister, ano III, n. 13, p. 77-78, jun./ago. 2006.

FARIAS, Cristiano Chaves; ROSENVALD, Nelson. Direito das famílias. Rio de Janeiro: Lumen Juris, 2008. p. 221.

FIGUEIREDO, Gabriel Seijo Leal. Reflexos do Código Civil de 2002 nos procesos de inventário e partilha. In *Questões processuais do novo Código Civil.* Rodrigo Mazzei (coord.). São Paulo: Manole, 2006, p. 510-543.

________ Concorrência do companheiro e do cônjuge, na sucessão dos descendentes. Disponível em flaviotartuce.web333.kinghost.net/artigosc/Giselda_Concorrencia.doc. Acesso 25 jun. 2014.

GAGLIANO, Pablo Stolze; PAMPLONA FILHO, Rodolfo. Novo curso de direito civil. Direito de família. São Paulo: Saraiva, 2011. v. 6, p. 316.

GRECCO, Leonardo. Primeiros Comentários sobre a Reforma da Execução Oriunda da Lei 11.232/05. *Revista Dialética de Direito Processual*. São Paulo: Dialética, n. 36, p. 70-86.

MARINONI, Luiz Guilherme e Outro. *O projeto do* CPC: crítica e propostas. São Paulo: Editora Revista dos Tribunais, 2010.

MEDINA, José Miguel Garcia. *Novo Código de Processo Civil*. São Paulo: Editora Revista dos Tribunais, 2011.

MADALENO, Rolf. Curso de direito de família. Rio de Janeiro: Forense, 2008. p. 46-47

NERY JUNIOR, Nelson e NERY, Rosa Maria de Andrade. *Código de Processo Civil Comentado e Legislação Extravagante*. 9. ed. São Paulo: Revista dos Tribunais, 2006.

OLIVEIRA, Hélder Braulino Paulo de. *As prestações de alimentos e a Lei 11.232/05*. Portal Páginas de Direito. Disponível em: . Acesso em: 19 dez. 2006.

SILVA, Jaqueline Mielke; XAVIER, José Tadeu Neves. *Reforma do Processo Civil*: Comentários às Leis: 11.187, de 19.10.2005; 11.232, de 22.12.2005; 11.276 e 11.277, de 7.2.2006; e 11.280, de 16.2.2006. Porto Alegre: Verbo Jurídico, 2006.

TARTUCE, Flávio; SIMÃO, José Fernando. Direito civil. Direito de família. 4. ed. São Paulo: Método, 2010. v. 5, p. 169-173.

THEODORO JR., Humberto. *As Novas Reformas do Código de Processo Civil*. Rio de Janeiro: Forense, 2007.

WAMBIER, Luiz Rodrigues; WAMBIER, Teresa Arruda Alvim; MEDINA, José Miguel Garcia. Sobre a necessidade de intimação pessoal do réu para cumprimento da sentença, no caso do art. 475-J, CPC (inserido pela Lei 11.232/2005). *In*: ______; ______; ______. *Anuário de Produção Intelectual de 2006*. Curitiba: Arruda Alvim e Wambier Advocacia e Consultoria Jurídica, 2006, p. 125-131.

LEITE, Eduardo de Oliveira. *Comentários ao Código Civil*. Volume XXI, 4ª. ed. Rio de Janeiro: Forense, 2004.

MAZZEI, Rodrigo. Enfoque processual do art. 928 do Código Civil. In RBDPro – *Revista Brasileira de Direito Processual.*, n. 59.

_______ Algumas Notas sobre o ('dispensável') artigo 232 do Código Civil. In: *Prova, Exame Médico e Presunção: o* artigo 232 do Código Civil. Fredie Didier Jr. e Rodrigo Mazzei (Coords). Salvador: Juspodivm, 2006.

________. Noção Geral do Direito de Sucessões no Código Civil: Introdução do tema por 10 (dez) 'verbetes'. In *Revista Jurídica*, Ano 62, nº 438, abril 2014, Porto Alegre: Síntese.

TARTUCE, Fernanda. *Igualdade e vulnerabilidade no processo civil*. Rio de Janeiro, Forense, 2012.

________ *Processo civil: estudo didático*. São Paulo: Método, 2011.

TARTUCE, Fernanda; SARTORI, Fernando. *Como se preparar para o Exame de Ordem – 1a fase*: Civil. 12. ed. São Paulo: Método, 2014.

MULTIPARENTALIDADE: EFEITOS JURÍDICOS E OS PRECEITOS ASSEGURADORES DO PRINCÍPIO CONSTITUCIONAL DA DIGNIDADE DA PESSOA HUMANA

Lia Rachel de Sousa Pereira Santos

Insanidade é continuar fazendo sempre a mesma coisa e esperar resultados diferentes.

Albert Einstein

Introdução

No contexto social contemporâneo o termo família passou a ter amplo conceito e adaptação. A instituição familiar é o alicerce para formação do indivíduo e para sua integração social. Observa-se que a formação dos responsáveis pelo individuo transpassa a necessidade da manutenção da estrutura familiar tradicional que se conceitua como a união civil instituído pelo casamento do homem e mulher e filhos biológicos. Qualquer pessoa, independente de sua condição sexual ou de seu parceiro, capaz de criar um filho é livre para fazê-lo.

Os parâmetros contemporâneos da instituição familiar vão de encontro às ideologias do conceito de família tradicional. Para a formação familiar atualmente é, portanto, necessário valer-se de ética e afetividade. A cor da pele, condição sexual ou qualquer tipo de preconceito mostram-se grandemente irrelevantes.

Diante de tantas mudanças estruturais do instituto familiar que reconstruíram o conceito do termo "Família", o Direito de Família não se manteve inerte às transformações da sociedade e, neste contexto, a definição da filiação e os seus critérios, ou seja, registral, biológico e socioafetivo, também mudaram, surgindo um novo instituto familiar: a multiparentalidade. Esse instituto permite que o indivíduo possua mais de dois ascendentes, simultaneamente, com todos os efeitos jurídicos pertinentes à filiação e à paternidade.

A multiparentalidade é uma realidade na vida de muitas crianças e adolescentes e efetiva o princípio da dignidade da pessoa humana e da afetividade. O reconhecimento desse instituto abarca valores fundamentais e os vínculos têm repercussões jurídicas para as partes envolvidas.

Conceituando o instituto da multiparentalidade, verifica-se que é a possibilidade jurídica conferida aos genitores biológicos e genitores afetivos de efetivarem o princípio da dignidade da pessoa humana e da afetividade para o estabelecimento de vínculos parentais.

O reconhecimento da multiparentalidade passa a efetivar que a família ultrapassa os padrões genéticos e biológicos decorrentes do casamento civil. Passa a proteger o direito do indivíduo, prevalecendo as relações interpessoais constantes na sociedade, ao invés da proteção somente ao patrimônio. Nesse diapasão, passam a prevalecer os laços de afetividade e convivência familiar, e a afetividade torna-se o elemento nuclear e definidor da estrutura familiar.

É nesse liame que esta pesquisa será desenvolvida, partindo da estrutura familiar tradicional até a família contemporânea com o reconhecimento da multiparentalidade, efetivação do princípio da dignidade da pessoa humana e da afetividade e os efeitos jurídicos decorrentes desse instituto.

1. Multiparentalidade: conceitos e efeitos jurídicos

Não se pode adentrar ao reconhecimento do instituto da multiparentalidade, sem que antes se explique a estrutura familiar tradicional, bem como os avanços da sociedade que automaticamente ampliaram o conceito do termo 'Família'.

Sabe-se que a estrutura familiar adotada no Brasil tem grande influência do modelo romano, no qual a família era uma comunidade instituída pelo casamento. Nesse modelo familiar, o homem era o representante da família e nele se fundava a hierarquia e autoridade familiar. À mulher ficava apenas a função reprodutiva.

Passando para Europa do século XVIII, quem teve maior relevância para construção da estrutura familiar brasileira foram o movimento iluminista e as revoluções burguesas que dele decorreram. Nessa época, o patrimonialismo assumiu caráter dominante e a propriedade era a prioridade, inclusive nas relações familiares.

Dessa forma, observa-se que a entidade familiar do Código Civil de 1916 era matrimonial, hierarquizada e patrimonial. Em seu artigo 229, preleciona que era o casamento que criava a família legitima, os filhos fora do casamento eram considerados ilegítimos e não possuíam o reconhecimento jurídico. Já no seu artigo 242, determinava a perda da capacidade civil absoluta da mulher, a qual dependia de autorização prévia do marido, para exercer atos da vida civil. Nessa vertente, o Pátrio Poder sobre os filhos era exercido pelo homem, a esposa só assumiria na falta do pai.

Embora a legislação asseverasse a preservação da estrutura familiar tradicional, na prática, eram diversas as estruturas familiares existentes na sociedade, muitas formadas por mulheres apenas. Havia muitas famílias de classe baixa que não oficializavam o casamento, em virtude dos elevados custos do casamento.

Com a modernização da sociedade, novos modelos de entidade familiar foram surgindo, sobretudo, no aspecto jurídico. Em 1962, adveio a Lei nº

4121/62 chamada de Estatuto da mulher casada que devolveu à mulher sua capacidade civil plena, quando dispensou a autorização marital para prática de certos atos e admitiu a colaboração da mulher no exercício do Pátrio Poder.

Por outro lado, em 1977, a Emenda Constitucional nº 9 de 1977 e a Lei nº 6.515/1977 instituíram o divórcio, possibilitando a dissolução do casamento e deixando por terra a ideia de família como instituição sagrada e inalterável. Nesse contexto, novas concepções de família automaticamente foram surgindo e assumindo um caráter instrumental.

Para Venosa (2010, p.7), o grande divisor de águas do direito privado surge com a Constituição de 1988. Não obstante, o princípio da dignidade da pessoa humana surge como preceito fundamental e alicerça os demais dispositivos constitucionais. Merece especial destaque o artigo 226 da Carta Magna, que preceitua a proteção à família, igualdade entre os cônjuges e a pluralidade familiar.

Em 2002 entra em vigor do Código Civil Brasileiro, sem grandes novidades no âmbito familiar, já que a Constituição Federal de 1988 havia reformulado o conceito de família, que passou a representar uma formação social com alicerce nas relações de afeto que objetiva o desenvolvimento de seus membros.

Nesse diapasão, ocorre o fenômeno que Paulo Lobo (2010) denomina de repersonalização das relações civis, pelo qual o interesse dos indivíduos se sobrepõe a suas relações patrimoniais, e a proteção da família se desloca para o sujeito, ocorrendo "na pessoa de cada um dos que a integram". (Art. 226 § 8º da CF/88).

Assim que o Direito de Família se desvincula da proteção ao patrimônio e volta-se à proteção das pessoas, uma nova concepção de família surge, que é o reconhecimento das relações interpessoais já existentes na sociedade.

É em relação a essas novas estruturas familiares baseadas na afetividade que o Direito de Família vem buscando reconhecimento jurídico, conjuntamente com a efetivação dos direitos das partes envolvidas.

Atualmente a instituição familiar constitui-se das mais variadas formas, e o conceito de Família Tradicional, com laços consanguíneos e biológicos baseados no casamento foi afastado. Como exemplo dessa nova forma de família, tem-se o reconhecimento da família monoparental, da união estável, do casamento e adoção por pares homoafetivos, da proibição de distinção da filiação e da paternidade socioafetiva.

Assim, o que identifica a família atualmente não é o casamento, nem mesmo a diferença de sexo ou envolvimento para procriação, mas sim, a presença de um vínculo de afeto que une as pessoas, em busca de um comprometimento mútuo, projeto de vida com algumas identidades e propósitos comuns. Com o reconhecimento de que o afeto é um princípio do Direito de família e faz as vezes de direito fundamental, se dá valor e lugar ao afeto nas relações familiares.

Nesse contexto, a multiparentalidade vem legitimar a paternidade/maternidade do padrasto ou madrasta que ama, cria e cuida de seu enteado como se filho fosse. Afirma ainda a existência do direito à convivência familiar que a criança e o adolescente podem dispor, em conjunto, com relação à paternidade biológica e à socioafetiva.

A partir do reconhecimento da multiparentalidade, vem, conjuntamente, uma série de efeitos jurídicos, tais como: relações de parentesco, direito de uso do nome do pai ou mãe socioafetivo, obrigação alimentar, guarda do filho menor, visitação e direito sucessório. Quanto à relação de parentesco, o Código Civil, em seu artigo 1.593, prevê as suas espécies, podendo ser natural ou civil, conforme resulte de consanguinidade ou outra origem.

Observa-se que o dispositivo, ao dar ensejo a outra origem de relação parental, viabiliza o reconhecimento da filiação socioafetiva como modalidade de parentesco civil, entendimento reforçado pelo enunciado 256 aprovado na III Jornada de Direito Civil: Art. 1.593. *A posse do Estado de filho (parentalidade socioafetiva) constitui modalidade de parentesco civil.*

Assim, o filho afetivo terá parentesco em linhas retas e colaterais (enfatizando que apenas até o quarto grau), com ambas as famílias, biológica e afetiva, valendo-se de todas as disposições expressas em lei, referentes ao Direito de Família, inclusive, impedimentos matrimoniais e sucessórios.

Nesse sentido, Paulo Lôbo (*ib*, p. 233) discorre que *A posse do Estado de filiação refere à situação fática na qual uma pessoa desfruta do status de filho em relação a outra pessoa, independentemente dessa situação corresponder à realidade legal.* O art. 1.605 do Código Civil, de 2002, afirma que a posse do Estado de filho é tida como principal critério a embasar a verdade afetiva.

Conforme a doutrina tradicional, afirma Pontes de Miranda (1971), três requisitos são necessários para caracterização da filiação: a) Nomem, que corresponde à utilização do nome daquele a quem se atribui a paternidade; b) Tractatus, que reflete o tratamento dispensando ao filho através do cuidado, da educação e do sustento, dentre outras atitudes; c) Fama, relativa à reputação do filho perante o meio em que se encontra. Consta como modalidade de filiação a adoção de fato, na chamada "adoção à brasileira", reprodução assistida heteróloga, relações de padrasto e madrasta, comuns nas famílias recompostas. Logo, enfatiza-se que, a cada posse de Estado de filho, sempre vai existir uma posse de Estado de pai, não sendo possível uma sem a outra, havendo uma reciprocidade.

Sobre o tema, há julgado dos Tribunais Pátrios, a seguir:

> Tribunal de Justiça de São Paulo TJ-SP – Apelação : APL 64222620118260286 SP 0006422-26.2011.8.26.0286
>
> Ementa
> MATERNIDADE SOCIOAFETIVA. Preservação da Maternidade Biológica Respeito à memória da mãe biológica, falecida em decorrência

> do parto, e de sua família – Enteado criado como filho desde dois anos de idade Filiação socioafetiva que tem amparo no art. 1.593 do Código Civil e decorre da posse do estado de filho, fruto de longa e estável convivência, aliado ao afeto e considerações mútuos, e sua manifestação pública, de forma a não deixar dúvida, a quem não conhece, de que se trata de parentes – A formação da família moderna não- consanguínea tem sua base na afetividade e nos princípios da dignidade da pessoa humana e da solidariedade Recurso provido.
> O acórdão do julgamento que acolheu a tese da Multiparentalidade, com a divulgação da deliberação que julgou a Repercussão Geral 622: "A paternidade socioafetiva, declarada ou não em registro público, não impede o reconhecimento do vínculo de filiação concomitante baseado na origem biológica, com os efeitos jurídicos próprios". (STF, REx nº 898.060, Rel Min. Luiz Fux, Plenário, pub. 24/08/2017).

Em decorrência das questões relativas à paternidade/maternidade socioafetiva, emergem as seguintes perguntas: quem pode ser o responsável pela família multiparental? Somente padrasto/madrasta? Ou qualquer pessoa unida pelo vínculo de afeto? A resposta ao questionamento advém do fato de que, atualmente, as famílias são constituídas por laços de afeto e igualdade. É possível uma família multiparental ser formada por casais homossexuais que podem ser pais e mães conjuntamente, por meio de reprodução assistida heteróloga, e que desejam pôr o nome de ambos no registro de nascimento do filho, muitas vezes, gerado por outrem, em uma cessão temporária do útero. Da mesma forma, companheiros e companheiras de pais biológicos ou civis podem ser pais e mães, na formação de família de avós e netos, sobrinho e tios. Qualquer pessoa que deseja criar um filho pode fazê-lo, desde que unido pelos laços de afeto.

Neste ínterim, enfatiza-se que, com o avanço e modernização da sociedade, o reconhecimento de famílias unidas pelo vínculo de afeto é uma realidade, e o reconhecimento da multiparentalidade traz à baila todos os efeitos jurídicos decorrentes da filiação, logo os filhos afetivos e pais afetivos terão direito ao nome do pai/mãe afetivo, a guarda, obrigação alimentar, visitação e direitos sucessórios.

Observa-se que é direito fundamental do filho o uso do nome dos pais e esse direito é decorrente do princípio da dignidade humana, previsto no artigo 1, inciso III da Constituição Federal de 1988. Sendo reconhecida a multiparentalidade, não há impedimento para que o filho afetivo use o prenome e o apelido de família de todos os genitores. Ressalta-se, ainda que, em seu artigo 54, a lei de Registro Público não traz proibição de alteração do nome, em razão do reconhecimento da multiparentalidade. Quanto à obrigação alimentar, o reconhecimento da multiparentalidade é aplicado, tanto ao pai biológico como ao pai afetivo, conforme preleciona o artigo 1696 do Código Civil (2002): *Art.1.696. O direito à prestação de alimentos é recíproco entre pais e filhos, e extensivo a todos os ascendentes, recaindo a obrigação nos mais próximos em grau, uns em falta de outros.*

Desta forma, ver-se que a legislação vigente assegura a obrigação alimentar reciproca entre pai e filho, logo na família multiparental todos os pais poderão prestar alimentos a todos os filhos. Neste sentido há entendimento jurisprudencial dos Tribunais Pátrios, como segue, no Processo AI 247779720118070000 DF 0024777-97.2011.807.0000, Julgado pela 6ª Turma Cível, com Publicação 19/04/2012, DJ-e Pág. 208, Julgamento em 11 de Abril de 2012, tendo como relator José Divino de Oliveira:

> Ementa
> AGRAVO DE INSTRUMENTO. NEGATÓRIA DE PATERNIDADE. ANTECIPAÇÃO DE TUTELA. SUSPENSÃO DE ALIMENTOS. IMPOSSIBILIADDE. PATERNIDADE SÓCIO-AFETIVA E VÍCIOS DE CONSENTIMENTO NÃO AFASTADOS.
> I – não obstante o exame de DNA afastar a existência de relação biológica entre as p artes, a ausência de elementos que comprovem a inexistência de vínculo socioafetivo, que deve ser considerado na apreciação de pedido de antecipação de tutela para suspender o pagamento dos alimentos.
> II – o reconhecimento voluntário de filhos tem natureza de ato jurídico stricto sensu, consoante dicção do artigo 185 do Código Civil, sendo, por isso, irrevogável e irretratável. A sua invalidação somente pode ocorrer por força do reconhecimento de vício de consentimento do próprio autor do ato; por recusa do reconhecido; e quando contrário à verdade, por provocação de qualquer pessoa com justo interesse.
> III – impõe-se a subsistência da obrigação alimentar até a instauração do contraditório, quando as questões poderão ser examinadas com a prudência que o caso requer.
> IV – negou-se provimento ao recurso.
>
> Acordão
> Conhecido. Negou-se provimento. Unânime.

Referente ao instituto da guarda de menor e direito de visitas, com o reconhecimento da multiparentalidade, não há, juridicamente, dificuldades relacionadas aos institutos, visto que deve prevalecer o melhor interesse da criança. O princípio do melhor interesse da criança e adolescente encontra-se previsto no art. 227, caput da Constituição Federal de 1988 e no Estatuto da Criança e Adolescente em seu art. 4º.

Salienta-se, ainda, que a guarda do menor não obsta o direito de visitas para aquele que teve pretensão refutada, desde que comprovada a idoneidade e os benefícios quanto ao desenvolvimento da criança.

Convém lembrar que, em 2011, entrou em vigor a Lei nº 12.398/11 que estendeu o direito de visitas aos avós, acrescentando um parágrafo único ao artigo 1.589 do Código Civil. Assim, havendo divergência em relação a quem deve ter a guarda e o direito de visitas, deve ser considerado o critério da afetividade e afinidade.

Sobre o tema, questiona-se que existem três institutos familiares que podem exercer o pátrio poder sobre os integrantes da família. Faz-se necessário, portanto, esclarecer a diferença entre eles, quais sejam, a guarda, a adoção e a multiparentalidade.

Ressalta-se que a guarda se destina a regularizar a convivência, de fato, atribuindo ao guardião vínculo e representação jurídica em relação à criança ou ao adolescente, com a obrigação de promover-lhe a assistência moral, material e educação, permitindo-lhe, todavia, opor-se a terceiros, inclusive os pais.

A adoção atribui a condição de filho, para todos os efeitos, desligando-o de qualquer vínculo com os pais biológicos. Pode haver alteração do nome, se houver desejo do adotante ou adotado, sendo criança ou adolescente.

Já a filiação multiparental ou multiparentalidade diz respeito a uma situação em que o filho, seja ele menor ou maior de idade, através de um procedimento jurídico, passa a ter em seu registro de nascimento dois pais e uma mãe, duas mães e um pai, etc. Sendo esses os exemplos que se encontram nas jurisprudências dos tribunais, hoje. Contudo, nada impede que existam outros arranjos e em maior número.

Quanto aos direitos sucessórios, o reconhecimento da multiparentalidade é vigente entre pais, filhos e seus parentes, observada a preferência na ordem na vocação hereditária, conforme o disposto nos arts. 1.829 a 1.847 do Código Civil. Aplica-se, portanto, aos genitores, tanto afetivos quanto biológicos, o direito sucessório do filho em concorrência com os irmãos, ainda que seja unilateral. Questiona-se então: o filho afetivo entra na sucessão do pai ou mãe afetivos ou vice- versa? Na realidade não há distinção do procedimento utilizado em uma família na qual não há multiparentalidade, logo, um filho é herdeiro de seus pais biológicos e afetivos e eles herdeiros de seus filhos, além dos vínculos com os demais parentes.

Neste diapasão, configurando-se efetivamente a dupla ascendência, Dias afirma que *[...] todos os pais devem assumir os encargos decorrentes do poder familiar, sendo que o filho desfruta de direitos em relação a todos. Não só no âmbito do direito das famílias, mas também em sede sucessória* (DIAS, 2010, p.370).

2. Os preceitos asseguradores da multiparentalidade para efetivação do principio constitucional da dignidade da pessoa humana

O reconhecimento do instituto familiar multiparental vem efetivar o princípio da dignidade pessoa humana e da afetividade. A família multiparental é uma realidade social há anos e vem sendo reconhecida aos poucos pelo nosso ordenamento jurídico. Esse reconhecimento legitima os princípios ensejadores do direito de família que é uma adaptação do direito à evolução dos valores da sociedade.

A família atual e o seu reconhecimento concretizam o princípio da dignidade da pessoa humana, elevando-o a fundamento da ordem jurídica, que passou a priorizar as pessoas e transpassou os limites do patrimônio.

Nesse sentido, Maria Berenice Dias (*ib*, p.61) discorre que *o princípio da dignidade da pessoa humana é o mais universal de todos os princípios. É um macro princípio do qual se irradiam todos os demais [....]* Observa-se que o capítulo constitucional destinado à família, novamente, traz o princípio da dignidade da pessoa humana, em seus dispositivos arts. 226 § 7º, 227 e 230, o que deixa claro o valor conferido à entidade familiar.

Além do princípio da dignidade humana, há também o aparato jurídico do princípio da afetividade pelo reconhecimento da multiparentalidade, passando o afeto a ser reconhecido como princípio norteador do direito de família e como direito fundamental. Passa-se também a dar valor, no âmbito familiar, à convivência e ao afeto, tornando as relações de consanguinidade menos importantes que a convivência familiar e a troca afetiva.

Assim, é indiscutível a relevância da afetividade no atual contexto familiar. O afeto é responsável por instituir a comunhão de vida em todas as entidades familiares, considerando-se que *não há, ou ao menos não deveria haver, a relação familiar à míngua do pressuposto da afeição.* (FIGUEIREDO, 2006, p. 22).

Questiona-se, por fim, se a efetivação do princípio da dignidade humana e da afetividade, com reconhecimento da multiparentalidade, atende, de fato, às necessidades do presente contexto social.

Essa efetivação vem trazendo, para a realidade, a prática social, de maneira que esses princípios deixam de exercer apenas o papel simbólico que doutrina tradicional lhes destinava.

Considerações finais

O instituto da multiparentalidade que efetiva o princípio constitucional da dignidade da pessoa humana é fundado no avanço dos costumes da sociedade, como a reprodução assistida e famílias reconstituídas, dentre outras modalidades. A família atualmente constitui-se de laços de afetos e de relações interpessoais, não sendo mais baseada no casamento e no patrimônio.

Nosso ordenamento jurídico vem se adaptando a esse fenômeno que surgiu com a ampliação do conceito de instituição familiar. A mudança mais marcante no direito de família adveio do art. 227, da Constituição Federal, que prioriza o princípio da dignidade da pessoa humana, proibindo qualquer discriminação em relação aos filhos fora do casamento.

Nesse sentido, a família tradicional matrimonial e patrimonial deu lugar à família funcionalizada ligada por laços de afeto e igualdade entre os cônjuges. O instituto familiar deixou de ser aquela instituição sacralizada e inalterável e passou a significar um ambiente de desenvolvimento da personalidade de seus membros, como assenta a Constituição Federal de 1988 e os princípios nela previstos.

Logo, o reconhecimento da família multiparental traz ao liame familiar efeitos jurídicos decorrentes do estado de filho e estado de pai, implicando todas as obrigações pertinentes a esse tipo de relação. Assim, negar essas obrigações que decorrem do reconhecimento da multiparentalidade é inconstitucional, cabendo ao Direito assumir a regulamentação dessa nova realidade, a fim de assegurar os direitos das partes envolvidas.

Referências

BRASIL. Lei 6.015 de 31 de dezembro de 1973. Dispõe sobre os registros públicos, e dá outras providências.

______. Constituição da República Federativa do Brasil. Brasília, DF: Senado Federal, 1988.

______ Lei 8.213 de 24 de julho de 1991. Dispõe sobre os Planos de Benefícios da Previdência Social e dá outras providências.

______. Lei nº 8.069, de 13 de julho de 1990. Dispõe sobre o Estatuto da Criança e do Adolescente e dá outras providências.

______. Lei nº 10.406 de 10 de janeiro de 2002. Institui o Código Civil.

______. Tribunal de Justiça do Estado de Goiás. Sandra Teodoro Reis. 2012.

______. Tribunal de Justiça de São Paulo. Alcides Leopoldo e Silva Junior, acórdão nº 2012.0000400337.

DIAS, Maria Berenice. *Manual de Direito das Famílias*. 6ª ed. rev. atual. e ampl. São Paulo: Revista dos Tribunais, 2010.

DINIZ, Maria Helena. **Curso de direito civil brasileiro** – Direito de Família. São Paulo: Saraiva, 2012.

FARIAS, Cristiano Chaves de. ROSENVALD, Nelson. **Curso de direito civil** – direito das famílias. v. 06. 4 ed. rev. ampl. e atual. Salvador: Jus Podium, 2012.

FIGUEIREDO, R. O Código Civil de 2002 e as entidades familiares. Direito convivencial: uma tentativa de conformação principiológica. In: *Revista Brasileira de Direito de Família,* Porto Alegre, n. 36, 2006.

LOBO, P. *Direito civil*: famílias. 3. ed. São Paulo: Saraiva, 2010.

PÓVOAS, Mauricio Cavallazzi. **A dignidade da pessoa humana, o afeto e as relações parentais**: a multiparentalidade e seus efeitos. Dissertação de Mestrado em Ciência Jurídica. Universidade do Vale do Itajaí – UNIVALI, Itajaí, Santa Catarina, 2012.

VENOSA, S. de S. *Direito Civil*: direito de família. 10. ed. São Paulo: Atlas, 2010.

REGIME PATRIMONIAL NA UNIÃO ESTÁVEL

Lea Beatriz de Sousa Pereira

Introdução

A União Estável está presente em nossa sociedade a muitos anos, senão a princípio denominada de concubinato, apesar disso não teve seu reconhecimento de cara no ordenamento jurídico.

O Código Civil de 1916 tratava a relação concubinária a margem do direito, não admitindo relações não advindas do matrimônio. Só reconhecia como instituição familiar apenas às uniões advindas do vínculo do casamento como aptas a produzirem efeitos jurídicos, mesmo as relações de concubinatos puros que não possuíssem impedimentos não adquiriam tais proteções.

Desta forma, homens e mulheres que conviviam em uma relação estável duradoura, sem a formalidade do matrimônio não se faziam presentes nos direitos e obrigações tratados no ordenamento jurídico, conferindo tais direitos somente às pessoas casadas, dentre estes, podemos citar os direitos sucessórios. Os concubinos por não ser considerado um núcleo familiar, estavam excluídos dos efeitos da sucessão hereditária.

Contudo, o corpo social, incomodado com tal tratamento discriminatório buscou os poderes legislativos e judiciários, para mostrar essas realidades que mesmo antiga eram ignoradas pela legislação.

A partir da atuação de movimentos defendendo a união concubinária, as leis passaram a trazer previsão de indenização à concubina em casos de morte do concubino por acidente de trabalho, desde que esse não fosse casado.

Com isso, firmou-se a evolução passando a relação concubinária a se inserir em nosso ordenamento, primeiramente, com a edição do Decreto-Lei n° 7.036/44, seguido pela Jurisprudência do STF, reverberada pela Súmula 35, enunciando que, *Em caso de acidente do trabalho ou de transporte, a concubina tem direito a indenização pela morte do amásio, se entre eles não havia impedimento para matrimônio*".

A partir dos anos 50 do século passado, correntes doutrinárias passaram a diferenciar o tratamento dado ao concubinato puro e o concubinato impuro, este dividido em adulterino e incestuoso, tentando dar ao primeiro um tratamento mais brando, com a finalidade de dar certa proteção aos concubinos.

A Lei n° 7.250/84 alterou-se o art. 1º, § 2° da Lei n° 883/49, para permitir que os filhos ilegítimos fossem reconhecidos pelos cônjuges separados de fato, a mais de cinco anos contínuos, mesmo que fosse na vigência do seu casamento formalmente válido.

Assim, a doutrina e a jurisprudência passaram a reconhecer benefícios ao concubinato puro. Com tais modificações buscava-se impedir situações flagrantemente injustas, em que se vislumbrava o enriquecimento sem causa, em desfavor da concubina. Com o intuito de evitar injustiças e enriquecimento sem causa por um dos companheiros com o término da relação, adveio a Súmula 380 do STF, enunciando que *Comprovada a existência da sociedade de fato entre os concubinos, é cabível a sua dissolução judicial, com a partilha do patrimônio adquirido pelo esforço comum.*

A edição dessa súmula representa um importante marco na conquista dos direitos daqueles que se relacionavam em União estável.

Contudo o apogeu dos homens e mulheres que se relacionavam de modo informal ocorreu com a entrada em vigor da Constituição de 1988 que introduziu a União Estável no direito de família, passando a ser considerada como entidade familiar.

Posteriormente vieram as leis nº 8.971/94 e 9.278/96. A primeira regulamentando a união estável que antes era considerada apenas como sociedade de fato. Dessa feita, passou-se a conceder direitos aos companheiros como a partilha dos bens adquiridos com a contribuição de ambos e direito de herança.

A segunda, apesar de revogar parcialmente a primeira, seguiu com o estabelecimento de direitos e deveres recíprocos entre os companheiros, bem como o estabelecimento do regime de comunhão parcial de bens e a previsão de dissolução inter vivos da união e seus efeitos dentro os quais a pensão e partilha de bens.

Seguindo a evolução da União Estável no Brasil, o Código Civil de 2002 acolheu esse instituto, tornando-o bastante semelhante ao casamento civil, sendo aplicável a ele quase todas as normas do direito de família.

A jurisprudência tem fornecido os elementos caracterizadores da União estável entre elas o fato de poder ser constituido entre pessoas do mesmo sexo, querendo assim que essas relações estejam inclusas na ordem jurídica na condição de União estável.

Mesmo assim, o presente trabalho se restringe ao esclarecimento acerca do regime patrimonial na União estável, assim como nas relações homoafetivas, discorrendo sobre a indenização por serviços prestados, sociedade de fato, observados os contornos dados pela Constituição Federal, Súmula 380 do STF, observadas as regras disciplinadoras emanadas do Código Civil em vigor e das Leis 8.971/94 e 9.278/96.

1. Evolução histórica da união estável

Indenização por serviços prestados

Antes da promulgação da Constituição Federal de 1988, a união Estável não era considerada como modo de formação de uma instituição familiar, pois tal denominação era exclusiva à união instituída pelo casamento. Com isto, segundo o ordenamento jurídico, a União Estável não gerava nenhum direito, nem mesmo no plano patrimonial.

Contudo, em caso de dissolução da convivência de fato, o Juiz poderia estar diante de uma situação patrimonial injusta, porquanto, nesses casos, isto é, com o fim da relação, a companheira ficava totalmente desamparada, mesmo havendo contribuído para aquisição do patrimônio.

Com o intuito de evitar tais situações a jurisprudência evoluiu, concedendo à companheira desamparada o direito de indenização por seus serviços prestados durante o tempo de concubinato.

Esse entendimento evoluiu, vindo o Supremo Tribunal Federal a editar a súmula 380, pacificando o reconhecimento do direito da convivente de auferir direito patrimonial em razão da convivência mantida por considerável decurso de tempo.

A inclusão de direitos à companheira originou-se com a edição da Lei nº 8.971/94. Após a edição dessa lei as obrigações alimentares que era exclusiva das instituições matrimoniais e parentesco passaram a se estender aos companheiros. Com base na regra legislativa em referência é que surgiu a possibilidade da companheira pedir indenização (serviços prestados), ressalvadas as obrigações decorrentes de contrato.

Oportuno salientar que os companheiros, por não serem considerados parentes e também por não serem pessoas unidas pelo casamento, não faziam *jus* a obrigação alimentar, haja vista que somente aqueles que mantinham união estável com possibilidade de conversão em casamento dispunha do direito desse benefício.

Nesse ponto a doutrina mais abalizada passou a admitir que a obrigação alimentar decorre da relação de parentesco ou do casamento, não tendo assim direito a concubina, já que o parágrafo 3º do artigo 226 da Constituição Federal de 1988 rejeitou a equiparação da união estável ao casamento, inviabilizando o dever de prestar alimentos ao casal de concubinos, seja no decorre da relação concubinária ou após a sua dissolução devido à ausência de obrigação legal de mútua assistência.

Com a finalidade de evitar o enriquecimento sem causa, a doutrina fundamentou a indenização por serviços prestados em favor da companheira. O que do ensejo a tal indenização não era a manutenção de relações sexuais entre os companheiros, mas sim o serviço doméstico prestado pela companheira, como não existia hierarquia entre eles, devido a isto a companheira não era considerada empregada doméstica.

Tal circunstância decorria do fato de que à época prevalecia o entendimento de que a mulher era quem gerenciava a casa, fornecendo condições para o companheiro construir um patrimônio, contribui para o resultado obtido, não sendo justo que no fim da relação de ambos ou da morte do companheiro não lhe ser atribuído nenhuma parte desse patrimônio.

A indenização por serviços prestados, como analisa Euclides Benedito de Oliveira (2000, p. 56), *visava compensar o parceiro em hipóteses de comprovada participação com o seu trabalho, embora sem patrimônio durante a vida em comum.*

A jurisprudência do Superior Tribunal de Justiça, visando afastar injustiças, passou a fixar *quantum* indenizatório pelos serviços prestados ao ex- companheiro, reconhecendo, portanto, o direito de indenização pelos serviços domésticos prestados pela companheira durante o período da vida em comum.

Assim, restou assentada a ideia segundo a qual *não havendo patrimônio a compartilhar, tem o concubino o direito de pleitear indenização pelos serviços prestados ao outro.*

Com a Lei n 8.971/94, e a concessão ao companheiro do direito a alimentos, deixou de haver fundamento jurídico na continuidade da indenização por serviços prestados na União estável, Contudo, pode-se solicitar esta indenização em casos excepcionais, em que não há união estável, mas sociedade de fato.

Com o surgimento da lei n 8.971/94 que veio a conceder a concubina direito a alimentos e à sucessão do companheiro, deixou de existir o fundamento jurídico para a concessão de indenização por serviços prestados, os quais correspondem de fato a uma pensão alimentícia.

Esse modo de indenização não tem mais razão de existir em face dos novos direitos que já abrangem essa reparação pecuniária, tais como os alimentos e a meação dos bens adquiridos durante a convivência em comum. Porém, não impede que a mulher, em casos excepcionais, invocando o mesmo princípio indenizatório postule reparação, porquanto, o liame obrigacional sobrevindo de certas relações concubinárias pode resultar em situações que enseja acudimento jurídico, que se fará pela divisão dos bens havidos em sociedade como enuncia a Sumula nº 380 do STF, ou se inexistente os bens, pode ser reparada por intermédio da indenização por serviços prestados.

Atualmente a jurisprudência reconhece o direito a comunhão parcial de bem a companheira e direito a herança vindo dessa forma a evita enriquecimento ilícito.

Com o passar dos anos, a jurisprudência passou a aplica a teoria da sociedade de fato nos casos em que ambos os companheiros contribuíram para a formação do patrimônio na constância da convivência, com o objetivo de fundamentar a divisão desse patrimônio, após o rompimento da união.

A estrutura da sociedade de fato, visando a partilha dos bens adquiridos na constância da relação, não se refere propriamente a algo parecido com a atual proteção da união estável; visava primeiramente propiciar uma condição justa relativa aos esforços conjuntos realizados para a aquisição de um patrimônio a fim de evitar qualquer causa de enriquecimento ilícito.

A diferença do concubinato e sociedade de fato decorrente da convivência entre os concubinos apenas passou a ser reconhecida após os primeiros julgamentos sobre a matéria, pois, a princípio, era somente necessária, para atribuição de parte do patrimônio a um dos concubinos, a prova da convivência morre uxório.

Com o passar do tempo ocorreu modificação do posicionamento, culminando com a formalização da jurisprudência, por meio da edição da Sumula n° 380 do Supremo Tribunal Federal, dispondo que *Comprovada a existência de sociedade de fato entre os concubinos, é cabível a sua dissolução judicial, com a partilha do patrimônio adquirido pelo esforço comum.*

A Súmula se baseou no fato de que a sociedade de fato se forma não só pela união, coabitação, mas pelo concurso comum na formação e conservação patrimonial.

Por isso, aqui reside a diferença entre união estável e a constituição da sociedade de fato entre companheiros: para que fosse feita a partilha não bastava a existência da união estável, era necessário que existisse patrimônio adquirido durante a convivência e esforço comum para a aquisição desses bens.

Para Cherubim Helcias Schwartz Junior (apud GAMA, 2001, p. 305) expõe determinados requisitos para que se configure a sociedade de fato:

> a) a comunhão de interesses, unindo os concubinos na persecução de um fim comum, expressa na *affectio societatis* (CF. art.1.363, Código Civil Brasileiro); b) a formação de um acervo patrimonial durante a permanência do concubino; c) o esforço comum, de ambos os concubinos, portanto, para a formação do patrimônio.
> No que se refere à formação de um acervo patrimonial durante a Constância do concubinato, analisa Silvio Rodrigues:
> E mister, para que se aplique súmula, que tenha havido um aumento patrimonial, por parte de um dos consortes, ou o granjeio de um patrimônio, inexistente o produto do esforço dos concubinos se eles nada ganharem durante a lição concubinária·

A Súmula do STF não estende os efeitos positivos da partilha apenas às uniões concubinárias, o que veio a ser um grande avanço.

Outro tema que a Súmula discute é se o adultério seria considerado para fins de não ocorre a partilha dos bens da relação concubinária, quando existisse separação de fato por vários anos.

A doutrina e jurisprudência predominante vêm com o intuito de proteger positivamente tais relações. O modo como seria partilhado os bens devidos ao cônjuge e os bens adquiridos pelo esforço de ambos dos companheiros era matéria de fato.

Sérgio Gischkow Pereira, criticando a resistência em se admitir a extinção da comunhão dos bens entre cônjuges comprovadamente separados de fato: *Se o essencial desapareceu, ou seja, o amor, o respeito, a vida em comum, o mútuo auxilio, que sentido de justiça há em privilegiar o secundário, que é o prisma puramente financeiro, patrimonial, material, econômico?*

Assim sendo e verificando a questão da não existência de dupla meação sobre o mesmo patrimônio, A concubina fica apenas com a parte do patrimônio que ajudou a formar. O concubino casado não tira proveito de sua situação de adulterino, partilhando os bens adquiridos com a colaboração da concubina, evitando assim o enriquecimento indevido da esposa, que acabaria por receber bens pertencentes à concubina do marido.

Ora, o dever do casal é o de fidelidade já que está diretamente atrelada a vida comum se os cônjuges estão separados de fato por um longo tempo e não desejam reatar tal relação matrimonial, não há que se falar em adultério, por faltar a simples formalização da separação judicial. Sendo assim, por exemplo, se o marido, separado de fato da esposa, vem a constituir união estável, os bens adquiridos na Constância dessa união não serão partilhados com a esposa.

O Código Civil, seguindo a orientação doutrinaria e jurisprudencial que precederam sua entrada em vigor, de forma clara admitiu, em seu artigo 1.723, § 1º, a relação advinda de união estável, se a pessoa estiver separada de fato, incidindo, a partilha dessa constituição, as regras do regimento patrimonial da união estável para os bens obtidas durante a união.

A Sociedade de fato também pode ser observada em situações diferentes da relação concubinária. Sua principal característica é a intenção primordial de se construir um patrimônio. Duas ou mais pessoas que, por interesse profissionais, convivam e adquiram bens comuns, sem formalização de uma sociedade civil ou comercial, estão se associando de fato, e o patrimônio adquirido dessa forma necessariamente se partilhará no momento da dissociação, principalmente para que se preserve o princípio que veda o enriquecimento ilícito.

Parcerias desse tipo ocorrem em uniões não consideradas estáveis, como na hipótese de ligação de homem e mulher (ou vice-versa), exigindo, pois a prévia atribuição de bens entre eles, quando adquiridos em convivência e esforços comum. Da mesma forma a jurisprudência tem reconhecido sociedade de fato entre parceiros do mesmo sexo, para apuração dos respectivos quinhões nos bens havidos ao tempo da convivência.

Inicialmente, para a concubina ter direito ao patrimônio do companheiro, era necessário que, além da união concubinária houvesse também uma sociedade de fato, cujo patrimônio tivesse sido formado com a efetiva contribuição dos companheiros.

Seria necessária a prova de formação da sociedade de fato, com a efetiva colaboração dos concubinos para a realização de seu patrimônio comum.

A modificação desse ponto de vista foi sendo realizada pela discussão do significado da expressão esforço comum contida na Súmula 380 do Supremo Tribunal Federal.

Alguns estudiosos entendiam que só tinha direito a parte do patrimônio a companheira que tivesse participado da atividade lucrativa do companheiro, trabalhando ou fornecendo capital para a formação do patrimônio comum. Outros alegavam que a companheira que apenas cuidava do lar concorria também para o enriquecimento do companheiro, fazendo jus a uma parte do patrimônio deste. Durante anos, prevaleceu na jurisprudência a primeira tese. Contudo, a jurisprudência foi evoluindo no sentido de abraçar, preferencialmente, a segunda tese.

Com a entrada em vigor da Constituição Federal de 1988 ocorreu substancial modificação acerca da união estável, passando a se inserir nos direitos de família, quando antes era tratado como direito das obrigações. Não podendo assim, predominar o entendimento da comprovação de contribuição direta para o patrimônio formado ou aumentado durante a convivência. Desse modo, o entendimento mais correto foi o de considerar também a contribuição indireta para o reconhecimento da sociedade de fato.

Com a entrada em vigor das leis nº 8.971/94 e 9.278/96 ocorreram mudanças no tratamento dado a matéria patrimonial.

2. Critérios de partilha

O Supremo Tribunal Federal ao elabora a Súmula 380 não fez previsão sobre o critério a ser considerada na partilha do patrimônio, uma vez reconhecida a existência da sociedade de fato no concubinato e sua dissolução.

Deveria ser observado em cada caso concreto de que modo se deu a contribuição, se direta, e a proporção da contribuição na formação do patrimônio.

Alguns doutrinadores defendem que não se deve partilhar os bens meio a meio já que as vezes um dos concubinos concorre com muito mais esforço, talento ou recursos para aumento do patrimônio.

O Superior Tribunal Justiça em uma das suas decisões já concedeu a companheira um terço dos bens do consorte, levando em conta o grau de participação dela no patrimônio. Considerando a contribuição pecuniária feita pela companheira no início da união e o fato dela, depois, passar a se dedicar exclusivamente às tarefas domésticas.

Assim, várias situações são consideradas, para que fosse efetivada partilha dos bens com a dissolução do concubinato.

Quando houvesse dúvidas devido ao fato da união estável ser uma sociedade que tem como características a informalidade, deveria ser adotado o percentual de 50%, devido a presunção de que ambos tenham contribuído igualmente para a aquisição dos bens.

Caso não ocorra entre os concubinos um acordo no que diz respeito a divisão dos bens, como o concubinato não representa uma forma de aquisição da propriedade por ser um fato, diferente do que acontece na relação advinda do matrimônio, em que há transparência recíproca de bens, o patrimônio adquirido durante a união deve permanecer na sua totalidade com o adquirente indicado no título aquisitivo, devendo o outro concubino receber uma indenização, tendo em vista sua participação na sua aquisição.

Uma grande conquista para a relação concubinária foi a entrada em vigor da Constituição Federal de 1988, que em seu artigo 226, § 3º, que passou a considera a União estável entidade familiar. Atualmente é tido como relação concubinária as que não pode ser consideradas união estável por algum impedimento legal.

3. Regime patrimonial na união estável

Com a entrada em vigor da atual Constituição Federal a união estável passou a adquirir certos direitos que antes só era dado as relações advindas do casamento.

Ele também fala que existem deveres impostos aos companheiros que não são colocados para os sócios, como o dever de lealdade, assistência e sustento, que advêm do objeto de se constituir uma família.

A Constituição Federal de 1988 abordou a questão patrimonial da união estável, transferindo do campo do direito das obrigações para direito de família.

Washington de Barros Monteiro (1989, p.143) fala sobre o patrimônio refletida no regime de bens entre os cônjuges, cuja definição também pode ser útil para os companheiros: *Regime de bens vem a ser, portanto, o complexo de normas que disciplina as relações econômicas entre marido e mulher, durante o matrimônio.*

Nota-se que a Constituição Federal de 1988 não introduziu qualquer novidade nesse aspecto, e assim não se pode concluir que a Magna Carta fez com que desaparecesse a importância de aplicação da Súmula 380 do Supremo Tribunal Federal.

Não se pode concluir que, com a publicação da Constituição Federal de 1988, toda a disciplina jurídica patrimonial da união estável no que diz respeito ao regime patrimonial devesse seguir as mesmas regras do regime parcial de bens do casamento, ou que, a partir da Carta Magna, existia condomínio presumido sobre o patrimônio adquirido durante a união.

Como decorrência da Constituição Federal, a Doutrina e a Jurisprudência vinham inclinados a permanecer fieis à Sumula 380 do Supremo Tribunal Federal, pela qual o efeito patrimonial decorrente da união estável ainda reclamava o reconhecimento de sociedade de fato entre os concubinos ,para se fala em partilha de bens .Com evolução da previsão original, na qual se exigia o esforço direto na formação do patrimônio houve significativa tolerância em se admitir a divisão dos bens apenas com a demonstração de contribuição indireta de um em favor do outro, mas na falta da lei, a questão ainda era analisada sob o enfoque da sociedade de fato, objetivando afastar o enriquecimento sem causa, não se cogitando em meação ou condomínio presumido sobre o patrimônio adquirido durante a convivência.

Isso ocorre devido ao fato de não existir desigualdade entre casamento e união estável com relação aos efeitos externos, ou seja, perante a sociedade e o Estado.

Contudo, a Constituição se omitiu de falar sobre os direitos e deveres dos companheiros, deixando para que fosse discutida pela legislação infraconstitucional, observando a diferença de tratamento, nesse aspecto, entre essas duas formas de constituição familiar, devido as peculiaridades de cada instituto. O casamento é cheio de formalidades e regras rígidas fixada pelo Estado já a União Estável representa uma fuga de todo esse formalismo e rigidez.

No que se refere às peculiaridades da União Estável, Débora Gozzo (1999, p. 89), faz uma crítica as leis n° 8.971/94 e 9.278/96, por acreditar que é uma interferência grande do Estado na vida das pessoas que querem viver esse tipo de constituição familiar, afirma: *Ora, se a celebração do casamento civil ou religioso com efeitos civis, assim, o faz com o mero objetivo de não estar sujeita às leis que regulam o casamento.*

Com a entrada em vigor da atual Constituição algumas pessoas acham que ocorreu a equiparação do casamento, à união estável, mas não é o que de fato acontece, pois apesar de a união estável passar a ser acolhida pelo direito, ela se diferencia em alguns aspectos da formalidade advinda das relações matrimoniais. Observa-se que com a Carta Magna de 1988, a Súmula 380 continuou a ser aplicada tendo havido algumas modificações, como a contribuição indireta e a aceitação na caracterização de união estável, por aqueles que, mesmo estando casados estão separados de fato de seu cônjuge. O surgimento da lei nº 8971/94 e posterior da lei n 9278/96 se deram pela ausência de questões importantes envolvendo o patrimônio da união estável que a Carta Magna se omitiu em tratar.

4. O tratamento dado pela lei n° 8.971/94

A lei nº 8.971/94 foi iniciativa do então Senador Nelson Carneiro que foi aprovada em 1994, com publicação no dia 30 de dezembro, quando entrou em vigor. Tal lei aborda a situação dos companheiros com relação a direitos devido a união estável, discorrendo sobre a situação de convivência entre homem e mulher solteiros, separados judicialmente, divorciados, ou viúvos, por mais de cinco anos ou com filhos decorrente dessa relação.

O artigo 3º da referida lei que é o dispositivo que vai nos interessar para o respectivo trabalho aborda o direito à partilha do companheiro sobre os bens deixados pelo autor da herança, se resultar de colaboração de ambos.

O artigo 3º, da lei nº 8.971/94 dispõe que *Quando os bens deixados pelo (a) autor(a) da herança resultarem de atividade em que haja colaboração do(a) companheiro(a), terá o sobrevivente direito à metade dos bens.*

Evidencia-se que essa disposição não veio a satisfazer por completo os anseios daqueles que viviam na relação de união estável, já que ela só falava da partilha dos bens adquiridos pela contribuição de ambos, depois da morte de um dos companheiros. Enquanto a Sumula 380 do Supremo Tribunal Federal já vinha assegurado igual direito pela dissolução da sociedade de fato, mesmo em vida dos parceiros.

Euclides de Oliveira (op. cit, p.72) prega que: *Aqui se invoca, por manifesta analogia, a situação dos casados, que podem obter os direitos de meação não somente após o óbito do cônjuge, mas igualmente em vida, desde que operada a dissolução do casamento.*

Observa-se que o artigo 3º da lei nº 8.971/94 leva em consideração o contido na Súmula 380 do Supremo Tribunal Federal, já que considerava necessário que ambos tenham contribuído na aquisição dos bens.

Nota-se que o artigo citado não instituiu os companheiros como meeiros, mas fez previsão de que deveria ocorrer, com a dissolução da união, divisão dos bens havidos com a contribuição de ambos os companheiros.

Se ficasse provado a ausência de ajuda de um dos companheiros na aquisição dos bens, estes não seriam divididos.

Na hipótese da companheira de um empresário em que este, no exercício de sua atividade, consiga duplicar seu patrimônio, enquanto a companheira nunca exerceu qualquer atividade remunerada, além de não contribuir de qualquer forma para a manutenção do lar, realização dos afazeres domésticos, e a criação dos filhos, considerando a presença de vários empregados com as funções domesticas, inclusive de direção. Evidentemente, por maior que seja o tempo de convivência, fica caracterizado a ausência de qualquer união de interesses entre os companheiros, inexistindo, portanto, contribuição da companheira a ser considerada. Evidentemente, ela não terá direito a qualquer parte da parcela correspondente ao aumento do patrimônio de seu ex-companheiro no caso de dissolução da sociedade.

É importante salientar, que com a lei ora comentada não houve a introdução do regime da comunhão parcial de bens que se encontra no casamento.

Então fica claro que para o companheiro ter direita a metade dos bens tem que ter contribuído para a aquisição desses bens.

Outra questão importante não trazida pelo legislador era saber que tipo de contribuição era pra ser considerada para que houvesse divisão de bens na União estável.

A jurisprudência dominante, como já foi dito, se inclinava no sentido de considerar a contribuição direta e indireta para a aquisição do patrimônio durante a união. Esse entendimento tornou-se pacifico, principalmente com o advento da Constituição Federal de 1988, pois houve um deslocamento do tratamento da união estável, do direito das obrigações, para o direito de família.

Por isso, depois da vigência da lei analisada deveria se considerar, tanto a contribuição direta como a contribuição indireta, na construção do patrimônio. Não ocasionando assim injustiça para um dos companheiros.

Observa-se que a lei exigindo .apenas a colaboração do companheiro sobrevivente para a aquisição do patrimônio, leva à conclusão de que isto é menos do que a sociedade de fato e o esforço comum, mencionados na Sumula n 380. A colaboração pode ser demonstrada, para os aludidos efeitos, pelo só trabalho doméstico da companheira, na direção do lar, na educação e orientação dos filhos etc., o que a jurisprudência já vinha admitindo antes do advento da lei nº 8.971/94, para as relações concubinárias em geral.

Também se discutia se a divisão dos bens, com a dissolução da união estável, poderia ser desigual, segundo a medida de contribuição de cada um, na aquisição do patrimônio.

A lei exigiu que ambos os companheiros contribuísse para a aquisição dos bens, contudo não se coaduna com a divisão obrigatória igualitária, pois caso contrário, estaria se adotando praticamente os mesmos critérios do regime parcial de bens utilizado no casamento. Sobre tal assunto a controvérsias na doutrina já que alguns doutrinadores, como João Baptista Villela e Guilherme Calmon Nogueira da Gama, sustentam que a divisão dos bens deveria ser igualitária, pois, caso contrário, estariam deslocando a união estável do direito de família para, novamente, o direito das obrigações.

Essa é a opinião do segundo doutrinador supracitado:

> Quanto ao critério de partilhamento, o dispositivo é claro a respeito. Independentemente do nível ou modalidade de contribuição, o critério é o mesmo: a metade dos bens adquiridos, em consequências do esforço comum do casal [...]. Do contrário, ter-se-ia que continuar a adotar o raciocínio contido na Súmula 380, do Supremo Tribunal Federal, fundado em lógica jurídica do direito das obrigações, implicando em latente injustiça na hipótese de ser fixado outro critério que não o da metade (GAMA, 2001, p.27)

Já outros doutrinadores acreditam que não retroagiriam ao direito das obrigações se considerar a proporcionalidade do esforço de cada companheiro, pois a Constituição já trouxe a união estável para o direito de família, com a jurisprudência aceitando a contribuição indireta e as separações de fato de pessoas casadas que constituíssem união estável.

Para Simone Orodeschi Ivanov dos Santos (SANTOS, 2007), ocorreu na redação do artigo 3º da lei nº 8.971/94, por achar incompatível a necessidade de prova de contribuição na aquisição do patrimônio e necessidade de divisão igualitária de bens na união estável, em virtude da dissolução da união. Isso porque a contribuição na aquisição do patrimônio necessariamente é variante de uma situação para outra e que é praticamente impossível a ausência total de contribuição, na formação de patrimônio na união estável. Até a edição da Lei nº 9.278/96, a divisão dos bens formados no curso da união concubinária realizava-se, mediante a prova da formação da sociedade de fato entre os concubinos e da maior ou menor contribuição de cada uma das partes com vistas à formação do patrimônio comum, nos moldes da Súmula 380 do Supremo Tribunal Federal.

Contudo, observa-se limitação do direito de meação pela exigência de prova da colaboração do companheiro, mesclando aspecto obrigacional ao convívio de afeto que caracteriza as relações familiares, nem sempre acompanhadas de igual participação laborativa das partes.

5. Regime patrimonial da união estável de acordo com a lei nº 9.278/96

Devido as falhas da lei nº 8.971/94 e insuficiência conceitual, não demoro a se pensar em alterá-la por um diploma legal mais amplo.

Já existia, no Congresso, o Projeto de lei nº 1888, de 1991, de autoria da deputada federal Beth Azize, que se inspirava em modelo de anteprojeto apresentado pelo jurista Álvaro Villaça Azevedo. A ideia era de uma regulamentação mais abrangente da união estável, em atendimento ao disposto no artigo 226, § 3°, da Constituição Federal, incluindo-se meio de sua formalização por contrato escrito.

Do projeto adveio, embora com modificações no texto, a lei nº 9.278, de 10 de maio de 1996, com publicação no dia 13 desse mês, data da sua entrada em vigor.

Tal lei é composta por onze artigos, que acabaram reduzidos a oito. Isso se deveu ao veto aos artigos 3º, 4º e 6º, que eram os causadores de maior impacto, pois dispunham acerca do contrato de vida comum, o distrato e o registro desses instrumentos nos cartórios de registro de imóvel e de registro civil.

Discute-se se antes da entrada em vigor do Código Civil, a lei nº 9.278/96 teria disposto inteiramente sobre a união estável e, portanto, teria revogado a lei nº 8971/94, ou se ainda estaria em vigor alguns dispositivos desta lei.

A proposta original que move o projeto da nova lei sobre união estável era o de regulamentar inteiramente a matéria, o que implicaria na revogação da lei n 8.971/94.0 substitutivo e as emendas de redação apresentadas no Congresso, entretanto reduziram o âmbito da nova legislação, segundo se verifica de seu teor, deixando pendentes certas questões e fazendo remanescer aspectos tratados com exclusividade no diploma anterior. A revogação das disposições em contrário significa, naturalmente, que os pontos enfocados na lei nº 9.278/96, especialmente os relativos à conceituação da união estável, aos alimentos e à meação, sobrepõem-se aos dispositivos símiles tratados na lei n 8971/94, nos seus artigos 1° e 3°,

O Enunciado n° 1 da corregedoria Geral da Justiça do Estado do Rio de Janeiro (Aviso nº 137/96; DO, de 20.8.1996) dispõe que a lei n° 9.278/96 revogou totalmente a lei n° 8.971/94, ao dispor que: *Enunciado nº 1 – A Lei nº 8.971/94 está ab-rogada pela Lei nº 9.278/96 tendo em vista que regulou toda a matéria tratada na lei anterior – artigo 2º da Lei de introdução ao código civil (maioria).*

Como este trabalho se restringe ao regime patrimonial na união estável, apenas nos deteremos ao fato de que a lei nº 8.971/94 foi totalmente revogada pela lei nº 9.278/96, no que tange a essa matéria.

Quanto à questão patrimonial envolvendo os companheiros, a lei nº 9.278/96, em seu artigo 5º, dispõe, *in verbis*:

> Artigo 5° – Os bens móveis e imóveis adquiridos por um ou por ambos os conviventes na constância da união estável e a título oneroso são considerados fruto do trabalho e da colaboração comum, passando a pertencer a ambos, em condomínio e em partes iguais, salvo estipulação em contrato escrito.
> § 1º – Cessa a presunção do *caput* deste artigo se a aquisição patrimonial ocorre com o produto de bens adquiridos anteriormente ao início da união.
> § 2º – A administração do patrimônio comum dos conviventes compete a ambos, salvo estipulação contrária em contraio escrito.

Nota-se que o conteúdo discutido é bem melhor do que o que se tinha do artigo 3º da lei nº 8.971/94. Com essa nova lei, foi introduzido em nosso ordenamento jurídico um regime patrimonial decorrente da união estável.

Com a Lei nº 9.278/96 surgiu a presunção de comunhão dos bens adquiridos a título oneroso em razão do convívio dos companheiros. Com esta lei não foi mais necessário a comprovação de esforço comum na aquisição dos bens pelos.

Com esta lei fico claro que os bens adquiridos durante a união estável serão divididos em partes iguais com a dissolução de tal convivência em comum, salvo as exceções previstas no artigo 5º, inclusive com a possibilidade de contrato escrito em sentido diverso, independentemente da medida de esforço de cada um na aquisição do patrimônio.

Para compreendermos melhor o artigo 5º da lei n° 9.278/96 deve-se analisar o significado da palavra "condomínio". Seria uma figura dos direitos reais ou teria a lei equiparado o regime patrimonial da união estável ao regime da comunhão parcial de bens prevista para o casamento?

Condomínio, no Dicionário Jurídico (SIDOU,1996, p.193), é um instituto próprio de direitos reais que significa *propriedade em comum; compro-*

priedade, na qual cada comproprietário pode usar livremente a coisa conforme seu destino e exercer todos os direitos compatíveis com a indivisão, reivindicá-la de terceiro e alhear ou gravar a respectiva parte indivisa.

Forma-se o condomínio quando, em uma relação de direito de propriedade, diversos são os sujeitos ativos. Definidos o domínio, na forma do art. 524 do Código Civil, como o direito de usar, gozar, dispor de um bem e de reavê-lo de quem injustamente o detenha, fácil é chegar à ideia de condomínio, imaginando plural, e não singular, o sujeito desse direito.

Observa-se que não existe identidade nem analogia entre o regime patrimonial da união estável e o condomínio, figura do direito das coisas. Os co- proprietários a qualquer tempo podem pedir a divisão da coisa comum desde que não acha cláusula estabelecendo a indivisão dos bens. Contudo nenhum dos companheiros poderão pedir a divisão dos bens enquanto estiverem vivendo como entidade familiar.

Luiz Augusto Gomes Varjão escreve sobre características do condomínio questão incompatível com a união estável: *As regras do condomínio são contrarias à união familiar, pois cada condômino pode vender sua parte a terceiros ou gravá-la, desde que respeitado o direito de preferência dos demais condôminos (arts. 623, II,e 1139,do CC).*

A união Estável se perde na busca dos instrumentos jurídicos essenciais à formação de um condomínio, que decorre do título aquisitivo assim formado, ou posterior transferência pelo título do domínio para o adquirente, pelos meios previstos no sistema normativo .

O condomínio previsto na lei ora analisada é atípico. Sustenta-se que é possível afirmar que o direito real do qual a propriedade simboliza sua expressão máxima não é verificável no condomínio formado pela união estável. Efetivamente, forma-se nessa união um condomínio presumido, considerado fruto do trabalho e da colaboração comum, condomínio este determinado por lei, formado em partes iguais, mas considerado como atípico.(,..).? Uma das primeiras justificativas pelas quais não se imprime o caráter real a tal propriedade comum é a da não obrigatoriedade de inscrição do título de propriedade em nome de ambos os conviventes.

No que desrespeito tal indagação de que a lei teria equiparado o regime patrimonial da união estável ao regime da comunhão parcial de bens prevista para o matrimônio, necessário primeiramente apresentar o significado de regime matrimonial.

O regime matrimonial é o estatuto de bens das pessoas casadas. Esse estatuto patrimonial se refere, entre outros pontos, à propriedade dos bens dos cônjuges à administração, ao gozo e à disponibilidade desses bens, à responsabilidade dos cônjuges por suas dívidas e a liquidação do regime.

Devido ao fato da união estável tem origem factual, em que seus componentes não querem se sujeitar a uma união rígida, rejeitando no que for possível a intervenção do Estado, entende-se não ser possível a aplicação analógica ao regime matrimonial. Já que, a legislação especifica não fornece meios jurídicos para que a união estável, por si só, seja considerada um meio de aquisição patrimonial.

A união estável deixa de encontrar em nossa ordem jurídica um espaço para, por si só, independentemente do adquirente indicado no título aquisitivo, gerar a transferência recíproca de bens, como ocorre pela inter-relação patrimonial resultante da comunhão, por previsão expressa do regime a ser formado com o casamento, muito mais amplo e abrangente que a simples participação sobre o patrimônio.

Na união estável o regime patrimonial tem características próprias, não guardando correspondência nem com o regime matrimonial de bens, nem com o instituto do condomínio, como figura jurídica dos direitos reais.

Tal regime se caracteriza da seguinte maneira: aproxima-se, sim, do critério de participação adotado pelo regime matrimonial quanto à comunhão sobre os bens móveis e direitos adquiridos a título oneroso, estendendo os seus efeitos também aos bens imóveis. Assim, durante a convivência, resguardada por lei a meação, a disponibilidade plena do patrimônio é exercida livremente pelo respectivo título (aparente ou identificado).

Desta forma, sustenta-se que a lei não equiparou o regime patrimonial da união estável ao regime da comunhão parcial de bens prevista para o casamento e que não há identidade entre o regime patrimonial da união estável e o condomínio, figura do direito das coisas. Em decorrência disso o "condomínio" decorrente do artigo ora estudado não tem natureza de direito real, com relação àquele que não consta como proprietário no título aquisitivo, não lhe concedendo a prerrogativa, portanto, ao direito de sequela, um dos principais efeitos do direito real.

Na dissolução da união estável é que deve ser dado a cada companheiro, a metade dos bens adquiridos durante a união, com ressalva dos bens que fica fora da meação, em decorrência do artigo 5º, ou contrato escrito em sentido diverso.

Com o surgimento desses efeitos, ocorre Independentemente da titularidade sobre o patrimônio, e do livre exercício de disposição por aquele que se identifica como dono, quando do término da convivência, deve ser apurada a participação de cada um sobre o acervo amealhado, na forma apresentada pelo artigo 5º em exame, considerando o patrimônio então existente, e presumindo-se fruto do trabalho e da colaboração comum os bens (móveis e imóveis) e direitos adquiridos a título oneroso, de forma a outorgar a cada um a metade desse acervo, salvo as exceções previstas no próprio artigo e a estipulação escrita em sentido diverso. Assim, os efeitos da presunção de condomínio surgem no rompimento da união.

De acordo com o entendimento de Francisco José Cahali (2002) se ficar provado que um dos companheiros dilapidou o patrimônio, com o objetivo de prejudicar a participação do outro, caberá ao prejudicado a recomposição da meação a que teria direito, pelo ajuizamento de ação de perdas e danos, por via ordinária através de ação de perdas e danos.

Os bens excluídos da participação prevista no artigo 5º para ser apontados e entendidos, deve-se considerar o posicionamento já firmado de que o regime patrimonial da união estável tem características próprias, embora possua alguns traços semelhantes ao regime matrimonial e também considerar o requisito de que apenas os bens adquiridos onerosamente e na Constância da união estável podem ser objeto de meação, de acordo com a lei ora examinada.

Observados os requisitos da onerosidade citado, desde já ficam afastados da meação os bens decorrentes de doação e herança, salvo se em favor de ambos os companheiros.

O artigo 5° da lei n° 9.278/96 fixa que fica excluída da participação a aquisição patrimonial feita com o produto de bens adquiridos anteriormente ao início da união (§1º). Trata-se de sub-rogação real, pela qual uma coisa nova substitui uma antiga. A sub-rogação será operada até o limite do valor do bem substituído.

Analisa-se que devido à impropriedade da norma, o intérprete deve também considerar incomunicável o bem adquirido com o produto de bens particulares que foram incorporados ao patrimônio do companheiro durante a união.

Também não faz parte os bens adquiridos por fato eventual com ou sem o concurso de trabalho ou despesa anterior, e também os frutos dos bens particulares. Com o Código Civil, a questão passou a ser tratada de forma diferente no regime patrimonial da união estável, conforme será visto adiante.

Contudo alguns autores não concordam com tal posicionamento acima exposto porque para eles os frutos civis do trabalho também não se comunicam no casamento, esse sendo também o entendimento firmado pelo Código Civil.

Também considerando que a lei não restringe a participação dos companheiros no patrimônio adquirido a título oneroso, e durante a união estável, quanto à comunicação ou não de benfeitorias, construções ou acréscimos em seus bens particulares, entendemos que se a obra ou despesa foi realizada a título oneroso, deverá ser admitida a participação deles, para fins de meação.

6. Regime patrimonial da união estável no Código Civil

Constituem requisitos objetivos e subjetivos para a configuração da união estável os seguintes elementos: convivência, ausência de formalismo, diversidade de sexos, unicidade de vínculo, estabilidade: duração, continuidade, publicidade, objetivo de constituição de família e inexistência de impedimentos matrimoniais.

É necessária a presença desses requisitos para que uma união entre duas pessoas se configure como união estável.

A convivência, ou seja, o convivia diário constitui o primeiro requisito da união estável mencionado no artigo 1.723 do Código Civil.

Contudo observa-se que o texto legal não prevê a necessidade de moradia una. Entretanto, a residência comum é uma consequência natural da comunhão de vida existente entre os companheiros. Portanto, apenas excepcionalmente, deve-se admitir união estável entre pessoa que vivam em residências diferentes em razão de circunstâncias especiais, como relacionadas a trabalho, saúde etc.

A união estável constitui uma união de fato, portanto, independe de qualquer formalismo para sua configuração.

Conforme Euclides de Oliveira (2012, p.124): *Na união estável basta o mútuo consenso dos conviventes, que se presume do seu comportamento convergente e da contínua renovação pela permanência.*

Contudo, é bom que os companheiros elaborem um contrato de convivência entre os companheiros a fim de constituir uma importante prova acerca da existência da união estável e um documento que regulamente os direitos patrimoniais de cada uma das partes. Todo esses cuidados evita uma série de confusão que possam vir a surgir em decorrência do término da união.

Outra característica da união estável é a diversidade de sexo, contudo alguns tribunais já deram pareceres favoráveis de tal união a pessoas do mesmo sexo. Contrariando assim, a própria Constituição Federal e o Código Civil de 2002 que apontam como sendo indispensável, para a caracterização da união estável, a diversidade de sexo entre os companheiros.

A fidelidade é outro elemento característico da união estável, isso é devido a caráter monogâmico dessa relação familiar, pelo fato de a união estável se espelhar no casamento.

Assim cabe esclarecer que descaracteriza como entidade familiar, como união estável, a união amorosa entre duas pessoas em que uma delas mantenha um casamento ou união estável com outra pessoa ao mesmo tempo. Na primeira situação, estaremos diante de uma relação adulterina e no segundo caso diante de uma relação desleal.

O Código Civil proclama, de acordo com o artigo 1.723, que a união estável não se constituirá caso um ou ambos os participantes da união amorosa sejam casados, sem estarem separados de fato ou judicialmente. O referido diploma ligai fala que tais relações constituem mero concubinato (art. 1.727).

Devido a relação desleal, a segunda união ficará comprometida pela falta de estabilidade que a primeira união causou. Nesse sentido Euclides de Oliveira (*ib*, p. 127) aponta que:

> O mesmo se diga das uniões desleais, isto é, de pessoa que viva em união estável e mantenha uma outra simultânea ligação amorosa. Uma prejudica a outra, descaracterizando a estabilidade da segunda união, caso persista a primeira, ou implicando eventual dissolução desta, não só pelas razões expostas, como pela quebra aos deveres de mútuo respeito.

No caso de que um dos companheiros não saiba da existência de casamento ou união estável anterior e paralela vivida pelo outro, a essa pessoa de boa-fé serão produzidos todos os efeitos decorrentes da união estável, pois estaremos diante de uma união estável putativa. Vale lembrar que todas as outras características para constituição da união estável devem estar presentes nessa relação amorosa.

Para que haja a separação judicial é necessário sentença com trânsito em julgado. Já para a separação de fato basta a comprovação da ruptura da vida em comum, ainda que sem alvará de separação de corpos. Também não se exige longo tempo de separação de fato, diversamente do prazo estatuído para fins de divórcio.

O Código Civil atual não exige tempo mínimo de convivência para caracterização da união estável. O artigo 1.723 do referido diploma legal apenas menciona que a união deverá ser duradoura.

Dispõe o artigo 1.723, *in verbis*, [...] é reconhecida como entidade familiar a união estável entre o homem e a mulher, configurada na convivência pública, contínua e duradoura e estabelecida com o objetivo de constituição de família.

Embora o tempo de convivência possa ser o principal elemento de exteriorização da vontade dos concubinos de viverem como se casados fossem, estabelecer prazo para que a união seja considerada estável parece-me erro, na convivência do casal, o *animus* é que definirá a estabilidade da união. E o ânimos é revelado pelos fatos, que serão analisados nas peculiaridades de cada caso concreto.

A continuidade é um dos requisitos essencial para a configuração da união estável. É considerado um dos principais meios para verificarmos a solidez do vínculo, que resta comprometida por interrupções de convivência.

De acordo com o artigo 1.723 do Código Civil, a convivência entre um homem e uma mulher, para que seja considerada união estável, há de ser pública. Faz-se necessário que o casal viva, como marido e mulher.

O relacionamento entre homem e mulher não pode ser escondido da comunidade, entretanto, pode estar restrito a um círculo menor de pessoas, como o de parentes e amigos.

Além dos requisitos objetivos analisados, tem-se um requisito subjetivo que é imprescindível para a caracterização da união estável: o objetivo de constituição de família.

Esse requisito é traduzido por Francisco José Cahali (2002) como sendo a comunhão de vidas entre o casal; uma união de corpo e alma, de carne e de espírito, integrando, em seu conceito, a assistência emocional recíproca e a intenção de permanência neste estado de convivência more uxório. Por último, constitui requisito para a configuração da união estável a inexistência de impedimentos matrimoniais.

O Código Civil dispõe no artigo 1.723, §1º, que [...] *a união estável não se constituirá se ocorrerem os impedimentos previstos no art. 1.521; não se aplicando a incidência do inciso VI no caso de a pessoa se achar separada de fato ou judicialmente.*

Também não se aplicam à união estável, de acordo com o §2º do artigo 1.723 do Código Civil, as causas suspensivas do artigo 1.523.

As causas de anulação do casamento, previstas no artigo 1.550 do Código Civil, como o casamento de quem não completou a idade mínima para casar, enquanto pendentes, impedirão a caracterização da união estável. Entretanto, tão logo seja superado o óbice legal, a convivência será considerada união estável.

Impedido o casamento, afasta-se a união. Sendo permitido o matrimônio posteriormente, por superar o óbice ou em razão do consentimento, a situação de fato automaticamente se transmuda para união estável, produzindo seus efeitos desde então.

Os artigos 1.639 a 1.652 do Código Civil nas suas disposições gerais somente se aplicam as relações patrimoniais da união estável naquilo que não contrariarem suas características próprias.

O regime da comunhão parcial de bens é o regime oficial do Código Civil de 1.916, como também do Código Civil.

O regime de comunhão parcial, para Silvio Rodrigues (1995, p. 254-255):

> É aquele em que, basicamente, se excluem da comunhão os bens que os cônjuges possuem ao casar ou que venham a adquirir por causa anterior e alheia ao casamento, como as doações e sucessões; e em que entram na comunhão os bens adquiridos posteriormente. Trata-se de um regime de separação quanto ao passado e de comunhão quanto ao futuro.

Percebemos que o artigo 272 do Código Civil de 1916, reproduzido de forma integral pelo artigo 1.661 do novo Código Civil, dá destaque a uma das principais características do regime legal anteriormente comentado. Dispõe o artigo 272, *in verbis*, *São incomunicáveis os bens cuja aquisição tiver por título uma causa anterior ao casamento.*

Observa-se que no regime da comunhão parcial de bens, podem-se formar três massas de bens: os bens comuns, os bens da mulher e os bens do marido. Nesse regime de bens, a massa comum é menor do que a massa comum patrimonial decorrente do regime da comunhão universal.

No artigo 1.659 do Código Civil explica os bens que formam o patrimônio pessoal de cada cônjuge, e que são então incomunicáveis.

Os bens que cada um dos cônjuges possuía antes do casamento continuam sendo de propriedade exclusiva do titular, não pertencendo a ambos, também os bens adquiridos através de doação, herança ou legado na Constância ao matrimônio não se comunicam.

Os bens adquiridos com valor pertencente a apenas um dos cônjuges em sub-rogação dos bens particulares também não se comunicam. Sendo necessário provar para que cesse a presunção de que o bem adquirido é comum.

Problema observado por Zeno Veloso ocorre quando o cônjuge utiliza, para adquirir outros bens, valores de bens particulares, acrescidos de valores que advêm de bens comuns, ou de bens particulares do outro.

Uma das soluções encontradas no direito estrangeiro é dada pelo sistema de compensações. Temos como exemplo o artigo 1.727 do Código lusitano, dispondo que os bens indivisos adquiridos, em parte, por um dos cônjuges que deles já tinha a outra parte, também são bens próprios e, nesse caso, há imposição de uma compensação ao patrimônio comum pelas somas prestadas para a respectiva aquisição.

7. Regime de bens na união estável mantida por maiores de 60 anos

Digamos que uma pessoa, com 65 anos de idade, passe a viver unida estavelmente com outra que poderá, ou não, ser maior de 60 anos. Após a constituição dessa união estável, esse casal resolve adquirir, três apartamentos. Deve-se considerar também nesta hipótese, que o casal estava sem impedimento para casar, ou seja, ambos são solteiros. Diante disso, a pergunta que dá ensejo ás presentes palavras é a seguinte: qual o regime de bens na união estável aqui referida e como ele influenciará o aspecto patrimonial desse casal?

Primeiro, vale relembrar que o Código Civil pátrio diz ser reconhecida como entidade familiar a união estável entre o homem e a mulher, configurada na convivência publica, contínua e duradoura e estabelecida com o objetivo de constituição de família. É esta situação, a rigor, que nos interessa na análise aqui levada a cabo.

Pois bem, é também o Diploma Civil que, no seu artigo 1.725, aduz: *Na união estável, salvo contrato escrito entre os companheiros, aplica-se às relações patrimoniais, no que couber, o regime da comunhão parcial de bens.* Ou seja, em regra, na união estável, o regime de bens é o de comunhão parcial. Vê-se que os companheiros também podem, livremente, através de contrato escrito, assim chamado de contrato de união estável, estabelecer o que melhor lhes aprouver quanto aos bens, durante a constância da união estável.

A questão interessante é retirada do termo "no que couber", presente no artigo 1.725.Para compreendermos melhor a discussão que envolve o citado dispositivo, necessário se faz uma incursão ao artigo 1.641, do Código Civil, que regulamenta, na verdade, o regime da separação total de bens no casamento.

No citado artigo, encontra-se o seguinte:

> É obrigatório o regime da separação de bens no casamento: I – das pessoas que o contraírem com inobservância das causas suspensivas da cele-

bração do casamento; II – da pessoa maior de sessenta anos; III- de todos os que dependerem, para casar, de suprimento judicial.

Vale ressaltar, para a temática aqui estudada, o inciso II da regra, ou seja, no caso do casamento, o nubente maior de 60 anos deve casar no regime da separação obrigatória de bens. A partir dessa regra, portanto, a pergunta que se faz é a seguinte: na união estável constituída por pessoas maiores de 60 anos, o regime de bens é o da comunhão parcial, acompanhando a regra geral, ou o da separação total?

Não há regras explicita na lei determinando que o regime de bens na circunstancia aqui ventilada deve ser o da separação total. Entretanto, se caminharmos até a expressão contida no citado artigo 1.725, já destacada "no que couber", surge uma nova pergunta: cabe, no caso da união estável constituída entre pessoas maiores de 60 anos, aplicar o regime da comunhão parcial de bens? A resposta é negativa. De fato, a interpretação deve ser feita à luz das regras do casamento, ou seja, o regime de bens aplicável à hipótese é o da separação obrigatória de bens.

Se é assim o raciocínio, então, voltando-se à hipótese que foi levantada no inicio deste texto, os três apartamentos que foram comprados na vigência da união estável pertencem só aquele em nome de quem se encontram registrados.

Há, porém, nesta sistemática, outro ingrediente importante. Trata-se da Sumula 377 do Supremo Tribunal Federal. Que diz o seguinte: *No regime de separação legal de bens comunicam-se os adquiridos na Constância do casamento.* A Sumula faz menção ao regime da separação obrigatória de bens no casamento e se preocupa com os aquestos, evitando enriquecimento sem causa. Considerando que as regras desse regime matrimonial estão sendo aplicadas para o mesmo caso da união estável, então, é plausível aplicar, também, a Sumula citada. Se assim se considerar, os tais apartamentos comprados na Constância da união estável, conforme a hipótese aqui estudada, serão de propriedade de ambos os companheiros.

8. Efeitos jurídicos da união estável

Para o Cientista de Direito João Baptista Villela, a união estável é fenômeno antigo conhecido pelo nome de concubinato, quanto as primeiras manifestações gregárias do ser humano, o concubinato adquiriu na sociedade contemporânea, depois de ter sido renegado, a princípio pelo casamento religioso e logo depois pelo casamento civil, ampla extensão e importância decididamente singular.

Tal importância tem sido nitidamente absorvida pelo Direito. Nota-se isto, principalmente, pelas decisões dos tribunais, que são os grandes responsáveis pelo estabelecimento dos parâmetros de proteção a estes casamentos informais, já que a normatização e textos legislativos esbarra em dificuldades e contradições.

A atual tendência caminha no sentido de querer igualar ou de deixa semelhante os efeitos da união estável similar ao do casamento oficial, fazendo-se uma analogia as regras definidas de um casamento civil, mas com as peculiaridades e os cuidados morais, às vezes até mesmo moralistas, de cada tribunal.

1. Por que não casar?

Talvez sejam os efeitos pessoais que marquem a grande diferença entre a união estável e o casamento civil. Pode-se detectar ai os motivos, conscientes e inconscientes, de uma pessoa ao optar pelo casamento informal. Em outras palavras, por que as pessoas não se casam formalmente? O que as leva a optar pelo casamento informal se patrimonialmente, hoje, não há muita diferença entre um e outro? Não seria mais lógico e mais prático estabelecer previamente as regras de uma convivência através de um casamento civil? As novas regras sobre Direito Sucessório trazidas pelo CCB/02 influenciaram nesta opção?

Provavelmente, os motivos pelos quais se opta pelo não-casamento transcendem uma simples escolha consciente, se considerar os efeitos jurídicos das relações pessoais de união estável.

Objetivamente, pode-se apontar como principal consequência, ou efeito jurídico desse tipo de casamento, a liberdade de rompimento da relação. A união estável pode ser dissolvida livremente, sem qualquer justificação e independentemente de processo judicial.

Se considera meramente o aspecto jurídico, o rompimento de uma união livre talvez seja mais fácil e, consequentemente menos traumático. Mas o que está no cerne dessa relação é a comunhão de afetos, e esta não se rompe sem dor, sem sofrimento. É assim nas relações com o selo da oficialidade ou não. Ao contrário do que se apregoa, a separação de um casal que não tenha as regras escritas, ou preestabelecidas, é muito mais difícil de se fazer, uma vez que as relações afetivas acabam se misturando muito mais com os aspectos materiais, financeiros e patrimoniais do que aqueles que tem suas regras definidas através de um casamento civil.

9. Presunção de paternidade

Outros efeitos pessoais da união estável, além da suposta maior liberdade de rompimento, é em relação aos filhos havidos na constância da relação. Com o advento do art. 227, § 6º, da Constituição da Federal, extirpando o selo de ilegitimidade de qualquer forma de filiação, os filhos nascidos de uma união estável podem ser registrados em nome de ambos, desde que o pai assim o queira. É que, ao contrário do casamento, daí não decorre a presunção da paternidade, uma vez que não há expressão de lei para isto.

Presume-se nos ordenamentos jurídicos ocidentais que os filhos havidos em um casamento civil sejam daquele casal, procedendo-se no cartório, ao registro do nascimento como sendo filho deles. Na união estável, ainda que seja de muitos anos, não se aplica essa regra, pois tal relação, por si mesma, não autoriza presumir a paternidade. Essa relação apenas tem sido indicativo de provas para uma ação de investigação de paternidade, como se pode constata na jurisprudência e como anuncia o art. 363, I, do CC.

10. Uso do sobrenome do companheiro

Um outro direito que a companheira adquire com a estabilidade da relação estável e que também se espelha na relação do casamento formal é a possibilidade de a mulher, com a estabilidade da união, poder acrescer, ao seu, o sobrenome do companheiro.

É o que dispõe o art.57, § 2º, da Lei n. 6.015, de 31.12.1973:

> Art. 57 § 2°: A mulher solteira, desquitada ou viúva, que viva com homem solteiro, desquitado ou viúvo, excepcionalmente e havendo motivo ponderável, poderá requerer ao juiz competente que, no registro de nascimento, seja averbado o patronímico de seu companheiro, em prejuízo dos apelidos próprios, de família, desde que haja impedimento legal para o casamento, decorrente do estado civil de qualquer das partes ou de ambas.

Em conformidade com o princípio Constitucional da Igualdade (arts.5º, I e 226, § 5º), o Código Civil, em seu art. 1.565, § 1º, discorre que tanto o homem quanto a mulher, no casamento, podem adotar o patronímico do outro. O mesmo raciocínio deve ser adotado para a União Estável, tendo em vista o alcance do Princípio da Igualdade, já citado.

Coloca-se a isto que, a exemplo das leis previdenciárias e do disposto na Lei nº 8.971/94, o prazo em que se caracterizará a união como estável era de cinco anos (arts.57, § 3º, Lei n 6.015/73); deverá também haver a concordância do companheiro para que se proceda a tal mudança e não deve ter cônjuge ou ex-cônjuge com o seu sobrenome (§4). Da mesma forma poderá ser cancelada a mudança, a requerimento de uma das partes, ouvida a outra. O procedimento para o aditamento ou cancelamento deverá ser feito judicialmente e sempre em segredo de justiça, como são todos os processos decorrentes do Direito de Família.

Com a Lei nº 9.278/96 e os dispositivos do Código Civil de 2002 sobre o assunto, o prazo de cinco anos fica automaticamente alterado, devendo ser considerada apenas a estabilidade da relação de acordo com as novas disposições e compreensão sobre o lapso temporal na União Estável.

11. Concubinato paralelo ao Casamento: a outra, Concubinato "Adulterino" e União Estável.

O Código Civil Atual define concubinato como a relação não eventual entre homem e mulher impedidos de casar, conforme o art. 1.727. Inclui-se nesta hipótese, assim sendo, o caso de uma das partes que mantém, não apenas o estado civil de casada, mas, também, o vínculo de casamento. Devemos apontar aí duas situações. A primeira é aquela em que o concubinato é a relação paralela ao casamento e uma das pessoas, geralmente o homem, mantém duas ou mais relações, uma oficial e outra(s)extraoficial. Mesmo que a relação com a "outra" se assemelhe à união estável e constitua, em alguns casos, uma sociedade de fato, passível de partilhamento dos bens adquiridos pelo esforço comum direto, não se pode identificá-la com a união estável. Em outras palavras, o Direito, através das Leis nº 8.971/94 e nº 9.278/96 e do Código Civil, não protege o "concubinato adulterino".

A amante, amásia ou qualquer nomeação que se dê à pessoa que, paralelamente ao vínculo do casamento, mantém uma outra relação, uma segunda ou terceira..., será sempre a outra, ou o outro, que não tem lugar oficial em uma sociedade monogâmica. Alguns autores preferiam nomear essas relações como "concubinato impuro", em oposição a "concubinato puro" ou "honesto", que é quando não há impedimento legai para o estabelecimento da relação. É um paradoxo para o Direito proteger as duas situações concomitantemente. Isto poderia destruir toda a lógica do nosso ordenamento jurídico, que gira em tomo da monogamia. Isto não significa uma defesa moralista da fidelidade conjugal. Trata-se de invocar um princípio jurídico ordenador, sob pena de se desinstalar a monogamia. Em síntese, a proteção jurídica as relações livres como entidades familiares, é somente aplicável aqueles não-adulterinas. Vejamos uma decisão do Tribunal de justiça de São Paulo que bem reflete e traduz esta posição, antes do advento do atual Código Civil:

Concubinato – Concomitância com o casamento.

A lei não contempla o concubinato adulterino, isto é, aquele mantido concomitantemente com o casamento. A tal relação não se aplica o art. 5 da LICC que determina que, na aplicação da lei, o juiz atenderá aos fins sociais a que ele se dirige e às exigências do bem comum. O dispositivo só deve ser aplicado quando a situação de fato assim o reclamar, isto é, desde que existente uma separação de fato entre os cônjuges, a tomar o concubinato honesto, como o reconhece a nova Constituição (3 CCTJ-SP, AP. n. 116.225-1, m.v. em 17.10.1989, Rel. Des. Mattos Faria, RT 649/52).

Na esteira da evolução jurisprudencial, o ordenamento jurídico brasileiro, no sentido e com a intenção de se fazer justiça, tem concedido também direitos às relação paralelas as famílias simultâneas. Talvez no caso concreto a que cada jurisprudência se refere isto seja mesmo possível. É que, com a evolução do pensamento cientifico, a compreensão da subjetividade na objetividade dos atos e fatos jurídicos, a ordem passa a ser a consideração do sujeito na relação e não mais o objeto da relação. Em outras palavras, a justificação de decisões como a abaixo transcrito é que o olhar do Direito passa a ser prioritariamente para o sujeito na relação, sem se preocupar com o objeto da relação jurídica, ainda que isto signifique contradizer o princípio jurídico ordenador da monogamia.

12. Critérios para a fixação de alimentos na união estável

A União Estável não é um instituto igual ao casamento. A Constituição é clara quando menciona união estável e casamento como duas modalidades distintas de entidade familiar. Mas isto não significa e nem autoriza a superioridade de um sobre o outro. São diferentes, embora em muitos pontos se assemelhem.

Para o casamento sempre houve regras claras estabelecidas em textos normativos, inclusive para a fixação de alimentos. A união estável, em razão de sua própria natureza, como espaço do não-instituído, do não-oficial e do informal, nunca teve um estatuto que o regulasse. Somente após a CF/88, com a evolução jurisprudencial e uma mudança nos costumes, é que surge um texto normativo estabelecendo expressamente o direito de alimentos aos companheiros: a Lei nº 8.971/94.

A referida lei, em seu art. 1º, estabelece o critério para a fixação de alimentos remetendo à Lei de Alimentos (nº 5.478/68), após dizer que para formar o polo passivo e ativo não poderão ser casados. *In verbis*:

> Art. 1º. A companheira comprovada de um homem solteiro, separado judicialmente, divorciado ou viúvo, que com ele viva há mais de cinco anos, ou dele tenha prole, poderá valer-se do disposto na Lei nº 5.478, de 25 de julho de 1968, enquanto não constituir nova união e desde que comprove a necessidade.

Assim sendo é que devemos buscar o critério da necessidade/possibilidade. Deverá ser considerada a relação de dependência econômica e a impossibilidade, momentânea ou não, de a pessoa prover sua própria subsistência. Não é o simples fato da existência de uma união estável que justifica por si só o pedido de alimentos. Não é qualquer companheiro (a) que terá direito a verba alimentícia com a dissolução de uma união estável. Na base desse pedido, como no casamento, em sua mais moderna concepção, deverá estar demonstrada a necessidade em razão de uma relação de dependência econômica entre os parceiros e a dificuldade ou impossibilidade de sua subsistência. Os casos mais comuns e que melhor exemplificam tal necessidades são aqueles em que uma das partes, em geral a mulher, passou sua vida dedicada aos filhos e companheiro, inclusive dando suporte a que o varão sustentasse o lar. Não é justo que, com a dissolução daquela sociedade, a parte economicamente mais fraca e que não sabe outro ofício a não ser o da lida doméstica, estando assim impossibilitada de entra no mercado de trabalho, pague o preço do desamparo.

A lei nº 9.278/96 veio reforça ainda mais o preceituado na Lei nº 8.971/94 sobre consentimento de alimentos ao companheiro ou conviventes. O art. 2º, II, cita como direito e deveres dos conviventes a "assistência moral e material recíproca". Em seguida o art. 7º complementa: Art. 7º. Dissolvida a união estável por rescisão, a assistência material prevista nesta Lei será prestada por um dos conviventes ao que dela necessitar, a título de alimentos.

Tal lei, vem como intuito de reforça a anterior, mencionando a expressão "dissolvida por rescisão". Contudo não acrescente muito, parece tê-la usado para distinguir das dissoluções ocorridas pela morte de um dos conviventes. Já que tendo sido alterado o prazo para a caracterização dessas uniões, ficou afetado também esse pressuposto para a concessão de alimentos, como já mencionado.

O Código Civil Brasileiro de 1916, não tratou das relações concubinárias a não ser para fazer algumas referências no sentido de negação a esse tipo de relação. Devemos considerar, entretanto, que no início do século, época em que começou sua vigência, os costumes eram completamente diferentes de hoje. Embora o elemento fundante e determinante da família, em qualquer tempo e espaço, não seja o seu regime em cartório, as sociedades em geral assim o consideram ou consideravam. Não foi diferente aqui. Pelo menos até o advento da Constituição Federal de 1988, que veio romper este preconceito legal determinando que as uniões estáveis também se constituem em uma família.

Mas até que isso fosse juridicamente reconhecido (art.226, §3, da CF), o que vigorava e estava instituído é que a família era somente aquela constituída pelo casamento formal. Qualquer outro tipo de relação estabelecida entre homem e mulheres era repelida pela lei e vista como algo espúrio e pecaminoso. Mais que isso, era uma verdadeira afronta à família legal, a que se nomeava, até 1988, legitima. Foi neste espírito que ficou inscrito no CCB de 1916 a proteção à família a que se chamou de "legitima", repelindo qualquer possibilidade de proteção jurídica a outro tipo de família. Até então, quase não se fazia distinção entre concubinato enquanto união estável e meras relações adulterinas ou passageiras. Essas referências proibitivas ao concubinato mostraram-se, principalmente na parte do Direito Sucessório, causa mortis ou mesmo em vida, a exemplo dos arts. 1.719, III, e 248, VI, 1.177. Não cabe aqui fazer uma análise dos fundamentos do Direito Sucessório e de Família, mas não se pode esquecer que aí se faz presente também a grande influência do elemento econômico enquanto interesse de manutenção de todo um sistema.

A realidade atual é outra, não resta dúvida. A letra do Código Civil permaneceu a mesma, especialmente em Direito Sucessório, até 1994, com a

Lei nº 8.971/94. Mas a grande alavanca do Direito Concubinário, a jurisprudência e a doutrina, evoluíram, impulsionando, inclusive, o surgimento das Leis nº 8.971/94 e nº 9.278/96.

> Direito Civil – Sucessão – Legado – Validade de instituição de legado à companheira – Distinção entre companheira e concubina – Inteligência do art. 1.719 do CCB. Refletindo as transformações vividas pela sociedade dos nossos dias, impõe construção jurisprudencial a distinguir a companheira da simples concubina, ampliando, inclusive com suporte na nova ordem constitucional, a proteção à primeira, afastando a sua incapacidade para receber legado em disposição de última vontade, em exegese restritiva do art. 1.719, II do CCB (4ª T. do STJ, Resp. n. 196, RS, v. un. Em 8.8.1989, Rel. Min. Sálvio de Figueiredo, RT 651/170).

13. Companheiros X casados: quem herda mais?

Com a entrada em vigor da Lei nº 8.971/94, criou-se uma visão moralista com o pensamento de que a partir de então era mais "vantajoso" não se casar, uma vez que os companheiros passariam a ter mais direitos que os casados. Grande engano. O Estado sempre optou pela família formalmente constituída. Sempre foi assim e sempre será, já se disse. O que essa lei ambicionou foi somente conceder direito sucessório aos companheiros, corrigindo injustiças e igualando-os nesse sentido aos casados, como já começava a delinear a jurisprudência da época. Vê-se mesmo da conjugação do art. 1.611, §1º, do CCB/1916, com art. 2º, I e II, da referida lei, que os companheiros tinham uma vantagem em relação aos casados. A questão posta, então era como corrigir isso ou como interpretar esses dispositivos em harmonia com nosso ordenamento jurídico e não privilegiar aqueles que não quiseram ou não puderam se casar?

Aqui podemos recorrer a João Baptista Villela (2011) que tão bem refletiu sobre questão, registrando:

> É preciso dar à disposição nova o sentido que a faça compatível com os horizontes constitucionais. O único meio de chegar a uma interpretação constitucionalmente conforme é ter como alterada a posição relativa dos casados por modo a que tenham os mesmos direitos dos companheiros entre si. Portanto, a situação descrita no art. 2, I e II, deve considerar-se estendida a todos os que estão formalmente casados, qualquer que seja o seu regime de bens. Trata-se de uma típica aplicação, em direito interno, da chamada 'cláusula de maior favorecimento',usual no comércio internacional. Dada a circunstância de o casamento ter na Constituição precedência sobre a união estável, todas as vantagens deferidas a esta, por lei ordinária, supõem-se extensivas àquele, se a não tiver por outro título.

14. Contrato de convivência

E permitida a celebração de contrato de convivência desde que seja por escrito, pode ser feito no início da relação ou no decorre da mesma.

Esta permissão para a celebração de tal contrato se encontra presente na Lei nº 9.278/96 em seu art. 5º, para assim evitar a presunção legal de que os bens adquiridos por um ou ambos os conviventes, no curso da união estável, a título oneroso, sejam tidos como fruto do trabalho e da colaboração de ambos.

Tal lei foi sancionada com veto nos art. 3º, 4º e 6º, que previam a estipulação de contrato de convivência, com o objetivo de regular direitos e deveres dos conviventes e rescindir o companheirismo, com a possibilidade de registro no Cartório do Registro Civil da residência dos contratantes, para valer contra terceiros.

O presidente vetou por se preocupar em não estar se criando uma segunda forma de casamento.

Alguns autores acreditam que a possibilidade legal de registro do contrato de convivência seria necessária para sua publicidade e garantia dos negócios jurídicos celebrados por pessoas que vivem em união estável.

Contudo, acredito que o veto presidencial foi apropriado, pois a união estável, ao contrário do casamento, é uma união informal e, para que continue com essas características, e não se transforme num segundo modo de matrimônio, não pode se submeter a um regramento rigoroso, por parte do Estado.

Dar a relação informal formalidades jurídicas previamente confeccionadas contraria a natureza do instituto. O concubinato não deve se ajustar à moldura solene e formal com regras rígidas estabelecidas na norma já que tal relação existe justamente para não ser subordinada a regras preexistentes.

O contrato de convivência tem o objetivo de estabilizar a própria união, concedendo tranquilidade no relacionamento evitando assim as incertezas jurídicas verificadas no decorre da história brasileira.

Contudo, este instrumento não é necessário para a configuração da união estável e produção de seus efeitos. Tal contrato pode ser utilizado como uma das formas de provas a existência da união estável e meio para que os companheiros discorram acerca de direitos de ambos, porém ele, por si só, não institui a entidade familiar.

Sabendo-se que o contrato de convivência é um negócio jurídico, conforme o artigo 104 do Código Civil, para que tenha efeito legal é necessário que sejam observados os requisitos essenciais de capacidade das partes, forma prescrita ou não defesa em lei e licitude de seu objeto.

Esse contrato está previsto no artigo 1.725 do Código Civil da seguinte forma: *Na união estável, salvo contrato escrito entre os companheiros, aplica-se às relações patrimoniais, no que couber, o regime da comunhão parcial de bens.*

Em tal artigo se verifica que a única formalidade exigida pela norma para o contrato de convivência é que ele seja elaborado de forma escrita. Caso os companheiros assim não proceder ficaram sujeitos as regras da comunhão parcial de bens, naquilo que couber para a união estável.

Como já foi citado, tal contrato poderá ser registrado em cartório de títulos e documentos, contudo, mesmo registrado não possuirá efeito *ergas omnes*, ou seja, não poderá ser oposta contra terceiro, já que somente documentos relacionados no artigo 129 da Lei de Registros Públicos podem ser registrados e terem efeitos em face de terceiro.

Todavia o registro do contrato de convivência de união estável no cartório de registro de Imóveis, entendo ser desnecessário por ausência de previsão legal e, sendo instituto autônomo em relação ao casamento, com características próprias, não há que se valer o intérprete da aplicação analógica dos artigos 167, inciso I,178, inciso V e 244 da Lei de registro Público, que se referem ao casamento, à união estável.

Não é necessário que se tenha um contrato de convivência para que a relação chegue ao fim, assim como se inicia uma união estável independentemente de contrato escrito entre as partes, também pode chegar ao fim, cessar a convivência independentemente de ter ou não contrato. Quando ocorre o término da relação sem que exista o distrato vai ocorre a divisão de bens que foram adquiridos na constância da relação a título oneroso.

Observa-se que se tendo um contrato fica comprovado a data da dissolução para que se apurem os direitos de cada um dos companheiros, caso acha conciliação a união estável se restabelecerá, daí por diante, desde que se firme como duradoura, sobrepondo-se à estipulação escrita que lhe previu o fim. Assim sendo, para que a relação informal chegue ao fim; assim como teve início não é necessário que se faça qualquer contrato já que se trata de uma união de fato constituída pelo convívio comum considerada como entidade familiar.

Ser o contrato caracterizado como união advinda pelo companheirismo ambos devem estar de acordo com o que discorre o contrato, a existência da relação não é tida como uma condição, no sentido de cláusula que, derivando exclusivamente da vontade das partes, subordina o efeito do negócio jurídico a evento futuro e incerto (art. 121, CC). Já que a união estável representa a relação de fato que vem a ser negociado no contrato de convivência e não um evento derivado da vontade das partes.

Como a união estável é essencial a natureza do ato, e não acréscimo estabelecido ao negócio jurídico (contrato de convivência) pela vontade dos contratantes, não pode ser considerada como condição, no sentido empregado pelo art. 121 do Código Civil. Isso não proíbe que sejam feitas condições no sentido clássico do instituto ao contrato de união estável, como por exemplo, disposição em que os contratantes preveem separação total do patrimônio, até a relação completar seis anos.

Caso o contrato seja celebrado no início da relação, o termo inicial de eficácia será a data da caracterização da entidade familiar. Sendo a união estável uma situação de fato não é necessária a revogação do contrato de convivência para por fim a união, bastando a confirmação do seu término pela separação ou morte. A referência ao momento da celebração do contrato de convivência é outra característica do contrato de convivência.

Como não existe previsão sobre o momento em que pode ser elaborado o contrato de convivência, entendo que este instrumento pode ser realizado a qualquer momento, antes ou na Constância da relação. Já que o Estado deve ter pouca interferência nas relações tidas como informais. Diferente do que ocorre no matrimônio em que o pacto antenupcial deve ser celebrado antes de sua constituição, conforme o artigo 1.639 do Código Civil.

O contrato de convivência se caracteriza pela possível retroatividade de suas disposições, todavia, não sendo possível a retroatividade de bens particulares adquiridos antes da união, com a adoção da comunhão universal. Tal retroatividade das disposições do contrato de convivência também encontra limitação quanto aos negócios efetuados pelos conviventes com terceiros, levando em conta o patrimônio do devedor no momento de sua celebração.

Devido ao princípio da liberdade contratual, outra característica que pode ser apontada é a possibilidade de mutabilidade. Já que tal contrato pode ser modificado a qualquer momento, total ou parcialmente.

E por fim, a possibilidade de pluralidade de contratos e disposições vigentes é a última característica do contrato de convivência, baseado também no princípio da liberdade contratual. Contudo, alguns autores assim como Guilherme Calmon Nogueira da Gama (op. cit.)[1] acredita não ser possível a pluralidade de contratos e disposições vigentes, tendo em vista que isso geraria insegurança jurídica na sociedade. Mas, como entendo que as disposições do contrato de convivência apenas são eficazes perante os companheiros, ou seja, perante os contratantes, não atingindo terceiros, não subsiste o argumento apontado pelo autor.

> O objetivo primordial de convivência é dispor, para o casal que vive em união estável, de regras diversas das atinentes ao regime da comunhão parcial de bens, diante das disposições do art. 1.725, criando normas próprias as relações patrimoniais e econômicas dos companheiros.
> O contrato de convivência não se presta apenas a afastar a participação de cada companheiro em 50% do patrimônio adquirido a título oneroso, podendo existir, por exemplo, clausulas estabelecendo de forma previa critérios para a partilha de bens, em caso de dissolução da união.

1 GAMA. Guilherme Calmon Nogueira. O Companheirismo. Revista dos Tribunais, Rio de Janeiro: 2001

Todavia, não é permitido no contrato de convivência, cláusulas com objeto ilícito, por gerarem nulidade do ato jurídico (art. 166, inc. II, do CC) Não sendo assim permitido cláusulas restritivas a direitos pessoais dos companheiros ou violadores de preceitos legais. Por isso que não é permitido contrato com exclusão dos deveres de mutua assistência durante o tempo de vida em comum. Sendo também nula cláusulas de afastamento do direito a sucessão hereditária prevista nas leis da união estável, mesmo porque envolveria contrato sobre herança de pessoa viva, com expressa vedação legal.

Também poderá ser objeto do contrato de convivência a totalidade dos bens ou parte deles. Caso seja regulamentada por este contrato apenas parte dos bens adquiridos na Constância da relação, incidirão sobre o restante as disposições legais aplicadas para o caso.

15. Sociedade civil entre homossexuais

A coletividade não pode trata as relações homoafetivas como se não existisse e muito menos, a Justiça já que o Direito é uma ciência que evolui e se adapta, conforme as mudanças da sociedade.

Contudo, este tipo de relação também não pode ser considerado união estável já que um dos requisitos para se caracterizar como tal é a necessidade de se tratar de pessoas de sexos diferentes.

O código atual não cita de forma explicita as relações homoafetivas mesmo tendo vindo com o intuito de atualizar as normas jurídicas de acordo com a realidade atual. Assim como as uniões estáveis antes da Constituição Federal de 1988, não tinham direito ao reconhecimento de sua relação, nem participação em herança, pensão alimentícia, entre outros, tendo que se direcionar, em caso de separação ou morte de um dos companheiros, ao judiciário requerendo ao Juiz o reconhecimento de uma união de fato e o seu termino para que assim pudessem ter direito aqueles bens que fizeram parte da relação.

A União Homoafetiva hoje, utiliza-se dos mesmos meios usados pelos "concubinos" na época em que não era possível se socorrer a legislação.

As pessoas que possuem um relacionamento homoafetivo estável, com formação de patrimônio comum, em caso de morte ou separação, devem procurar um advogado que providenciará uma ação de reconhecimento de sociedade de fato e sua dissolução, apresentando todos os bens do casal e garantindo o direito de partilha dos mesmos.

O relacionamento homossexual, ainda que estável, não é reconhecido no Brasil como casamento, porém, possui algumas características de sociedade de fato, cabendo aos conviventes a partilha dos bens no caso de término da relação.

Outra opção encontrada para garantir direitos aos companheiros de relacionamentos homossexual é a celebração de contrato, igual àqueles celebrados por casais heterossexuais, em uniões estáveis, podendo, neste caso, o contrato discorre sobre o modo de partilha dos bens do casal, assim como um contrato de casamento e a elaboração de testamento para o caso de falecimento de um dos companheiros.

Atualmente já existe julgado de juiz singular que reconhece a relação homossexual como sendo União Estável é o caso da sentença do Juiz Roberto Lorea que defende o seguinte:

> Atribuir tratamento diferenciado aos jurisdicionados homossexuais seria um desrespeito ao princípio da igualdade. Seria um absurdo aceitar que o Poder Judiciário fechasse os olhos não só para as modificações de nossa sociedade, como para a Constituição que rege nossa nação, buscando, na falta de legislação expressa, razão suficiente para julgar injustamente fatos que ocorrem entre minorias sociais e que já são constantemente discriminadas.

Com este posicionamento, observam-se as mudanças que tem ocorrido na sociedade, fazendo com que o judiciário se adéque a essas novas situações julgando cada caso analisando não só a letra fria da lei, mas também as evoluções sociais. Buscando, desta forma evitar injustiças. Atualmente já se reconhece como união estável a união entre pessoas no mesmo sexo, tendo sido ampliado as características da união estável a fim de se evitar injustiças.

Conclusão

No código civil de 1916 as relações de fato entre elas a União Estável não era amparada pela nossa legislação, deixando tais relações a margem da sociedade, não concedeu nenhum direito para aquelas pessoas que assim escolhessem viver, tal código fazia isso com o intuito de proteger as relações advindas do matrimônio.

Tal situação começou a mudar com a entrada em vigor da Súmula 380 do STF, editada em 1.963, que estabelecia *Comprovada a existência de sociedade de fato entre os concubinos, é cabível a sua dissolução judicial, com a partilha do patrimônio adquirido pelo esforço comum.*

O concubinato como sociedade de fato era fundamentada no direito obrigacional e era de competência dos juízes cíveis comuns. Ao término da relação os concubinos tinham que provar o esforço comum na aquisição patrimonial e os juízes iriam baseados nessas informações dividir o patrimônio. Não tinham direitos sucessórios ou a alimentos. As concubinas que deles necessitassem teriam que ajuizar pedido de indenização por serviços prestados.

Uma grande evolução aconteceu na União Estável com a chegada da Constituição Federal de 1988 que implementou avanços deslocando tal relação do Direito das Obrigações para o Direito de Família.

Essa modificação foi graças a mudanças nos costumes da sociedade tendo o legislador em conjunto com a Doutrina e Jurisprudência que se adequar a elas, para que assim não fossem cometidas injustiças como o enriquecimento ilícito por parte de um dos coniventes em detrimento do outro.

Dando continuidade a estas mudanças surgiu a Lei 8.971 de 1994 que regulou a União Estável que antes só recebia tutela dos Tribunais como sociedade de fato, concedendo os primeiros direitos aos companheiros como a partilha dos bens adquiridos com o esforço mútuo, e direito de herança.

Posteriormente surgiu a Lei nº 9.278 de maio de 1996, não revogou senão que parcialmente a primeira, contudo avançou estabelecendo direitos e obrigações recíprocas entre os companheiros, também estabeleceu o regime de comunhão parcial de bens e a previsão de dissolução da relação ocasionando efeitos tais como, pensões e partilha de bens.

E por fim, surgiu o Código Civil que veio torna a União Estável muito semelhante ao casamento civil, sendo a ela aplicáveis quase todas as normas de Direito de Família.

A União Estável antes da entrada em vigor do Código Civil de 2002 não era reconhecida a pessoas já casadas, passando com o advento do Código atual sendo permitido a pessoas casadas desde que estejam buscando separação judicialmente ou que estejam separadas de fato.

Baseando-se nos princípios Constitucionais da liberdade humana, da igualdade, da dignidade da pessoa humana não se pode admitir que as relações homoafetivas sejam tratadas de modo diverso da União estável só por não ser constituída por um homem e uma mulher.

A Constituição Federal no seu artigo 5º cita os direitos e garantias fundamentais que diz que: Todos são iguais perante a lei, sem distinção de qualquer natureza. Garante o direito a liberdade e a igualdade.

Com base nisto, as relações homoafetivas foram incluídas na União Estável já que preenche todos os requisitos evitando desta forma injustiças e enriquecimento ilícito por parte de um dos conviventes.

Referências

ARRUDA ALVIM NETO, José Manoel de. Manual de direito processual: parte geral. 7. ed. São Paulo: Revista dos Tribunais, 2000.

AZEVEDO, Álvaro Villaça. Do concubinato ao casamento de feto. 2. ed. Belém: Cejup,1987.

BASTOS, Celso Ribeiro. Curso de Direito Constitucional. 21. ed. São Paulo: Saraiva, 2000.

BEVILÁQUA, Clóvis. Código Civil. Rio de Janeiro: Francisco Alves, 1917.

BITTENCOURT, Edgar de Moura. O Concubinato no Direito. 2. ed. rev. Rio de Janeiro:Ed. Jurídica e Universitária, 1969.

BOBBIO, Norberto. Teoria Delia Norma Giuridica. Turim: Giapichelli, 1958.

CAHALI, Francisco José. Contrato de convivência na união estável. São Paulo: Saraiva, 2002.

_____. União estável e alimentos entre companheiros. São Paulo: Saraiva, 1996.

CAMPOS, Diogo Leite de. Lições de direito da família e das sucessões. 2. ed. Belo Horizonte: Del Rey, 1997.

CARVALHO, João Andrades. Regime de bens. Rio de Janeiro: Aide,1996.

CÁRVÀLHÓ SANTOS, J. M. Código Civil Brasileiro Interpretado. Rio de Janeiro: Freitas Bastos, 1953.

CAVALCANTI, Lourival Silva. União Estável. São Paulo: Saraiva, 2003.

CZAJKOWSKI, Rainer. União livre à luz da iei 8.971/94 e da lei 9.278/96. Curitiba: Juruá,1996.

DIAS, Adahyl Lourenço. A Concubina°e o Direito Brasileiro. 3. ed. São Paulo: Saraiva, 1984.

Dias. Adhyl Lourenço. A concubina e o direito brasileiro.3.ed...São Paulo: Saraiva, 1984. p. 120.

GAMA. Guilherme Calmon Nogueira. O Companheirismo: uma espécie de família. In: *Revista dos Tribunais*, Rio de Janeiro: 2001

GOZZO, Débora. O patrimônio dos conviv.entes na união estável: análise do art. 5º da Lei 9.278/96. In: WAMBIER, Teresa Arruda Alvim; LEITE, Eduardo de Oliveira. Repertório de doutrina sobre direito de família: aspectos constitucionais, civis e processuais. São Paulo: *Revista dos Tribunais*, 1999, pp. 89, vol. 4.

MONTEIRO, Washington de Barros, *Curso de direito civil*: direito de família 27.ed...São Paulo: Saraiva,1989,v.2.

OLIVEIRA, Euclides Benedito de. *União estável*: comentários às Leis n 8.971/94 e 9.278/96, direitos e ações dos companheiros. São Paulo: Paloma, 2000.

_____. *União estável*: do Concubinato ao casamento, antes e depois do novo Código Civil.

PEREIRA, Sérgio Gischkow. Tendências modernas do direito de família, In> *Revista dos Tribunais*. São Paulo fev. 1988,v.628,fev. 1988,p.30.

RODRIGUES, Silvio. *Direito civil*: direito de família. 21 ed, São Paulo: Saraiva,1995.

SANTOS, Simone Orodeschi Ivanov dos. *União Estável*: regime patrimonial e direito intertemporal. Imprenta: São Paulo, Atlas, 2007. P. 145

SIDOU J. M. Othon. Dicionário jurídico da Academia Brasileira de Letras Jurídicas, 4 ed., Rio De Janeiro: Forense Universitária, 1996.

VARJÃO, Luiz Augusto Gomes. *União Estável*. EditoraJuarez de Oliveira, 1971.

VELOSO, Zeno. *Regimes Matrimoniais de bens*.

Schwart Junior, Cherubim Helcias. Concubinato: evolução jurisprudencial. Revista da Defensoria Publica do Estado do Rio de Janeiro.